U0694302

高职高专**汽车检测与维修技术**专业系列

汽车底盘结构原理与检修

主　编　路国平　张振珠

副主编　余　烽　赖诗洋　刘玉玺

主　审　辛　莉

重庆大学出版社

内容提要

本书介绍了汽车传动系统、行驶系统、转向系统及制动系统的基础知识,系统介绍了离合器及其操纵机构、手动变速器及其操纵机构、万向传动装置、驱动桥、车轮和轮胎、悬架、转向器及转向操纵装置、制动器及其液压操纵机构等零部件的结构、原理、拆装、检修以及系统故障诊断等内容,并配有拓展阅读和复习思考题。

本书可作为高职高专汽车检测与维修技术、汽车电子技术、汽车服务等专业的教材,也可供汽车修理行业的相关人员参考。

图书在版编目(CIP)数据

汽车底盘结构原理与检修/路国平,张振珠主编.--重庆:重庆大学出版社,2019.2
高职高专汽车检测与维修技术专业系列教材
ISBN 978-7-5689-1267-9

Ⅰ.①汽… Ⅱ.①路…②张… Ⅲ.①汽车—底盘—结构—高等职业教育—教材②汽车—底盘—车辆修理—高等职业教育—教材 Ⅳ.①U463.1②U472.41

中国版本图书馆 CIP 数据核字(2018)第 167321 号

汽车底盘结构原理与检修
主 编 路国平 张振珠
副主编 余 烽 赖诗洋 刘玉玺
主 审 辛 莉
策划编辑:曾显跃
责任编辑:文 鹏 版式设计:曾显跃
责任校对:邬小梅 责任印制:张 策
*
重庆大学出版社出版发行
出版人:易树平
社址:重庆市沙坪坝区大学城西路 21 号
邮编:401331
电话:(023)88617190 88617185(中小学)
传真:(023)88617186 88617166
网址:http://www.cqup.com.cn
邮箱:fxk@ cqup.com.cn(营销中心)
全国新华书店经销
重庆共创印务有限公司印刷
*
开本:787mm×1092mm 1/16 印张:15.25 字数:382 千
2019 年 2 月第 1 版 2019 年 2 月第 1 次印刷
印数:1—3 000
ISBN 978-7-5689-1267-9 定价:39.00 元

前 言

　　得益于我国汽车工业的快速发展,汽车服务行业发展日盛,但高素质、高技能型的汽车服务型人才却非常稀缺。为改变这种现状,汽车类高等职业院校更加注重技能型人才的培养,并纷纷采用了理实一体化教学模式,在提升学生就业能力的同时,也能提升汽车专业建设的能力。本书正是基于理实一体化教学需要以及专业能力提升服务建设需求来进行编写的。

　　汽车底盘作为汽车的重要组成部分,其工作性能的好坏直接影响到汽车的动力性、经济性、安全性等基本性能。在习近平新时代中国特色社会主义思想指导下,落实"新工科"建设要求,为了引导汽车相关专业的学生全面系统地掌握汽车底盘各个系统的结构、原理、拆装、检修以及故障诊断等方面的内容,编者根据教学实际需求,参阅了大量的文献、资料和专著,编写了本书。本书具有系统性、完整性、实用性的特点,图文并茂,通俗易懂。本书运用理实一体化教学模式,使课堂理论教学与实操项目相结合,使学生深入理解汽车底盘各个系统及总成的工作原理,并具备使用常用拆装与维修工具、量具进行汽车底盘基本拆卸、装配及检测维修的技能。

　　本书分为传动系统、行驶系统、转向系统和制动系统 4 个项目,共 15 个任务,这些任务包含了离合器、手动变速器、万向传动装置、驱动桥、车轮和轮胎、悬架、转向器、制动器以及操纵机构的结构、原理、拆装和检修的内容。

　　本书由路国平、张振珠担任主编,余烽、赖诗洋、刘玉玺担任副主编,辛莉担任主审。本书在编写过程中得到了重庆工程职业技术学院汽车教学团队成员的支持和帮助,在此对他们表示衷心的感谢!

　　由于编者水平有限,书中难免出现疏漏或不当之处,诚望读者批评和指正。

编　者

2018 年 8 月

目录

项目 1　汽车底盘概述 ··· 1
　　复习与思考 ··· 6

项目 2　汽车传动系统的维护与检修 ·························· 7
　　任务 2.1　传动系统的总体认识······························ 8
　　复习与思考 ··· 15
　　任务 2.2　离合器的结构与检修 ···························· 15
　　复习与思考 ··· 31
　　任务 2.3　手动变速器的结构与检修 ····················· 32
　　复习与思考 ··· 58
　　任务 2.4　万向传动装置的结构与检修 ·················· 59
　　复习与思考 ··· 75
　　任务 2.5　驱动桥的结构与检修 ···························· 76
　　复习与思考 ··· 96

项目 3　汽车行驶系统的维护与检修 ·························· 98
　　任务 3.1　行驶系统的总体认识 ···························· 98
　　复习与思考 ·· 101
　　任务 3.2　车架和车桥的结构与维修······················ 101
　　复习与思考 ·· 113
　　任务 3.3　车轮和轮胎的维护与检修 ···················· 114
　　复习与思考 ·· 129
　　任务 3.4　悬架的维护与检修······························· 130
　　复习与思考 ·· 150

项目 4　汽车转向系统的维护与检修 ························· 152
　　任务 4.1　转向系统的总体认识······························ 152

　　复习与思考 ……………………………………………………… 156

　　任务 4.2　机械转向系统的维护与检修 ……………………… 157

　　复习与思考 ……………………………………………………… 173

　　任务 4.3　助力转向系统的结构与维修 ……………………… 174

　　复习与思考 ……………………………………………………… 186

项目 5　汽车制动系统的维护与检修 …………………………… 188

　　任务 5.1　制动系统的总体认识 ……………………………… 188

　　复习与思考 ……………………………………………………… 192

　　任务 5.2　常规液压制动系统的结构和检修 ………………… 192

　　复习与思考 ……………………………………………………… 223

　　任务 5.3　防抱死制动系统的结构原理与检测 ……………… 225

　　复习与思考 ……………………………………………………… 236

参考文献 ………………………………………………………… 238

项目 **1**
汽车底盘概述

【教学目标】

- 理解汽车的基本性能、行驶条件和底盘的重要性；
- 熟悉和掌握底盘的主要组成以及各自的主要功用；
- 了解现代汽车底盘技术的发展趋势和方向。

【项目描述】

汽车是重要的现代化交通运输工具，是现代科学技术发展的结晶，也是与现代经济、社会、生活密不可分的科技产品。汽车底盘作为汽车的重要组成部分，其工作性能的好坏直接影响到汽车的动力性、经济性、安全性等基本性能。

本项目主要介绍汽车总体构造以及底盘的总体构造和功用，汽车基本性能和行驶原理，以及现代汽车底盘技术的发展方向和趋势。

【项目相关知识】

（1）汽车的总体构造和基本功能

汽车是指由动力驱动，具有4个或4个以上车轮的非轨道承载的车辆。汽车通常由发动机、底盘、电气设备和车身4部分组成，其总体构造如图1.1所示。其中，发动机是汽车的动力源，其功用是使供入其中的燃料燃烧而提供动力；电气设备主要包括汽车上的电源（主要是蓄电池和发电机）、各个用电设备（如发动机点火系统、汽车照明系统和空调系统等）以及线束开关等；车身是驾驶员工作的场所，也是装载乘客和货物的场所，部分车身还承受整车总重。

汽车底盘的功用是支承、安装汽车发动机及其各部件总成，形成汽车的整体造型，接收发动机的动力，保证汽车正常行驶。

（2）汽车的基本性能

汽车有六大基本性能，即动力性、燃料经济性、制动性、操纵稳定性、平顺性和通过性。

1）动力性

动力性是汽车各种性能中最基本、最重要的性能，通常用汽车的最高车速、汽车的加速时

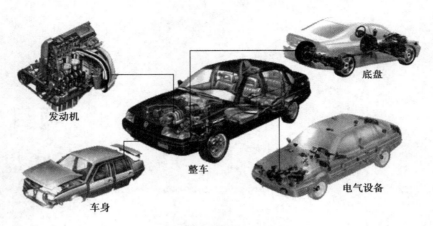

发动机

底盘

整车

车身

电气设备

图 1.1　汽车总体构造示意图

间、汽车的最大爬坡度 3 个参数来评价,这称为动力性指标。

汽车的最高车速是指在良好的混凝土或沥青路面上汽车所能达到的最高行驶速度,一般轿车最高车速为 130~200 km/h,客车最高车速为 90~130 km/h,货车最高车速为 80~110 km/h。

汽车的加速时间用以表示汽车的加速能力,是指汽车在良好的水平路面上由原地起步的加速时间和超车加速时间。原地起步加速时间是指汽车从 1 挡起步,以最大的加速度逐步换至高挡后,达到某一距离或车速所需要的时间;超车加速时间是指用最高挡或次高挡由某一车速全力加速至某一高速所需要的时间。

汽车的最大爬坡度是指汽车满载时在良好路面上以 1 挡行驶时可爬过的最大坡度,常用每百米水平距离内坡道的高度与百米之比值或坡道角度来表示。

2)燃料经济性

汽车的燃料经济性是指汽车以最小的燃料消耗量完成运输工作的能力,是汽车主要使用性能之一。我国的燃料经济性指标为每百千米燃油消耗量,即行驶 100 km 所消耗的燃油升数,单位为 L/100 km。油耗是一个很复杂的参数,与汽车发动机排量、整车性能、路况和驾驶技术有关。据不完全统计,一般家庭经济型汽车按排量为 1.0、1.3、1.6、2.0 L 的每百千米油耗对应为 5、7、10、12 L 左右。

3)制动性

汽车制动性是指汽车行驶时能在短距离内停车并且维持行驶方向的稳定性和在下长坡时连续制动并能维持一定车速的能力。汽车制动性能包括制动效能、制动效能的恒定性以及制动时的方向稳定性 3 个方面。

制动效能是指汽车在行驶中迅速减速到停车状态的能力,通常用制动距离、制动减速度作为评价指标;制动效能的恒定性是指汽车在高速行驶或长下坡连续制动时制动效能的稳定程度,通常用抗热衰退能力表示;制动时的方向稳定性是指汽车在制动中不发生跑偏、侧滑或失去转动能力保持不偏离原来路径的能力。

4)操纵稳定性

操纵性是指汽车能够准确响应驾驶员的操作,维持或改变原行驶方向的能力。稳定性是指汽车受到外界干扰时保持稳定行驶的能力。操纵性和稳定性之间有着紧密的联系,通常将二者统称为汽车的操纵稳定性。在汽车操纵稳定性各种各样的性能指标中,汽车的稳定转向特性是常见的重要评价指标。

5)平顺性

汽车平顺性又称汽车振动环境适用性,是指汽车在以正常速度行驶过程中,要保证乘员在汽车振动时不会感到不舒适和疲劳,所运货物要保持完好。汽车是一个振动系统,路面不平就会引起汽车振动,汽车平顺性反映了汽车对路面不平度的隔振特性。为使汽车具有良好的行驶平顺性,应使车身振动的固有频率为人体所习惯的步行时身体上下运动的频率。

6)通过性

汽车通过性是指汽车在一定装载质量下能以足够高的平均车速通过松软地面、坎坷不平地段等坏路或无路地带以及陡坡、侧坡、壕沟、台阶等障碍的能力。表征汽车通过性的主要参数是汽车的最小离地间隙等几何参数,以及汽车在1挡时最大动力因数等支承牵引参数。

(3)汽车的行驶条件

1)驱动力的产生

如图1.2所示,发动机产生的转矩经传动系传到驱动轮,产生驱动力矩 T_t,驱动轮在 T_t 的作用下给地面作用一个圆周力 F_0,同时地面对驱动轮施加一个大小相等、方向相反的反作用力 F_t,即为驱动力,其大小为驱动力矩 T_t 与车轮滚动半径 r 的比值。

2)影响汽车运行的主要阻力

滚动阻力 F_f:车轮滚动时,轮胎与路面产生的变形以及轮胎与轮面之间的摩擦、车轮轴承内部的摩擦所形成的阻力,其大小与汽车总质量、轮胎结构和轮胎气压以及路面的性质有关。

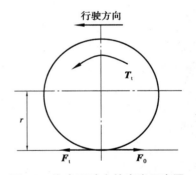

图1.2　汽车驱动力的产生示意图

空气阻力 F_w:汽车行驶时,车身表面与空气相互摩擦,同时车身前部受迎面空气的压力,而尾部出现真空,产生压力差,由此形成的阻力,其大小与汽车的形状、汽车的正投影面积、汽车与空气相对速度的平方成正比,尤其是当汽车速度很高时,空气阻力相当大,将成为汽车行驶的主要阻力。

上坡阻力 F_i:汽车上坡时,总重力沿路面方向的分力,其方向与汽车行驶方向相反,其大小决定于汽车总质量和路面的纵向坡度。

驱动力与行驶阻力的关系为:

汽车匀速行驶时,$F_t = F_f + F_w + F_i$;加速行驶时,$F_t > F_f + F_w + F_i$;减速行驶或停驶时,$F_t < F_f + F_w + F_i$。

3)汽车行驶的附着条件

汽车驱动力 F_t 的大小不仅取决于发动机输出转矩和传动系的结构,还取决于轮胎与路面的附着性能。在平整的干硬路面上,车轮的附着作用是由于轮胎与路面存在着摩擦力,这个摩擦力阻碍车轮的滑动,使车轮能够正常地向前滚动并承受路面的驱动力。如果驱动力大于摩擦力,车轮与路面之间就会发生滑动。

由附着作用所决定的阻碍车轮滑动的力的最大值称为附着力,用 F_Φ 表示,等于车轮所承受的垂直于路面的法向力 G 和附着系数 Φ 的乘积。法向力 G 是汽车总重力分配到驱动轮上的部分,附着系数 Φ 的大小与轮胎的类型及路面的性质有关。

为使车轮在路面上不打滑,汽车驱动力 F_t 必须小于或等于附着力 F_Φ,此即是汽车行驶的附着条件。

(4)汽车底盘整体构造和功用

汽车底盘由传动系统、行驶系统、转向系统和制动系统组成,如图 1.3 所示。

图 1.3　汽车底盘整体构造示意图

汽车传动系统是指从发动机到驱动车轮之间所有动力传递装置的总称,其功用是将发动机的动力传给驱动车轮。不同的汽车,其底盘组成略有不同:载货汽车及部分轿车,其底盘一般是由离合器、手动变速器、万向传动装置、驱动桥等组成;而轿车越来越多地采用自动变速器,其底盘包括自动变速器、万向传动装置和驱动桥等,即用自动变速器取代了离合器和手动变速器;如果是越野汽车(包括 SUV),还应包括分动器。

行驶系统的功用是把汽车各个部分连成一个整体,产生驱动力并承受各个方向的力,支撑全车并保证汽车正常行驶。汽车行驶系统一般由车架、悬架、车桥和车轮等组成。

转向系统的功用是保证汽车能够按照驾驶人选定的方向行驶,以适应不同的道路条件。汽车转向系统由带转向盘的转向器、转向传动装置以及助力装置组成。

制动系统的功用是使汽车减速或停车,并保证驾驶员离去后汽车可靠地驻停。汽车制动系统由前轮制动器、后轮制动器以及控制装置、供能装置和传动装置组成。

(5)现代汽车底盘技术的发展方向和趋势

现代电子技术快速发展,它在汽车底盘上的应用也日渐成熟。诸如制动防抱死系统(ABS)、牵引力控制系统(ASR)以及车身稳定控制系统(ESP)等电控安全技术已逐渐成为各型车辆的标准配置,而 AT、CVT、DCT 等自动变速器,以及电动助力转向系统和电控主动悬架系统等底盘电控技术在车辆上的应用也已非常广泛。这些电控系统对于提升汽车的安全性、动力性、操作稳定性等方面起着非常重要的作用。另外,随着现代通信技术以及汽车 CAN 总线的应用,电动汽车以及无人驾驶汽车的研究和发展,会带动汽车底盘控制技术向更高层次发展,如今的汽车底盘技术正向线控技术、网络化、集成化等方向发展。

1)汽车底盘线控技术

所谓线控技术,就是用电子信号的传送取代过去由机械、液压或气动系统连接的部分,如换挡连杆、油门拉线、转向器传动机构、刹车油路等。它包括操纵机构和操纵方式的变化,以及执行机构的电气化。这将改变汽车的传统结构。全面线控的实现将意味着汽车由机械系统向电子系统的转变。线控技术要求网络的实时性好、可靠性高,而且一些线控部分要求功能实现的冗余,以保证在出现一定的故障时仍可实现这个装置的基本功能,就像现在的 ABS 和动力转向系统一样,在线路故障时仍具有刹车和转向的基本功能。

目前,汽车底盘的线控技术包括线控换挡系统、线控制动系统、线控悬架系统、线控转向系统等。线控技术具有如下优点:无须使用液压制动或其他任何液压装置,使汽车更为环保;减小了正面碰撞时的潜在危险性,并为汽车设计提供了更多空间;使汽车设计、工程制造和生产过程中的成本大为降低,且降低了维护要求和减轻了车身质量。

2)汽车底盘技术的集成化

现代汽车底盘电子控制系统正从最初单一控制发展到如今的多变量、多目标综合协调控制,这样可以在硬件上共用传感器、控制器件、线路,使零件数量减少,从而减少连接点,提高可靠性,在软件上实现信息融合、集中控制,提高和扩展各自的单独控制功能。

①ABS/ASR/ESP 的集成化

ABS/ASR 装置成功地解决了汽车在制动和驱动时的方向稳定性问题,但不能解决汽车转向行驶时的方向稳定性问题。汽车转向行驶时,只有当地面能够提供充分的转向力时,驾驶员才能控制住车辆,使其按照预定的方向行驶。如果地面侧向附着能力比较低,提供不了足够的转向力,汽车就会侧向滑出,影响了汽车按预定方向行驶的能力。ABS/ASR/ESP 集成系统的应用,在制动、加速和转向方面满足了驾驶员的较高要求,对汽车的主动行驶安全具有较大的贡献。

②ABS/ASR/ACC 的集成化

ABS/ASR/ACC 的集成化是指在 ABS/ASR 电子控制装置硬件的基础上,增加接收车距传感器信号的电子电路、ACC 常闭式和常开式进油电磁阀电子驱动电路;在原 ABS 控制模块和 ASR 控制模块的软件基础上,增加一个 ACC 控制模块,并与 ABS/ASR 电子控制模块进行相应的有机融合,用来实时处理、计算和确定汽车的行驶状态和车轮的转动状态。汽车 ABS/ASR/ACC 集成化系统具有优先支持驾驶员操作功能和 ABS 优先工作功能。

③汽车底盘全方位控制系统

汽车传动控制系统、电子悬架系统、电子转向系统、制动系统等集成融合在一起成为综合的汽车底盘电子控制系统。各控制功能集中在一个 ECU 中,通过 CAN 总线实现信息共享、资源综合利用。

3)汽车底盘技术的网络化

目前汽车上每个总成都是机械、电子和信息一体化装置。电子和信息部分在系统中所起的作用越来越重要,汽车电子装置的增加使汽车电子线路迅速膨胀,线束越来越复杂,给汽车设计、装配、维护中带来了安全隐患、质量增加以及空间布置难等一系列问题。使用传统的点到点平行连接方式显然无法摆脱这种困境,因而基于串行通信传输的网络结构成为一种必然的选择。基于汽车底盘线控技术的应用以及汽车底盘技术的网络化已成为必然,如何建立局域网将汽车底盘的各种电子设备的传感器、执行机构、ECU 数据信息通过一个总的 ECU 进行集中控制成为急需解决的问题。

目前汽车底盘网络化应用比较成熟的有 CAN 总线,它是由博世公司提出的 CAN 标准,最早在欧洲汽车上被广泛采用,后来包括美国、日本汽车行业也使用它作为 B 级或 C 级汽车网络。TTP/C 和 Flex Ray 是以线控系统为主要应用目标的 C 级网络协议,它们的相关支撑元器件和应用系统开发测试工具等处于研究阶段。目前,无线局域网络在汽车底盘控制上的应用正在进一步探索。蓝牙技术作为一种新的短距离无线通信技术标准,在汽车底盘控制系统的应用中有着巨大的市场潜力,其相对低廉的成本和简便的使用力得到汽车业界的一致认同。

复习与思考

1.汽车底盘的主要作用是什么?

2.汽车底盘有哪几部分组成? 分别起什么作用?

3.简述汽车底盘技术的发展趋势。查找资料,了解先进底盘技术的基本思路和研究现状。

项目 **2**
汽车传动系统的维护与检修

【教学目标】
- 掌握传动系的基本功用、组成和布置形式；
- 熟悉离合器的功用、基本组成、工作原理和基本维护；
- 掌握典型离合器的结构以及常见故障的诊断方法；
- 了解离合器主要操纵机构的类型、结构和工作原理；
- 掌握手动变速器的功用、类型和传动原理，熟悉二轴和三轴变速器的构造；
- 掌握同步器的结构和工作原理，了解手动变速器的操纵机构；
- 理解万向传动装置的功用、类型及其在汽车上的应用；
- 掌握驱动桥的功用、类型和组成结构；
- 掌握主减速器的结构和工作原理；
- 掌握差速器的组成、类型、结构特点和工作原理，理解差速器的运动特性和转矩特性。

【项目描述】

　　一辆宝来汽车刚行驶4万km就到某汽修厂报修手动变速箱不好挂挡，强行入挡后，发现变速器箱内有严重异响。根据该故障现象，维修人员初步判断是离合器出现问题导致该故障的发生，拆下离合器后，发现离合器片中心的花键盘已与离合器片完全脱离，严重损坏。更换离合器片后试车，故障排除。在陪同用户试车过程中，维修人员发现车主有两个错误的换挡习惯：其一是在发动机转速和车速都很低时，车主直接将挡位从1挡换至4挡；其二是在高速行驶过程中，需制动时，车主习惯性地摘空挡减速。这两个换挡习惯都会造成离合器片负载增大，加剧了它的磨损，从而过早损坏，造成换挡难的问题。

　　从该故障案例和诊断分析中可以看出，离合器对于汽车换挡以及动力传递有着重要的影响，而错误的挡位操纵习惯反过来也会加速离合器零部件的磨损和破坏。那么，离合器在传动系统中起着怎样的作用，又是如何工作的呢？离合器有哪些常见的故障，该如何检修和维护？由该案例可引申出整个传动系统的其他相关问题：如发动机动力如何一步步传递到车轮来驱动车辆行驶；怎样让车有"劲"且不至于像发动机一样"飞速"行驶；如何做到根据不同车况进行挡位变换；如何保证两侧车轮以不同的转速使车辆快速转弯。

　　针对以上问题，本项目将主要展开离合器、变速器、万向传动装置、驱动桥的结构、工作原理以及检测和维修等内容的研究。

任务 2.1　传动系统的总体认识

【任务引入】

汽车传动系统是将车辆发动机发出的动力传递给驱动轮的动力传递系统。由于发动机直接作为汽车的动力源,即将发动机直接与汽车的驱动轮连接,明显存在着一些不足之处:输出转矩太小,导致车辆所获驱动力过小;输出转速太高,致使汽车行驶速度过大;转矩变化范围太窄,使得汽车无法适应各种路面引起的阻力变化。因此,要确保汽车能够正常行驶,需要在发动机与驱动轮之间配置一套传动系统,来协调发动机与车辆行驶条件之间的关系。

本任务是对汽车传动系统的总体介绍,要求能对它的功用、组成结构以及布置形式有一个总体的认识,为后续内容的学习打好基础。

【任务相关知识】

2.1.1　传动系统的功用和组成

(1)传动系统的功用要求

传动系统的主要功用包括以下 4 个方面:

1)中断动力传递

汽车起步之前,必须将发动机与汽车底盘和车身所形成的负载脱开,待发动机进入正常急速运转后,再逐渐将车辆与发动机相连接,在此过程中必须逐渐加大发动机节气门开度。同时,车辆在不断增加动力的情况下,可以平稳起步。此外,当车辆换挡和紧急制动时,为了减少冲击载荷,都有必要暂时将发动机动力脱开。而当车辆需要较长时间在发动机不停止运转的情况下处于驻车状态,或者在车辆行驶过程中希望较长时间中断动力传递,以利用车辆惯性实现滑行操作,这也需要传动系具有长时间中断动力传递的功能。

2)减速和变速

车辆行驶的必要条件是驱动轮上产生的驱动力足以克服外界的行驶阻力。对于一般的车辆而言,若将其发动机直接与驱动轮相连接,可获得的驱动力无法推动汽车行驶,更不要说使汽车爬坡或加速了。此外,若发动机以 3 000~5 000 r/min 的转速直接带动车轮旋转,车速将高达 500 km/h 以上,显然无法使用。为解决上述矛盾,动力传递过程中需要解决减速和增力的问题。同时为更好地利用发动机功率,传动系需要有变速的功能。

3)车辆倒车

汽车使用过程中难免需要反向行驶,由于发动机不能反向旋转,要求传动系统必须设置改变旋向的装置。

4)车轮差速

汽车弯道行驶时,为了减小行驶阻力,左右车轮应以不同车速行驶。即使直线行驶时,也会由于路面起伏不平或轮胎气压大小不同,要求车轮以不同的转速旋转,否则会产生机械干涉,造成轮胎异常磨损。为此,当发动机以同一转速向前后左右不同驱动轮输送动力时,必须在保证动力传递不中断的前提下,让车轮之间能够实现不同速旋转,这便是"差速"。

（2）传动系统的基本组成

如图 2.1 所示为普通汽车传动系的组成示意图。发动机纵向布置在汽车的前部,后轮为驱动轮。

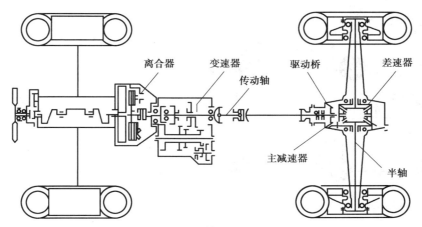

图 2.1　汽车传动系统组成示意图

传动系统各组成的功用如下:

离合器的功用是使发动机与传动系平顺接合,把发动机的动力传给传动系,或者使两者分开,切断动力的传递。

变速器的功用是实现变速、变扭和倒车,通过变速器的变速和变扭作用,使在车轮上获得变化范围较大的牵引力,以适应汽车不同行驶阻力的需要。变速器可在发动机旋转方向不变的情况下改变输出轴的旋转方向,使汽车能够倒退行驶。此外,还可以在发动机运转的情况下切断发动机向驱动轮的动力传递。

万向传动装置的功用是将变速器输出的动力传给主减速器。由于变速器与车架一般是刚性连接,而驱动桥是通过悬架与车架弹性连接的,使得主减速器与变速器之间的距离及二者轴线之间的夹角都经常发生变化。因此,万向传动装置的长度可以伸缩,且装有能够适应传动夹角变化的万向节。

主减速器的功用是降低转速以增加扭矩(保证汽车克服行驶阻力而正常行驶),把由变速器输出轴传来的动力传给差速器。

差速器的功用是将主减速器传来的动力分配给左右半轴,并允许左右半轴以不同的转速旋转,使汽车既能直行,又能轻便地转弯。

半轴的功用是将动力由差速器传给驱动车轮,使驱动轮获得旋转动力。

2.1.2　传动系统的布置形式和结构

传动系统的具体构成与车辆的使用特点和发动机的布置形式有关。按照发动机和汽车驱动轮所处位置的不同,可以将汽车传动系统分为发动机前置后轮驱动方式(简称 FR 式)、发动机前置前轮驱动方式(简称 FF 式)、发动机中置及后置后轮驱动方式(简称 MR 式及 RR 式)、四轮驱动方式(简称 4WD 式)。其中,发动机前置前轮驱动的布置形式较为常见,主要应用在中高档车型和载货车型,组成结构如图 2.1 所示,其动力传递路线为:发动机的扭矩经离合器和变速器,通过由传动轴和万向节组成的万向传动装置传递到后驱动桥,动力通过驱动桥内的主减速器和差速器,经由半轴,最终传给驱动轮。驱动轮得到扭矩,便给地面一个向后的作用力,从而使地面对驱动轮产生一个向前的反作用力,这个反作用力便称为驱动力或牵引力。

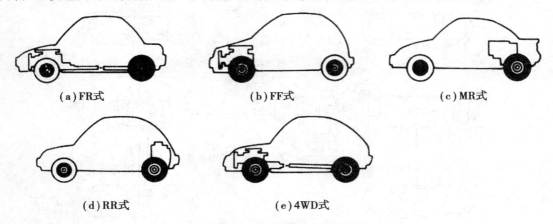

(a)FR式   (b)FF式   (c)MR式

(d)RR式   (e)4WD式

图 2.2   汽车传动系统布置形式简图

发动机前置前轮驱动的布置形式也很常见,主要应用于大部分的低档轿车,其组成结构如图 2.3 所示。该结构形式的变速器可与主减速器和差速器合为一体,构成变速驱动桥,发动机动力经由离合器、变速驱动桥和半轴传给驱动轮。受限于空间布置等问题,发动机中置后轮驱动的结构形式较少见,主要应用于跑车。

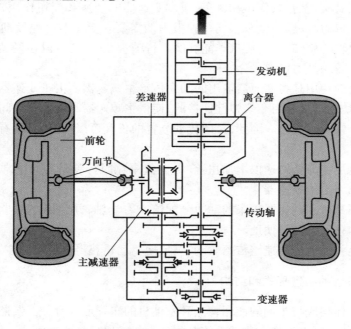

图 2.3   汽车发动机前置前轮驱动系统结构示意图

由于散热差及发动机噪声等问题,发动机后置后轮驱动形式极少应用于轿车。但许多大客车为了减少发动机对乘客舱的影响,增加乘客舱通道和座位空间,采用了发动机后置后轮驱动的结构形式,如图 2.4 所示。由于变速器输出端与驱动桥上主减速器的输入端之间存在很大的传动角度,需要借助角传动装置和万向传动装置完成大角度的传动,发动机动力经由离合器、变速器、角传动器、万向传动装置、主减速器、差速器和半轴传给驱动轮。

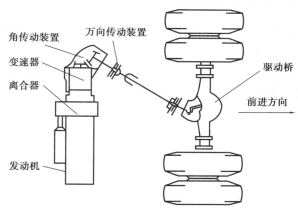

图 2.4　客车发动机后置后轮驱动系统结构示意图

越野汽车为了提高在恶劣路况下的越野行驶能力,大多采用全轮驱动,即四轮驱动形式,其结构组成见图 2.5。另外,某些大型三轴自卸车和牵引车也采用全轮驱动。这类传动系的特点是:由于有多个驱动桥,所以变速器后面加了一个分动器,其功用是把变速器输出的动力经几套万向传动装置分别传给所有的驱动桥,并可进一步降速增扭,以适应越野条件下阻力变化范围更大的需要;分动器和变速器虽然固定在车架上,但二者之间一般有一段距离。考虑到安装误差及车架变形的影响等,在二者之间也有一套万向传动装置;由于前驱动桥同时又是转向桥,不能用整体式半轴,所以前驱动桥的两根半轴都由两段组成,中间一般用等角速万向节连接。

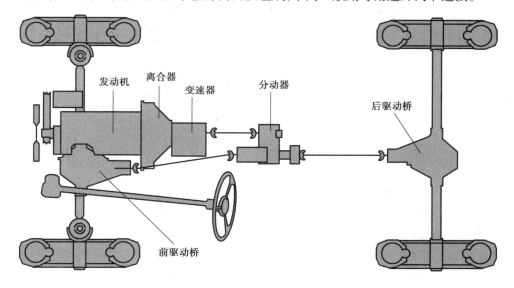

图 2.5　汽车四轮驱动系统结构示意图

【拓展阅读】

纯电动汽车的驱动系统布置形式

纯电动汽车的驱动系统由驱动电动机和驱动操纵系统共同组成,其结构形式不同,采用的驱动系统也不同。纯电动汽车的驱动系统有集中驱动系统和轮毂驱动系统两种。任何一种电动机都可以与不同的传动系统组合成集中驱动系统或轮毂驱动系统,并组成不同形式的系列化的纯电动汽车。

（1）集中驱动系统

集中驱动系统大部分是由电动机、变速器和差速器等组成的。它采用单电动机驱动代替内燃机,而传统内燃机汽车零部件及结构不改变,故设计制造成本低,但传动效率低,一般用于小型电动汽车。按有无变速器,它又可分为传统驱动模式和电动机-驱动桥组合模式。

1）传统驱动模式

传统驱动模式的驱动系统主要由电动机、变速器、差速器、半轴组成。它用电动机替代发动机,但仍然采用内燃机汽车的传动系统,包括离合器、变速器、传动轴和驱动桥等总成,其结构复杂,效率低,不能充分发挥电动机的性能。传统驱动模式有电动机前置、驱动桥前置、电动机前置、驱动桥后置等多种形式,其结构如图 2.6 所示。

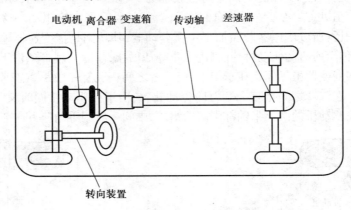

图 2.6　传统驱动模式示意图

2）电动机-驱动桥组合模式

电动机-驱动桥组合模式驱动系统根据电动机与驱动桥的组合方式又分为平行式、同轴式和双联式三种模式。

平行式电动机-驱动桥组合式驱动系统:它是在电动机输出端的外壳下部,装置机械式传动装置的减速齿轮和差速器齿轮,动力经过左右两个半轴来驱动车轮,其结构如图 2.7 所示。这种驱动系统结构紧凑,安装、使用和维护都十分方便。它有电动机前置、驱动桥前置、电动机后置、驱动桥后置等驱动模式。

同轴式自动机-驱动桥组合式驱动系统:它的电动机是一种特殊的空心轴电动机,在电动机一端的外壳中安装传动装置的减速齿轮和差速齿轮。差速器带动左右两个半轴,右半轴通过电动机的空心轴与车轮相连,左半轴通过左端外壳与车轮相连接,如图 2.8 所示。电动机与

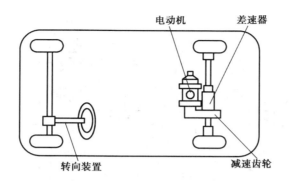

图 2.7　平行式电动机-驱动桥组合式驱动系统示意图

传动装置组合成一个整体驱动桥,形成"机电一体化"驱动桥的传功系统,使纯自动汽车的传动系统更加紧凑,有利于提高车辆的平顺性。

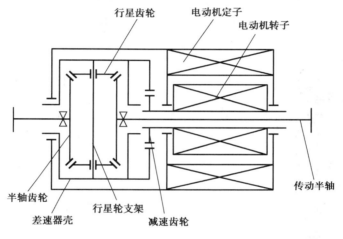

图 2.8　同轴式自动机-驱动桥组合式驱动系统示意图

　　双联式电动机共同驱动的整体驱动桥模式:由双联式电动机共同组成整体驱动桥的传动系统,取消了齿轮传动机构,完全实现了"机电一体化"传动方式。它由左右两个永磁电动机直接通过半轴带动车轮转动。左右两个电动机由中央控制器的电控差速模块控制,形成机电一体化的差速器,使驱动系统的结构大大简化,质量明显降低,比一般机械式差速器更加可靠和轻便。如图 2.9 所示为由两个永磁电动机组成的双电动机驱动系统的结构。双电动机驱动桥传动系统与相同功率的单电动机驱动桥传动系统相比较,电动机的直径要小得多,因此可以将双联式电动机驱动桥布置在纯电动汽车的地板下面,这样更有利于车辆的整体布置,但双联式电动机的轴向长度要长一些。

　　(2)轮毂驱动系统

　　轮毂驱动系统可以布置在纯电动汽车的两个前轮、两个后轮或四个车轮的轮毂中,成为前轮驱动、后轮驱动或四轮驱动的纯电动汽车。

　　轮毂驱动系统有两种结构,如图 2.10 所示:一种是内定子外转子结构,其外转子直接安装在车轮的轮缘上,由于这种结构没有机械减速机构提供减速,因此通常要求电动机为低

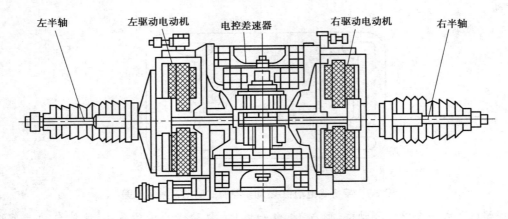

图2.9 双联式电动机共同驱动系统示意图

速转矩电动机;另一种就是一般的内转子外定子结构,其转子作为输出轴与固定减速比的行星齿轮变速器的太阳轮相连,而车轮轮毂与其齿圈连接,这样能提供较大的减速比来放大其输出转矩。

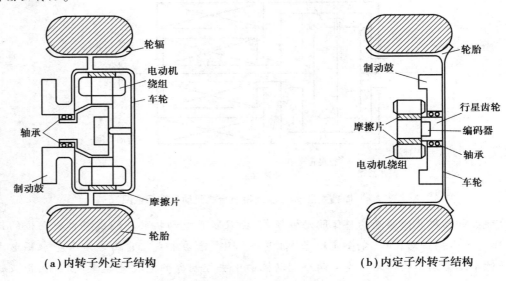

(a)内转子外定子结构　　　　　　　　　　**(b)内定子外转子结构**

图2.10 双联式电动机共同驱动系统示意图

当采用轮毂电动机驱动时,纯电动汽车上驱动电动机输出的扭矩传递到驱动车轮的路径大大缩短,这样可腾出足够的空间,便于对总体进行进一步优化,而且当采用内定子外转子结构时,还能够提高对车轮动态响应的控制性能。采用轮毂电动机时,由于可以对每台电动机的转速进行单独调节控制,因此可以实现电子差速。这样既可省去机械差速器,还有利于提高汽车在转弯时的操纵性。按照纯电动汽车上轮毂电动机的布置形式,纯电动汽车可以分为双前轮驱动、双后轮驱动和前后四轮驱动。

复习与思考

简答题

1.汽车传动系的主要功能有哪些?

2.4×2 型汽车发动机与传动系的布置形式有哪几种? 各有何优缺点?

3.越野汽车传动系 4×4 与普通汽车传动系 4×2 相比有哪些不同?

任务 2.2　离合器的结构与检修

【任务引入】

案例:某款轿车起步不平稳并伴有异响。具体症状为:已行驶 6 800 km 的轿车起步不平稳,在离合器处有异响。维修人员拆下变速器,发现离合器从动盘的减振弹簧全部断裂。整体更换从动盘后,离合器起步平稳,异响消失。

离合器是汽车的"动力开关",可以传递或切断发动机向变速器输入的动力,是底盘传动系统中非常重要的一个环节。为什么上述离合器故障会造成车辆起步不稳呢? 离合器出现其他故障又会对车产生什么影响呢?

本任务将对离合器进行全面介绍,要求了解离合器的作用、类别以及操纵机构的结构和工作原理,掌握离合器的结构、工作原理、日常检修项目以及常见故障的诊断和排除。

【任务相关知识】

2.2.1　离合器概述

(1)离合器的安装位置

离合器安装在发动机和变速器之间的飞轮壳内,用螺钉将离合器总成固定在飞轮后平面上,离合器的输出轴即是变速器的输入轴,如图 2.11 所示。汽车从起步到行驶的整个过程中,驾驶员根据行驶情况需要随时踩下或松开离合器踏板,使发动机和变速器分离或结合。

(2)离合器的功用要求

离合器是传动系中直接与发动机联系的总成。其主动部分与发动机飞轮相连,从动部分与变速器相连。其具体功能表现为以下三个方面:

第一,使发动机与传动系逐渐接合,保证汽车平稳起步。

汽车由静止到行驶的过程,其速度由零逐渐增

发动机

离合器

变速器

图 2.11　离合器安装位置图

大。汽车起步时,使离合器逐渐接合(与此同时,逐渐加大加速踏板开度,增加发动机的输出扭矩),于是发动机的扭矩便可由小到大地逐渐传给传动系,当牵引力足以克服行驶阻力时,汽车便由静止开始缓慢地逐渐加速,实现平稳起步。

第二,暂时切断发动机与传动系的联系,便于发动机的启动和变速器的换挡。

发动机在冷启动时,让离合器切断发动机与传动系的联系,就可除去部分阻力,有利于提高启动转速,提高启动成功率。在汽车行驶过程中,为了适应不断变化的行驶条件,传动系经常要换用不同挡位工作,实现齿轮式变速器的换挡。即将原用挡位的某一齿轮副退出传动,再使另一挡位的齿轮副进入工作。换挡前,司机也必须踩下离合器踏板,中断动力传递,便于原用挡位的啮合副脱开,换入新挡位。

第三,限制所传递的扭矩,防止传动系过载。

当汽车进行紧急制动时,若没有离合器,则发动机将因和传动系刚性相连而急剧降低转速,其中所有零件将产生很大的惯性力矩(其数值可能大大超过发动机正常工作时所发出的最大扭矩),对传动系造成超过其承载能力的载荷,而使其机件损坏。有了离合器,便可依靠离合器主动部分和从动部分之间可能产生的相对运动以消除这一危险,从而防止传动系过载,起到一定的保护作用。

为实现以上功能,离合器应满足以下几点要求:

①具有合适的储备能力,既能保证传递发动机最大扭矩,又能防止传动系过载。

②接合平顺柔和,以保证汽车平稳起步。

③分离迅速彻底,便于换挡和发动机启动。

④具有良好的散热能力。由于离合器接合过程中,主、从动部分有相对的滑转,在使用频繁时会产生大量的热量,如不及时散出,会严重影响其使用寿命和工作的可靠性。

⑤操纵轻便,以减轻驾驶员的疲劳。

⑥从动部分的转动惯量应尽量小,以减小换挡时的冲击。

(3)离合器类别

离合器主要有以下三种类别:

1)摩擦离合器

摩擦离合器是指利用主、从动部分的摩擦作用来传递转矩的离合器。按从动部分从动盘的数目,摩擦离合器可分为单片离合器和双片离合器。双片离合器由于增加了一个从动盘,在其他条件不变的情况下,它比单片离合器所能传动的转矩增大1倍,多用于重型车辆上。按压紧机构的类型,摩擦离合器分为周布弹簧离合器、中央弹簧离合器和膜片弹簧离合器。其中,膜片弹簧离合器的综合性能最佳,目前应用最广泛。

2)液力耦合器

液力耦合器指利用液体作为传动介质的离合器,以前多用于自动变速器,目前在汽车上几乎不采用,其功能由液力变短器来实现。

3)电磁离合器

电磁离合器指利用磁力传动的离合器,如在空调中应用的就是这种离合器。

2.2.2　膜片弹簧离合器的结构、原理及检修

（1）膜片弹簧离合器的结构

膜片弹簧离合器由主动部分、从动部分、压紧机构和分离机构组成，如图 2.12 所示。

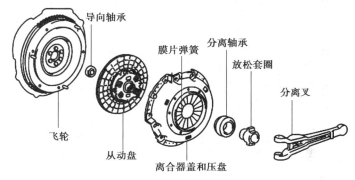

图 2.12　膜片弹簧离合器组成结构图

主动部分由飞轮、离合器盖和压盘组成。离合器盖通过螺栓固定在飞轮上，以接受来自发动机的转矩，并通过周向均布的三组或四组传动片向压盘传递转矩。传动片用弹簧钢片制成，每组两片，一端用铆钉铆在离合器盖上，另一端用螺钉连接在压盘上，如图 2.13 所示。在离合器结合和分离的过程中，传动片会发生弯曲变形，使压盘前后移动。

从动部分包括从动盘和从动轴。其中，从动轴的作用是将发动机动力传至变速器，其一端与从动盘毂连接，另一端作为变速器的输入轴。从动盘的实物和组成结构分别如图 2.14 和图 2.15 所示。由于发动机的输出转速和转矩是周期性变化的，易使传动系产生扭转振动，其零部件在受到冲击性交变载荷作用下，寿命下降和零件损坏的概率将增大。而采用扭转减振器可以有效地防止传动系的扭转振动，因此，一般从动盘都要带扭转减振器。

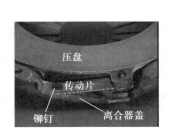

图 2.13　离合器盖和压盘实物图

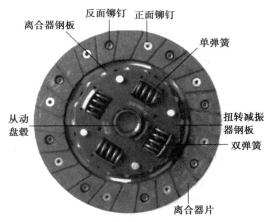

图 2.14　从动盘实物图

如图 2.15 所示，摩擦片作为主要工作元件，铆接在从动盘本体上。在离合器结合时，摩擦片与压盘接触，形成滑动摩擦面，在相对很短的时间内会产生大量的热，因此要求其热稳定性好，结合时应平顺，不咬合、不抖动。从动盘本体与减振器盘铆接在一起，两者之间夹有阻尼元

17

件和从动盘毂。从动盘毂、从动盘本体和减振器盘上都有四个周向均布的窗孔,减振弹簧装在窗孔中。如图2.16所示,当从动盘受到转矩作用时,转矩从摩擦片传到从动盘本体,再经减振弹簧传给从动盘毂,此时弹簧将被压缩,与阻尼元件一起吸收和衰减发动机传来的扭转振动。

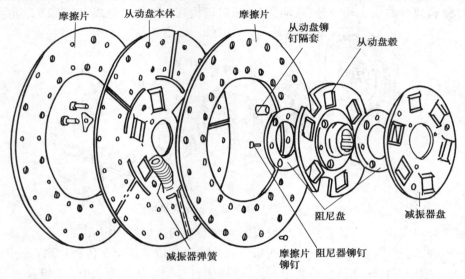

图2.15 从动盘组成结构图

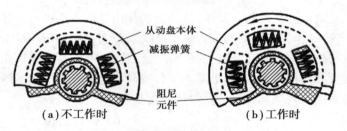

图2.16 扭转减振器工作示意图

压紧机构是膜片弹簧,整体呈锥形,由分离指和碟簧两部分组成,如图2.17所示。其径向开有若干切槽,形成弹性杠杆(即分离指)。切槽末端有圆孔,固定铆钉穿过通孔,并固定在离合器盖上。膜片弹簧两侧装有钢丝支承圈,这两个钢丝支承圈是膜片弹簧工作时的支点。膜片弹簧的外缘通过分离钩与压盘联系起来,如图2.20所示。膜片弹簧既是压紧弹簧,又是分离杠杆,相对于周布螺旋弹簧离合器,其结构简化,而且在高转速下压紧力不受离心力影响,工作可靠,因此膜片弹簧离合器越来越广泛地应用于各种车型。

分离机构包括分离轴承和分离叉,如图2.18所示。大多数分离轴承是带有密封的球轴承或滚子轴承,其表面摩擦系数小,作用是将离合器操纵杆系和分离叉的运动传递给压盘,在离合器踏板被踩下时,分离轴承外圈压向膜片弹簧分离指,使它与压盘一起转动。分离轴承内圈被压入一个环中,该环可在变速器前轴承盖上轴向滑动。长时间使用后,分离轴承会在驾驶员踩下离合器踏板时产生"嗡嗡"的异响。从车上拆下变速器时,分离轴承会有很厚的油泥,切勿用汽油洗净油泥,因为分离轴承在制造时已进行润滑和密封,汽油会将分离轴承内的润滑脂洗掉。

如图2.19所示为分离叉实物,有自身形变和从支点到叉间开裂两种常见故障,一般是由

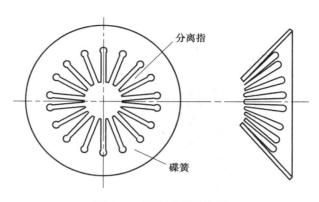

图 2.17　膜片弹簧结构图

分离叉刚度不够或在加工过程中支点凹坑时冲压力过大造成的,可能会使驾驶员踩下离合器踏板时分离不彻底,造成换挡打齿现象。

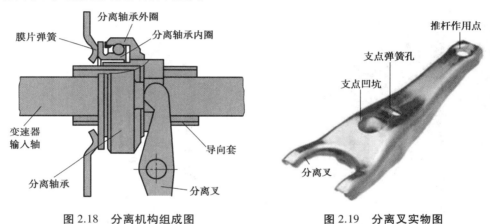

图 2.18　分离机构组成图　　　　　　图 2.19　分离叉实物图

(2)膜片弹簧离合器的工作原理

膜片弹簧离合器的工作原理如图 2.20 所示。

当离合器盖未安装到飞轮上时,膜片弹簧不受力而处于自由状态,此时离合器盖与飞轮之间有一间隙 L,如图 2.20(a)所示。

当离合器盖通过螺栓固定在飞轮上时,膜片弹簧在支承环处受压产生弹性变形,此时膜片弹簧的外圆周对压盘产生压紧力使离合器处于接合状态,如图 2.20(b)所示。此时,膜片弹簧与分离轴承之间产生了一个自由间隙,通常为 $1\sim3$ mm。自由间隙的设计目的是当离合器片磨损后,压盘将向前移动并压紧离合器片,膜片弹簧的分离指后移顶靠在分离轴承上。若离合器片进一步磨损,将导致膜片弹簧的分离指靠在分离轴承上,膜片弹簧的分离指受力,导致离合器打滑,传递的转矩下降,车辆行驶无力,而且会加速从动盘的磨损。为了消除离合器的自由间隙和操纵机构零件的弹性变形所需要的离合器踏板行程,即为离合器踏板自由行程,该行程在日常使用及维护时要注意检查调整。

当离合器踏板被踩下时,分离轴承推动膜片弹簧,使膜片弹簧以内外支承圈为支点外圆周向后翘起,通过分离弹簧钩拉动压盘后移,使离合器的压盘与从动盘分离,如图 2.20(c)所示。

19

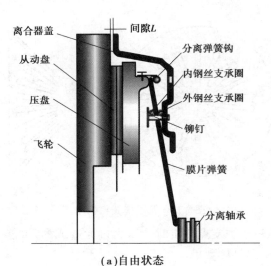

（a）自由状态

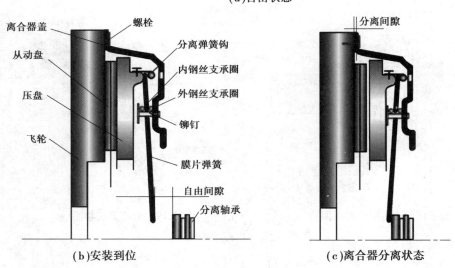

（b）安装到位   （c）离合器分离状态

图 2.20　膜片弹簧离合器的结构和工作原理示意图

此时，发动机与变速器的动力传递被中断。当驾驶员缓慢抬起离合器踏板，在膜片弹簧的作用下，压盘向左移动并逐渐压紧从动盘，使接触面间的压力逐渐增加，摩擦力矩也逐渐增加；当飞轮、压盘和从动盘之间接合不紧密时，所能传递的摩擦力矩较小，离合器的主、从动部分有转速差，离合器处于打滑状态；随着离合器踏板的逐渐抬起，飞轮、压盘和从动盘之间的压紧程度逐渐紧密，主、从动部分的转速也渐趋相等，直到离合器完全接合而停止打滑，接合过程结束。在抬起离合器踏板的过程中，离合器有变速作用，这样可把车身负载缓慢加到发动机上，以防止发动机熄火。

（3）膜片弹簧离合器的检修

1）从动盘（离合器片）的检验与修理

①检查从动盘摩擦衬片的磨损。如图 2.21 所示，当铆钉头沉入摩擦表面的深度小于 0.3 mm 时，应更换从动盘。

②将从动盘置于配套的符合标准的压盘上,用塞尺测量从动盘与压盘间的间隙,应不大于 0.08 mm。

2)压盘的检验与修理

①压盘翘曲变形的检验。如图 2.22 所示,将压盘摩擦面扣合在平板上,用塞尺在其缝隙处测量,压盘表面不平度不得超过 0.2 mm。

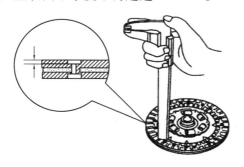

图 2.21 用游标卡尺测铆钉孔深度   图 2.22 压盘平面度的检查

②压盘表面光洁度检验。压盘表面不能有明显的沟槽,沟槽深度应小于 0.30 mm。

③压盘的翘曲或沟槽可用平面磨床磨平,加工后的厚度应不小于标准厚度 2 mm。

3)膜片弹簧式离合器膜片弹簧的检查

①膜片弹簧磨损的检查。使用游标卡尺测量膜片弹簧与分离轴承接触部位磨损的深度与宽度,如图 2.23 所示。深度应小于 0.6 mm,宽度应小于 5.0 mm,否则应予更换。

②膜片弹簧变形的检查。如图 2.24 所示,用维修工具盖住弹簧片小端,用塞尺测量每个弹簧片小端与维修工具平面的间隙,弹簧片小端应在同一平面上,弯曲变形不得超过 0.5 mm;否则,应用维修工具将弯曲变形过大的弹簧片小端撬起再进行调整。

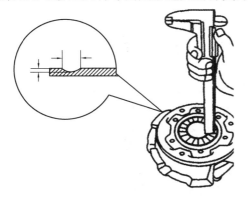
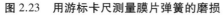
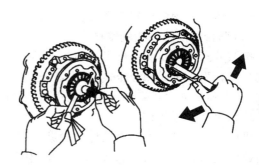

图 2.23 用游标卡尺测量膜片弹簧的磨损   图 2.24 膜片弹簧变形的检查

4)分离轴承的检查

如图 2.25 所示,用手固定分离轴承内缘,转动外缘,同时在轴向施加压力,如有阻滞或有明显间隙感时,应更换分离轴承。

5)飞轮检查

①飞轮上的导向轴承检查。如图 2.26 所示,用手转动轴承,在轴向加力,如果轴承有阻滞

或有明显间隙感时,则应更换导向轴承。

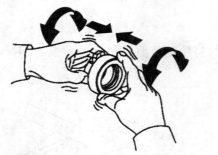 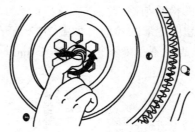

图 2.25　分离轴承的检查　　　　图 2.26　飞轮上导向轴承的检查

②检查飞轮端面圆跳动。将百分表座吸附在发动机机体上,表针抵在飞轮的最外圈,如图 2.27 所示,测得端面圆跳动应小于 0.1 mm,如超过标准,应修理或更换飞轮。

另外,在装配离合器前,应注意在如图 2.28 所示的位置涂润滑脂。

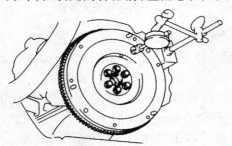 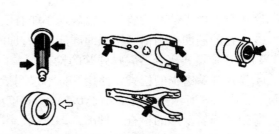

图 2.27　用百分表测量飞轮摆振　　　　图 2.28　涂润滑脂的位置

2.2.3　离合器操纵机构的结构和检修

汽车离合器操纵机构是驾驶员用来控制离合器分离,又使之柔和接合的一套机构。

(1)离合器操纵机构的结构

按照分离离合器所需操纵能源的不同,离合器操纵机构可分为人力式和助力式两种。人力式又可分为机械式和液压式,其中液压式应用最为广泛;助力式可分为气压助力式和弹簧助力式,其中弹簧助力式广泛应用于乘用车,而气压助力式多应用于货车等中、重型车辆上。

1)机械式操纵机构

机械式操纵机构主要有拉杆式操纵机构和拉索式操纵机构两种形式。

拉杆式操纵机构如图 2.29 所示,其结构简单,工作可靠,广泛应用于各种类型的汽车。但拉杆式操纵机构中杆件间铰接端较多,摩擦损失大,车架或车身变形以及发动机移位时会影响其正常工作。

拉索式操纵机构如图 2.30 所示,可消除拉杆式操纵机构的一些缺点,并能采用便于驾驶员操作的吊拉式踏板。但其具有绳索寿命较短以及拉伸度小的缺点,故只适用于轻型、微型汽车和乘用车。

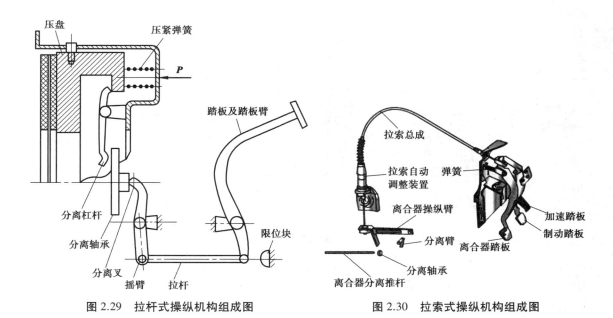

图 2.29 拉杆式操纵机构组成图   图 2.30 拉索式操纵机构组成图

2) 液压式操纵机构

液压式操纵机构具有摩擦阻力小、质量小、布置方便以及接合柔和等优点,目前广泛应用于各种类型的汽车。离合器液压操纵机构主要由离合器踏板、储液罐、高压油管、低压油管、离合器主缸、工作缸等组成,如图 2.31 所示。其中,储液罐为离合器液压系统与制动液压系统所共用,有两个出油孔,分别把制动液供给制动主缸和离合器主缸。

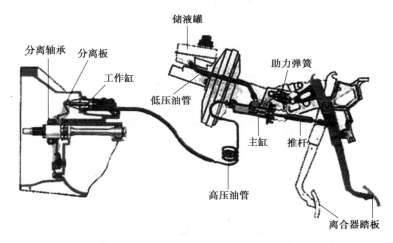

图 2.31 液压式操纵机构组成结构图

①离合器主缸

离合器主缸的结构如图 2.32 所示。离合器踏板未被踩下时,活塞皮碗位于补偿孔与进油孔之间,两孔均打开。主缸补偿孔的作用是使受热膨胀的制动液返回储液罐,进油孔使制动液进入活塞油封右部,在抬起离合器踏板时,为防止油封左侧产生真空并导致发动机动力中断不畅,制动液可从右侧越过皮碗进入左侧。

23

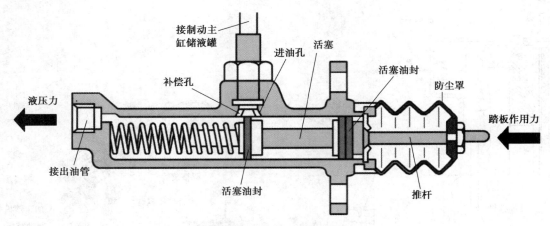

图 2.32　离合器主缸结构图

当踩下离合器踏板时,主缸推杆使总泵活塞向前移动,弹簧被压缩。当活塞油封将补偿孔关闭后,管路中油液受压,压力增大,离合器工作缸在此油压作用下,推动分离机构使离合器压盘和从动盘分离。

当迅速放松离合器踏板时,回位弹留使离合器主缸活塞较快右移,而由于油液在管路中流动受阻,在活塞左端可能形成一定的真空度。在压力差作用下,少量油液经进油孔推开活塞油封中的单向阀(图中未示出),流向左侧以弥补真空。当原先被压入工作缸参与工作的油液重新回到主缸时,由于从右侧经单向阀流入的补偿油液使得总油量过多,多余的油即从补偿孔流回储液罐。当液压系统因泄漏而使油液容积变化时,则可借补偿孔适时地增减整个油路中的油量,以提升液压系统的工作稳定性和可靠性。

②离合器工作缸

离合器工作缸的结构如图 2.33 所示,工作缸内装有活塞、密封圈和推杆等。有些推杆除带动离合器分离叉运动外,还可调整离合器膜片弹簧分离指端与分离轴承的间隙,即自由间隙。为防止活塞脱出缸体,缸体左端设置了挡圈(图中未示出)。缸体上还设有放气阀,当管路内有空气而影响工作稳定性时,可拧松放气螺塞进行放气。工作缸活塞直径略大于主缸活塞直径,故对液压系统稍有增力作用,并可补偿液流通道的压力损失。

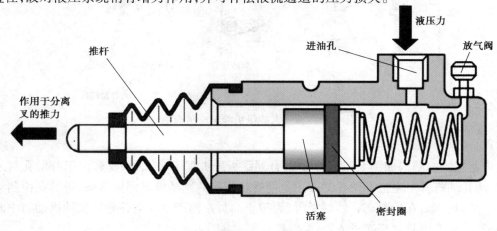

图 2.33　离合器工作缸结构图

当踩下离合器踏板时,离合器主缸油液进入离合器工作缸。在油压作用下,工作缸活塞左移,推动推杆,使分离叉在支点上摆动,从而带动分离轴承使离合器分离。

③弹簧助力式操纵机构

为了尽可能减小作用于离合器踏板上的力,降低驾驶员的疲劳程度,很多离合器采用了弹簧助力式操纵机构。图 2.34 所示为三角板式弹簧助力操纵机构的结构图,助力弹簧为拉伸弹簧,其两端分别挂在固定于支架和三角板上的支承销上,三角板可以绕图中的三角板销轴转动。

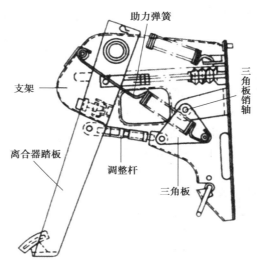

图 2.34　弹簧助力式操纵机构

当离合器踏板完全放松、离合器处于接合位置时,助力弹簧的轴线位于三角板销轴的下方。当离合器踏板被踩下时,调整杆推动三角板绕其轴销逆时针转动。这时,助力弹簧的拉力对轴销的力矩实际上是阻碍踏板和三角板运动的反力矩,该反力矩会随着离合器踏板下移而减小,直到三角板转到使弹簧轴线通过销轴中心时,反力矩减为零。随着踏板的继续踩下,助力弹簧轴线位于三角板销轴上方,此时助力弹簧的伸张力产生一个有助于踏板转动的顺时针力矩。踏板后段行程是最需要助力作用的,因此,这种弹簧助力式操纵机构可以有效地减轻驾驶员的疲劳。

(2)离合器液压操纵机构的拆装与检修

1)基本检查

在对操纵机构拆装检修之前,应先做相关检查,主要包括离合器储液罐液面高度检查、液压操纵机构泄漏检查、离合器的工作情况检查等内容。

离合器储液罐液面高度检查:检查主缸储液罐内离合器液(制动液)面的高度,如果低于"MAX"标记,则应补加,并进一步检查离合器液压操纵机构是否有泄漏的现象。

离合器液压操纵机构泄漏检查:检查主缸与油管、工作缸与油管及油封等部位是否有漏液的痕迹。

离合器工作情况检查:车辆可靠驻停,拉起驻车制动手柄;启动发动机,发动机怠速运转,踩下离合器踏板,换到 1 挡或倒挡,检查是否有噪声、是否换挡平稳,如果有噪声或换挡不平稳,说明离合器分离不彻底。

2)拆卸和检修

①离合器主缸的拆卸与分解

在解体离合器主缸前,应排净主缸中的制动液。主缸分解步骤是:取下防尘罩,用螺丝刀或卡环钳拆下卡环,拉出主缸推杆、压盖和活塞。

②离合器工作缸的拆卸与分解

拧下工作缸进油管接头,再拆下工作缸固定螺栓,即可拉出工作缸。工作缸的分解过程是:拉出工作缸推杆,拆下防尘罩,然后用压缩空气将工作缸活塞从缸筒内压出来。

③主缸、工作缸的检修

主缸和工作缸是离合器液压操纵系统的主要部件,其工作性能的好坏直接影响到离合器的工作性能。离合器工作缸的检修与主缸类似。

a.主缸分解后,先检查主缸内壁的磨损情况,测量活塞与缸壁的间隙,缸筒内壁磨损不应超过 0.125 mm,活塞与缸筒的间隙不应超过 0.20 mm,如果超过,应更换相应零件。

b.检查皮碗老化及回位弹簧失效的情况,如有,应更换相应零件。

c.主缸装配前,应清洗缸筒,并对主缸活塞、皮碗、密封圈等零件涂抹润滑脂。

3)装配与调整

①离合器主缸和工作缸的装配

主缸和工作缸的装配,按拆卸与分解相反顺序进行,但装配时应注意以下事项:

a.零件在装配前要用非腐蚀性液体清洗干净,并在活塞、皮碗、皮圈、缸套等零件上涂一层制动液。装合后,推杆在缸筒内运动应灵活。在放松(不工作)位置时,主缸皮碗和活塞头部应位于进油孔和补偿孔之间,两孔都开放。工作缸上带有塑料支承环,安装时外表面要涂上一层薄薄的润滑油,工作缸推杆末端也要涂上润滑脂润滑。

b.安装离合器工作缸时,需要用一个适应的杠杆克服弹簧的弹力,将其压向变速器壳相应的孔中后,方能将固定螺栓旋入。

②离合器液压系统中空气的排出

离合器液压操纵系统在经过检修之后,管路内可能进入空气,在添加制动液时也可能使液压系统中进入空气。空气进入后,由于缩短了主缸推杆行程(即踏板工作行程),会使离合器分离不彻底。因此,液压系统拆装检修后,就要排除液压系统中的空气,排除步骤如下:

a.用千斤顶顶起汽车,然后用支架支住,将主缸储液罐中的制动液加至规定高度。

b.在工作缸的放气阀上安装一软管,接到一个盛有制动液的容器内。

c.排空气需要两个人配合工作,一人在车内慢慢地踏离合器踏板数次,感到有阻力时踏住不动,另一人拧松放气阀直至制动液开始流出,然后再拧紧放气阀。

d.连续按上述方法操作几次,直到流出的制动液中不见气泡为止。

e.空气排除干净之后,需要再次检查及调整踏板自由行程。

③离合器踏板自由行程的检查与调整

a.离合器踏板工作情况的检查。

踩下离合器踏板,做下列检查:

● 踏板是否回弹无力,如是,则踏板回位弹簧存在故障。

● 踏板是否有异响,如有,则多是因生锈,应用润滑脂润滑。

● 踏板是否过度松动,如是,则可能因为离合器拉索调得过松,和离合器拉索松动接触,也可能是因为踏板销轴过度磨损造成的。

● 板是否沉重,如是,则应检查助力故障或润滑不良的情况。

b.检查离合器踏板高度。

掀起地毯,如图 2.35 所示,用直尺测量地面到离合器踏板上表面的距离。如果超出标准,应调整踏板高度,可通过踏板后的限位螺栓进行调整。

c.检查和调整离合器踏板自由行程。

如图 2.36 所示,用一个直尺抵在驾驶室底板上。先测量踏板完全放松时的高度,再用手轻按踏板,当感到阻力增大时再测量踏板高度,两次测量的高度差即为踏板的自由行程。

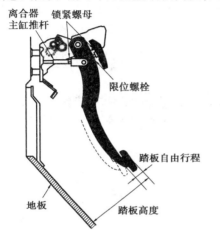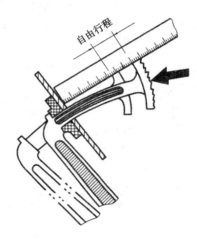

图 2.35 离合器踏板高度检查   图 2.36 离合器踏板自由行程检查

液压式操纵机构一般通过调整主缸推杆的长度来调整踏板的自由行程。先将图 2.35 所示的主缸推杆锁紧螺母旋松,然后转动主缸推杆,进而调整踏板的自由行程,调整后应将锁紧螺母旋紧。

2.2.4 离合器常见故障的诊断和排除

离合器的常见故障主要包括:离合器打滑,离合器分离不彻底,离合器异响和离合器接合不稳。相应的故障现象、原因以及诊断与排除方法见表 2.1。

表 2.1 离合器常见的故障现象、原因、诊断与排除方法

故障形式		故障现象、原因、诊断与排除方法
离合器打滑	故障现象	①汽车用低速挡起步时,放松离合器踏板后,汽车不能顺利起步 ②汽车加速行驶时,车速不能随发动机转速的提高而提高,行驶无力,严重时产生焦臭味或冒烟等现象 ③当拉紧驻车制动器,进行起步试验时,发动机本应熄火,若不熄火,表示离合器确实打滑

续表

故障形式	故障现象、原因、诊断与排除方法	
离合器打滑	故障原因	离合器打滑的根本原因是压盘不能牢固地压在从动盘摩擦片上,或摩擦片的摩擦系数过小。具体原因主要有: ①离合器踏板自由行程过小或没有自由行程,使分离轴承一直压在分离杠杆上 ②从动盘上有油污,造成从动盘表面摩擦力减小 ③从动盘摩擦片、压盘或飞轮工作面磨损严重,离合器盖与飞轮连接松动,压紧力减弱 ④从动盘摩擦片油污、烧蚀、表面硬化,铆钉外露或表面不平,使摩擦力下降。压力弹簧疲软或折断,膜片弹簧疲软或开裂,压紧力下降 ⑤分离轴承套筒与导管间油污严重,使分离轴承不能回位
	故障诊断与排除方法	①检查离合器踏板自由行程是否合适,若不合适应进行调整 ②擦除从动盘油污并排除漏油故障 ③检查从动盘摩擦片、压盘或飞轮工作面磨损情况,若磨损严重,应及时更换 ④检查压力弹簧、膜片弹簧是否疲软、折断或弹性不足,若弹性不足或破坏,应及时更换 ⑤检查分离轴承套筒与导管,若有油污应及时清理
离合器分离不彻底	故障现象	发动机怠速运转时,踩下离合器踏板,挂挡时有齿轮撞击声,且难以挂入;如果勉强挂上挡,则在离合器踏板尚未完全放松时发动机熄火
	故障原因	离合器分离不彻底的根本原因是离合器踏板踩到底时,压盘离开从动盘的移动量过小,或部件的变形导致压盘与从动盘摩擦片有所接触而不能彻底分离。具体原因主要有: ①离合器踏板自由行程过大 ②新换的摩擦片太厚或从动盘正反面装错 ③从动盘钢片翘曲、摩擦片破裂或铆钉松动 ④液压传动离合器的液压系统漏油造成油量不足,或有空气侵入 ⑤分离杠杆调整不当,其内端不在同一平面内或内端高度太低,或分离杠杆弯曲变形、支座松动、支座轴销脱出,使分离杠杆内端高度难以调整
	故障诊断与排除方法	①检查离合器踏板自由行程是否合适,若自由行程过大,应进行调整 ②检查离合器从动盘或摩擦片安装是否正确,若从动盘变形或损坏应及时更换 ③检查液压系统管路、管接头是否漏油 ④检查分离杠杆是否变形,支座是否松动,分离杠杆调整是否合适 ⑤检查变速器第一轴和离合器从动盘配合是否良好,若配合不当应及时调整

故障形式	故障现象、原因、诊断与排除方法	
离合器异响	故障现象	车辆起步或换挡时操纵离合器,有不正常响声
	故障原因	造成离合器异响的根本原因在于离合器的部分零件严重磨损及主、从动部件传力部位松旷,离合器接合或分离的瞬间,由于惯性冲击的作用,造成不正常摩擦或撞击。具体原因主要有: ①分离轴承缺油或损坏,造成轴承干磨或损坏 ②分离轴承与膜片弹簧(或分离杠杆)内端之间无间隙 ③分离轴承回位弹簧折断 ④从动盘摩擦片铆钉松动或铆钉头外露 ⑤膜片弹簧破碎 ⑥踏板自由行程过小 ⑦从动盘减振弹簧折断
	故障诊断与排除方法	①稍稍踩下离合器踏板,膜片弹簧与分离轴承接触,听到有"沙沙"的响声,为分离轴承响。若加油后仍响,则为轴承磨损松旷或损坏,应予以更换 ②踩下、放松离合器踏板时,如出现间断的碰击声,则为分离轴承前后滑动响(分离轴承弹簧失效),应更换支承弹簧 ③发动机一启动就有响声,将踏板提起后响声消失,为踏板弹簧失效,应更换踏板弹簧 ④连踩踏板,在离合器刚接触或分开时有响声,为从动盘铆钉松动和摩擦片铆钉外露,应修复铆钉
离合器结合不稳	故障现象	车辆起步时,离合器不能平稳结合,伴有冲撞,严重时车身明显抖动
	故障原因	离合器接合不稳的根本原因是从动盘摩擦片表面与压盘表面、飞轮接触表面之间的正压力分布不均,在同一平面内的接触时间不同,使得主、从动盘接合不平顺。具体原因主要有: ①操纵机构工作不畅 ②从动盘翘曲,厚度不均或中间花键的配合间隙过大 ③压盘变形 ④离合器盖松动 ⑤飞轮端面圆跳动超标 ⑥膜片弹簧本身弹力不均、断裂或内端因调整不当而不在同一平面内(或分离杠杆变形,内端由于调整不当而不在同一平面内)
	故障诊断与排除方法	①检查发动机支架、变速器与飞轮壳的紧固螺栓、离合器壳的固定螺栓等处是否有松动 ②检查操纵机构,看有无拉索发卡等现象。若有,需调整、润滑或更换 ③分解离合器,检查从动盘减振器弹簧是否失效,压盘是否偏磨或变形,摩擦片铆钉是否松动,分离轴承套筒是否发卡,回位弹簧是否失效,分离叉轴两端支承是否磨损等。若有,则更换或调整相关零部件

【拓展阅读】

磁粉式电磁离合器的结构原理

磁粉式电磁离合器主、从动部分之间的转矩传递靠磁性电解质本身来完成,即通过给电磁线圈通电,从而将存储在离合器主、从动部分之间的铁粉磁化,磁化后的铁粉将主、从动盘"凝固"在一起传递转矩。

(1)组成

如图2.37所示,磁粉式电磁离合器由输入端、输出端、磁粉室、励磁线圈、离合器控制单元ECU、离合器C/SW开关、离合器继电器和蓄电池等组成。离合器的控制开关安装在手动变速器的手柄上,以便于进行远程操纵。

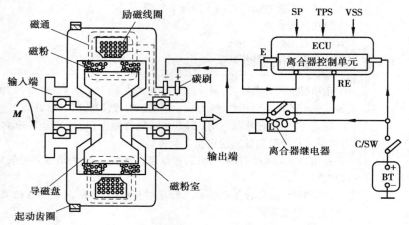

图2.37　磁粉式电磁离合器结构示意图

①主动部分(即输入端)连接发动机的曲轴,代替了飞轮的作用。内置式励磁线圈用炭刷和固定部位的滑环接触,可与蓄电池相通。

②从动部分(即输出端)连接变速器的输入轴。主、从动部分通过轴承连接,可相对转动。

③磁粉室处于主、从动部分之间,内装物理性能稳定、可磁化、定量的直径为 $30\sim50~\mu m$ 铁微粉末,即为磁粉。磁粉通电磁化后形成"磁链",连接主、从动部分,从而传递发动机转矩。

(2)控制原理

1)励磁电流的控制

利用离合器开关的闭合,使继电器的线圈磁化而导通触点,离合器控制单元ECU从RE端子提供可变的工作电流,通过继电器来操控励磁线圈通电电流的大小。

2)工作过程

当励磁线圈不通电时,磁粉室中的磁粉在离心力的作用下松散地贴合于磁粉室的外侧。此时主、从动部分分离,离合器处于分离状态。当励磁线圈通电时,磁粉被磁化,流动的磁粉在磁场中开始"凝固"起来,形成磁链,把离合器的主、从动部分联系在一起。通过的电流越大,则形成的磁链越多,传递的转矩也就越大。当通过的电流达到某一定值时,磁粉将离合器的主、从动部分牢固地连接在一起,离合器则停止打滑,处于完全接合状态。当电流消失,磁场即消失,磁粉又成为流动体,离合器重新分离。

3)接合时间及接合力的控制

在汽车行驶过程中,离合器控制单元ECU的电流调节电路随时根据各种传感器(节气门开度信号、转速信号、车速信号、制动信号、轮速信号等行驶状态信息)传来的信息,自动调节通过励磁线圈电流的大小和导通时间的长短,自动进行通断和量化控制。

(3)优点

①无磨损,无须调整。

②故障内容纳入自诊断系统,使维修方便、成本降低、使用寿命延长。

③传递转矩增长平滑,离合器接合平顺,性能更为可靠。

复习与思考

一、选择题(有一项或多项正确)

1.离合器的主动部分包括(　　　)。

A.飞轮　　　　　　　B.离合器盖　　　　　　C.压盘　　　　　　D.摩擦片

2.离合器的从动部分包括(　　　)。

A.离合器盖　　　　　B.压盘　　　　　　　　C.从动盘　　　　　D.压紧弹簧

3.离合器分离轴承与分离杠杆之间的间隙是为了(　　　)。

A.实现离合器踏板的自由行程　　　　　B.减轻从动盘磨损

C.防止热膨胀失效　　　　　　　　　　D.保证摩擦片正常磨损后离合器不失效

4.膜片弹簧离合器的膜片弹簧起到(　　　)的作用。

A.压紧弹簧　　　　　B.分离杠杆　　　　　　C.从动盘　　　　　D.主动盘

5.离合器的从动盘主要由(　　　)构成。

A.从动盘本体　　　　B.从动盘毂　　　　　　C.压盘　　　　　　D.摩擦片

二、判断题

1.离合器的主、从动部分常处于分离状态。　　　　　　　　　　　　　　　(　　)

2.为使离合器接合柔和,驾驶员应逐渐放松离合器踏板。　　　　　　　　　(　　)

3.离合器踏板的自由行程过大会造成离合器的传力性能下降。　　　　　　　(　　)

4.离合器从动部分的转动惯量应尽可能大。　　　　　　　　　　　　　　　(　　)

5.离合器的摩擦衬片上粘有油污后,可得到润滑。　　　　　　　　　　　　(　　)

三、简答题

1.摩擦式离合器由哪几部分组成?简述其工作原理。

2.离合器的自由行程是什么?为什么要有自由行程?如何测量?

3.简述液压式操纵机构的组成和工作原理。

4.某乘用车换挡时有齿轮撞击声,排除变速器的故障后,该现象依然存在,试分析故障现象、可能原因及如何排除。

任务2.3　手动变速器的结构与检修

【任务引入】

案例:某手动挡轿车出现挂不上挡、不能前进只能倒退的故障。具体故障表现为:轿车的驾驶员换挡过猛,使汽车突然挂不上挡了。试了所有的前进挡,都不能使汽车前进行驶,只有倒挡能够行驶。维修人员分析认为该车五个挡位同时损坏的可能性极小,很可能是操纵机构出现问题。经检查发现,果然是操纵机构错位导致了上述故障的发生。经过调整后试车,变速器各挡位功能恢复正常。

变速器的功能是要实现汽车变速、变扭矩以及倒车,以使汽车适应各种发动机工况和行驶路况。那么它是如何实现这些功能的? 操纵机构又是如何工作的? 变速器及其操纵机构的故障对汽车又有哪些影响?

本任务将对变速器做全面介绍,要求了解变速器的作用、类别以及操纵机构的结构和工作原理,掌握变速器的结构、各挡位的动力传递路线、同步器的工作原理、日常检修项目以及常见故障的诊断与排除。

【任务相关知识】

2.3.1　变速器概述

(1)变速器的功能和要求

变速器最重要的一个特点是可以改变输入和输出转速的速比,它要在驾驶者的操纵下,与发动机以及驱动桥配合完成汽车的起步、加速等各种行驶需求,同时还要兼顾节油及降噪的要求,其具体功能主要包括以下几个方面:

第一,实现变速变扭。即通过改变传动比,扩大驱动轮转矩和转速的变化范围,以适应经常变化的行驶条件,同时,使发动机在最有利(功率较高而油耗较低)的工况下工作。

第二,实现中断动力传递。中断发动机向驱动桥的动力传递,以使发动机能够起步、怠速,满足汽车暂时停车的需要。

第三,实现倒车。在发动机旋转方向不变的条件下,使汽车能反向行驶。

为实现以上功能,变速器应满足以下要求:

①拥有足够的挡位与合适的传动比,满足使用要求,提高经济性和生产率。

②工作可靠、传动效率高,使用寿命长,结构简单、维修方便。

③操纵轻便可靠,不允许出现乱挡、跳挡、脱挡等情况。

④动力换挡要求换挡平稳,传动效率高。

(2)变速器的分类

变速器通常按传动比的变化情况和操纵方式的不同分类。其中,按传动比的变化情况划分,变速器可分为有级式变速器、无级式变速器和综合式变速器三种。

①有级式变速器:有几个可供选择的固定传动比,采用齿轮传动。其按所用轮系形式不同又可分为齿轮轴线固定的普通齿轮变速器和轴线旋转式变速器(即行星齿轮变速器)两种。

②无级式变速器:传动比可在一定范围内连续变化,目前的无级变速器一般都是采用金属带传动动力,通过主、从动带轮直径的变化实现无级变速。

③综合式变速器:是由无级变速的液力变矩器和有级齿轮式变速器组成的,一般都是由电脑来自动实现换挡,所以多把这种变速器称为自动变速器。这种变速器的传动比可在最大值与最小值之间的几个间断的范围内作无级变化,目前应用较多。

按操纵方式划分,变速器可以分为手动挡式变速器、自动操纵式变速器和半自动操纵式变速器三种:

①手动挡式变速器:靠驾驶员直接操纵变速杆进行换挡。这种变速器换挡机构简单,工作可靠,齿轮式变速器多采用这种换挡方式。

②自动操纵式变速器:传动比的选择和换挡是自动进行的。驾驶员只需操纵加速踏板和制动踏板,变速器就可以根据发动机的负荷信号和车速信号来控制执行元件,实现挡位的变换。

③半自动操纵式变速器:即手动自动一体化操纵,可预先用按钮选定挡位,在踩下离合器踏板或松开加速踏板时,由执行机构自行换挡。

(3)普通齿轮变速器的基本工作原理

普通齿轮式变速器可实现变速、变矩和改变旋转方向的功能,下面分别介绍它们的原理及换挡原理。

1)变速变矩原理

图 2.38 所示为普通齿轮传动的变速原理,一对齿数不同的齿轮啮合传动时,若小齿轮为主动齿轮,带动大齿轮转动,转速则降低,称为减速传动,如图 2.38(a)所示。同理,若大齿轮驱动小齿轮时,转速升高,则称为增速传动,如图 2.38(b)所示。汽车变速器就是根据这一原理,利用若干大小不同的齿轮副传动而实现变速的。

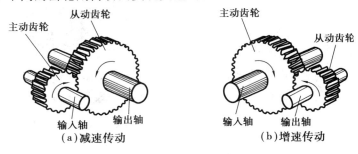

图 2.38 齿轮传动原理

设主动齿轮转速为 n_1,齿数为 z_1;主动齿轮转速为 n_2,齿数为 z_2。主动齿轮(输入轴)转速与从动齿轮(输出轴)转速之比值称为传动比。传动比用字母 i_{12} 表示,即有

$$i_{12} = n_1/n_2 = z_2/z_1 \tag{2.1}$$

图 2.39 所示为两级齿轮传动原理示意图,第二级主动齿轮与第一级从动齿轮同轴(即 $n_2 = n_3$)。第一级齿轮对中的主动齿轮驱动第一级从动齿轮转动,进而驱动第二级从动齿轮转动并输出动力。

此时,由第一级主动齿轮传到第二级从动齿轮的传动比为

$$i_{14} = n_1/n_2 \times n_3/n_4 = n_1/n_4 = (z_2 z_4)/(z_1 z_3) \tag{2.2}$$

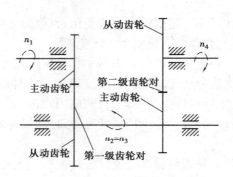

图 2.39　两级齿轮传动原理

也可以总结为

$$i_{14} = n_1/n_4 = \frac{\text{所有从动齿轮齿数的乘积}}{\text{所有主动齿轮齿数的乘积}}$$

汽车变速器某一挡位的传动比就是这一挡位各级齿轮传动比的乘积。

另外,齿轮啮合点的受力相等,而齿轮半径不相等(齿轮半径比约等于齿轮齿数比),因此齿轮的传动不仅要变速,也要变矩,降速则增矩,增速则降矩。汽车变速器就是利用这一关系,通过改变传动比来适应汽车行驶阻力变化需要的。

2)变向原理

如图 2.40 所示,通过增加一级齿轮传动副可实现倒挡。在前进挡,主动齿轮与从动齿轮直接啮合,动力由输入轴传给输出轴,两轴的转动方向相反。而在倒挡,动力由输入轴传给倒挡轴,再由倒挡轴传给输出轴,经过两对齿轮传动,输入轴与输出轴转动方向相同,即实现了变向传动。

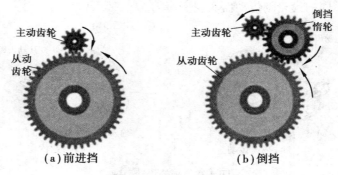

（a）前进挡　　　　　　（b）倒挡

图 2.40　变向原理图

3)换挡原理

从前述可知:当传动比 $i>1$ 时,为降速增扭传动,其挡位称为降速挡;当 $i<1$ 时,为增速降扭传动,其挡位称为超速挡;当 $i=1$ 时,为等速等扭传动,其挡位称为直接挡;当 $i<0$ 时,为变向传动,其挡位称为倒挡。

习惯上把变速器传动比值较小的挡位称为高档,传动比值较大的挡位称为低档;变速器挡位的变换称为换挡,由低挡向高挡变换称为加挡(或升挡),反之称为减挡(或降挡)。变速器就是通过驾驶者操作挡位的变换来改变传动比,从而实现多级变速。

2.3.2   手动变速器换挡操纵机构结构、原理与拆装

(1)操纵机构的结构与原理

变速器操纵机构的功用是保证驾驶员根据汽车使用条件,准确、可靠地使变速器挂入所需挡位工作,并可随时退入空挡。为使变速器在任何情况下都能准确、安全、可靠地工作,对操纵机构提出下列要求:

第一,能防止变速器自动换挡和自动脱挡,因此在操纵机构中应设有自锁装置。

第二,能保证变速器不会同时挂入两个挡位,以免造成发动机熄火或零部件的损坏,因此在操纵机构中应设有互锁装置。

第三,能防止误挂倒挡,因此在操纵机构中应设有倒挡锁装置。

1)换挡操纵机构的结构类型

变速器操纵机构根据其变速杆与变速器相互位置的不同,可分为直接操纵式和远距离操纵式两种类型。

①直接操纵式

直接操纵式的操纵机构多用于发动机前置后轮驱动的车辆中,变速器布置在驾驶员座椅附近,变速杆由驾驶室地板伸出,驾驶员可以直接操纵。

图 2.41 所示为直接操纵式操纵机构的组成结构,主要由变速杆、换挡轴、叉形拨杆、自锁和互锁装置、挡位拨块、拨叉以及拨叉轴组成。

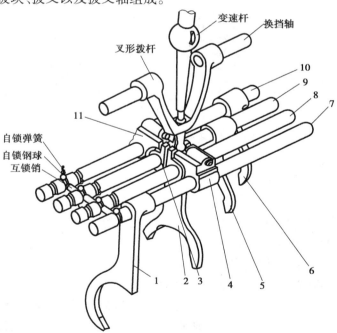

图 2.41   直接操纵式操纵机构

1—5/6 挡拨叉;2—3/4 挡拨块;3—1/2 挡拨块;4—5/6 挡拨块;
5—1/2 挡拨叉;6—倒挡拨叉;7—5/6 挡拨叉轴;8—3/4 挡拨叉轴;
9—1/2 挡拨叉轴;10—倒挡拨叉轴;11—倒挡拨块

拨叉轴的两端均支承于变速器盖的相应孔中,可以轴向滑动。所有的拨叉和拨块都以弹性销固定于相应的拨叉轴上,拨叉拨块的顶部制有凹槽。变速器处于空挡时,各凹槽在横向平面内对齐,叉形拨杆下端的球头即伸入这些凹槽中。选挡时,可使变速杆绕其中部球形支点横向摆动,则其下端推动叉形拨杆绕换挡轴的轴线摆动,从而使叉形拨杆下端球头对准与所选挡位对应的拨块凹槽,然后使变速杆纵向摆动,带动拨叉轴及拨叉向前或向后移动,即可实现挂挡。

例如,横向摆动变速杆使叉形拨杆下端的球头伸入1/2挡拨块3顶部的凹槽中,拨块3连同拨叉轴9和拨叉5即沿纵向向前移动一定距离,便可挂入2挡;若向后移动一段距离,则挂入1挡。当使叉形拨杆下端球头伸入拨块11的凹槽中,并使其向前移动一段距离时,便挂入倒挡。

各种变速器由于挡位数及挡位排列位置不同,其拨叉和拨叉轴的数量及排列位置也不相同。

②远距离操纵式

在有些汽车上,由于变速器离驾驶员座位较远,则需要在变速杆与拨叉之间安装一些辅助杠杆或一套传动机构,构成远距离操纵机构。这种操纵机构多用于发动机前置、前轮驱动的轿车,由于其变速器安装在前驱动桥处,远离驾驶员座椅,需要采用这种操纵方式,如图2.42所示。

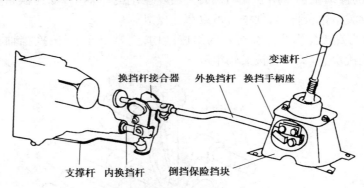

图2.42 远距离操纵式操纵机构

2)换挡锁装置的结构与原理

①自锁装置

自锁装置是用于防止变速器自动脱挡或挂挡,并保证轮齿以全齿宽啮合。大多数变速器锁止装置都是采用自锁钢球对拨叉轴进行轴向定位锁止的。如图2.43所示,变速器盖上钻有一个深孔,孔中装入自锁钢球和自锁弹簧,其位置正处于拨叉轴的正上方,每根拨叉轴对着钢球表面沿轴向设有三个凹槽,槽的深度小于钢球的半径。

中间的凹槽对正钢球时为空挡位置,两侧凹槽对正钢球时则处于某一工作挡位置,相邻凹槽之间的距离保证齿轮处于全齿长啮合或是完全退出啮合。凹槽对正钢球时,钢球便在自锁弹簧的压力作用下嵌入该凹槽内,拨叉的轴向位置被固定,不能自行挂挡或自行脱挡。当需要换挡时,驾驶员通过变速杆对拨叉轴施加一定的轴向力,克服自锁弹簧的压力而将自锁钢球从拨叉轴凹槽中挤出并推回孔中。拨叉轴可滑过钢球进行轴向移动,并带动拨叉及相应的接合套或滑动齿轮轴向移动,当拨叉轴移至其中一凹槽与钢球对正时,钢球又被压入凹槽,驾驶员具有很强的手感,此时拨叉所带动的接合套或滑动齿轮便被拨入空挡或另一工作挡位。

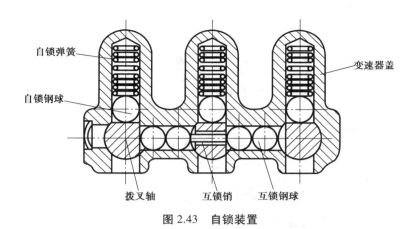

图 2.43 自锁装置

②互锁装置

互锁装置用于防止同时挂上两个挡位。如图 2.44 所示,互锁装置由互锁钢球和互锁销组成。

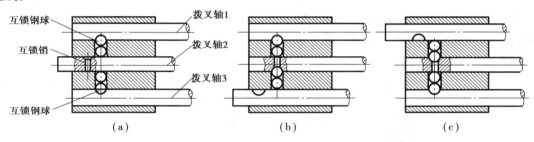

图 2.44 互锁装置

当变速器处于空挡时,所有拨叉轴的侧面凹槽同互锁钢球、互锁销都在一条直线上。

当移动中间拨叉轴 2 时,如图 2.44(a)所示,拨叉轴 2 两侧的钢球从其侧凹槽中被挤出,而两外侧钢球则分别嵌入拨叉轴 1 和 3 的侧面凹槽中,因而将拨叉轴 1 和 3 刚性地锁止在其空挡位置。

若欲移动拨叉轴 3,则应先将其退回到空挡位置。于是在移动拨叉轴 3 时,钢球便从拨叉轴 3 的凹槽中被挤出,同时通过互锁销和其他钢球将拨叉轴 1 和拨叉轴 2 锁止在空挡位置,如图 2.44(b)所示。

同理,当移动拨叉轴 1 时,则拨叉轴 2 和 3 被锁止在空挡位置,如图 2.44(c)所示。

由此可知,互锁装置工作的机理是当驾驶员用变速杆推动某一拨叉轴时,自动锁止其余拨叉轴,从而防止同时挂上两个挡位。

③倒挡锁装置

倒挡锁装置的作用是防止误挂入倒挡,图 2.45 所示即为常见的锁销倒挡锁装置。当驾驶员想挂倒挡时,使变速杆下端压缩倒挡锁弹簧,必须用较大的力克服弹簧力,将锁销推入锁销孔内,才能使变速杆下端进入倒挡拨块的凹槽中进行换挡。由此可见,倒挡锁的作用是使驾驶员必须对变速杆施加更大的力才能挂入倒挡,起到警示注意作用,以防误挂倒挡。

(2)换挡操纵机构的拆装

下面以比亚迪 F3 车辆上的二轴式变速器为例,介绍变速器操纵机构及相应附属机构拆装

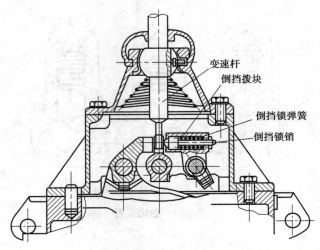

图 2.45　倒挡锁装置

和检修的步骤和方法。其操纵机构为远距离操纵式,图 2.46 至图 2.48 所示即为该变速器总成以及操纵机构的拆卸和安装流程(步骤按照图中括号内的数字进行),图中螺栓的拧紧力矩均为装配时的标准拧紧力矩。

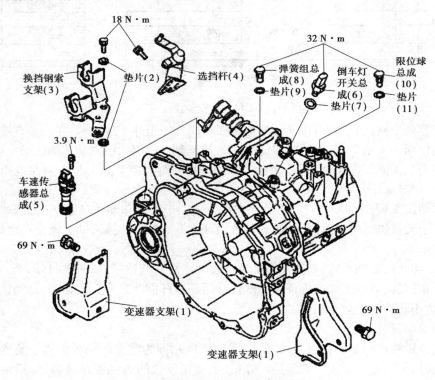

图 2.46　手动变速器的拆卸和安装流程图(一)

1)离合器壳体和变速器壳体的拆装要领

①离合器壳体的拆装

当需要更换离合器壳体时,按图 2.49 所示的拆装流程进行。其中,圆柱滚子轴承的拆装

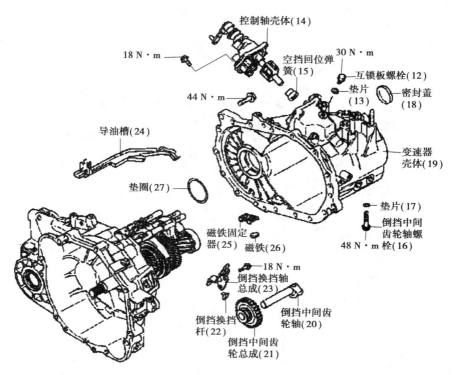

图 2.47　手动变速器的拆卸和安装流程图(二)

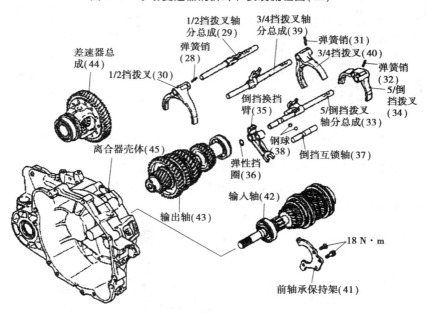

图 2.48　手动变速器的拆卸和安装流程图(三)

要用专用工具进行,按图 2.50 所示进行。

离合器壳体装配时的操纵要领如下:

a.衬套的安装。要注意将衬套一直压入如图 2.51 所示的位置,不要让它的开槽面碰到放气槽。

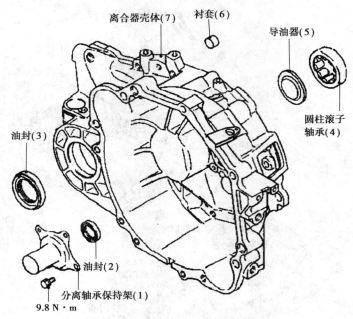

图 2.49　离合器壳体的拆装流程

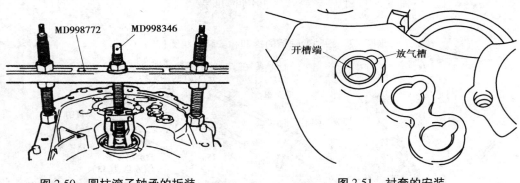

图 2.50　圆柱滚子轴承的拆装　　　　图 2.51　衬套的安装

b.圆柱滚子轴承的安装。要将其外圈压入,使型号刻印侧成为图 2.52 所示方向。

c.油封的安装。安装前要在其唇部涂抹变速器油,如图 2.53 所示。油封的安装也需要专用油封安装工具,如图 2.54 所示。

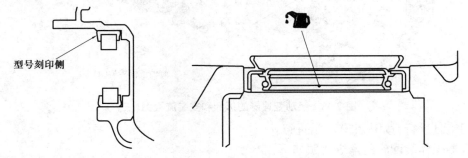

图 2.52　圆柱滚子轴承的压入　　　　图 2.53　在油封唇部涂抹变速器油

②变速器壳体的拆装

当需要更换变速器壳体时,按图 2.55 所示的拆装流程进行。

其衬套、油封以及轴承的安装与离合器壳体的一致,在此不再赘述。

变速器壳体与离合器壳体装配在一起时,要涂抹密封胶,涂抹位置在图 2.56 所示的变速器壳体位置。变速器壳体的安装注意事项:第一,要在密封胶未干时迅速地装好变速器壳体(在 15 min 内);第二,变速器壳体安装好后,在 1 h 内不要让密封部位接触到油类。

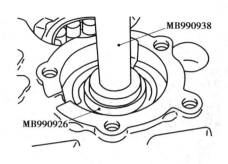

图 2.54　安装油封

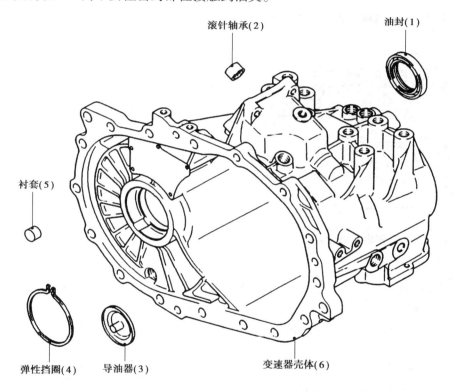

图 2.55　变速器壳体的拆装流程

2)换挡拨叉机构的拆装要领

①倒挡中间齿轮轴的拆装

将 3/4 挡同步器啮合套向 4 挡侧移动,如图 2.57 所示,将倒挡中间齿轮轴拆下。

安装时,也要先如图 2.57 所示那样将 3/4 挡同步器啮合套向 4 挡侧移动,然后将倒挡中间齿轮轴上的螺孔朝着图 2.58 所示方向,使用螺丝起子等工具在变速器壳体上找到倒挡中间齿轮轴另一侧的中心,如图 2.59 所示,拧入螺栓使倒挡中间齿轮轴固定。

②3/4 挡拨叉轴分总成和 5/倒挡拨叉轴分总成的拆装

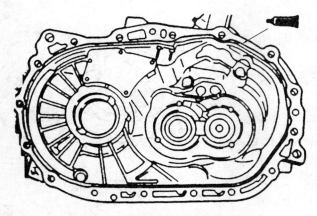

图 2.56　变速器壳体密封胶涂抹位置

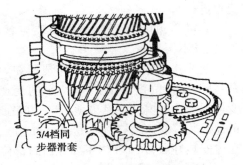

图 2.57　移动 3/4 挡同步器滑套

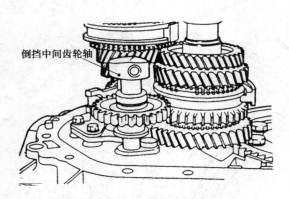

图 2.58　倒挡中间齿轮轴的安装位置

图 2.59　在壳体上找到倒挡中间齿轮轴的中心

a.拆卸过程。

一边将倒挡换挡臂朝图 2.60 所示方向移动,一边拆下 5/倒挡拨叉轴分总成及倒挡臂、弹性挡圈、钢球、倒挡互锁轴。

将 3/4 挡拨叉轴分总成朝图 2.61 所示方向移动,将其与拨叉同时拆下。

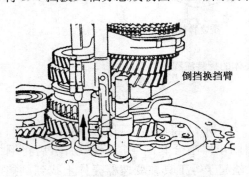

图 2.60　5/倒挡拨叉轴分总成的拆卸

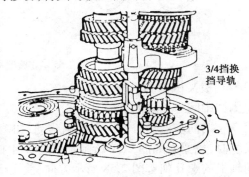

图 2.61　3/4 挡拨叉轴分总成的拆卸

b.安装过程。

首先按图 2.62 所示安装 3/4 挡拨叉轴分总成,并将拨叉卡入 3/4 挡同步器卡槽内。

按图 2.63 所示位置,安装倒挡互锁轴、钢球、5/倒挡拨叉轴分总成、5/倒挡拨叉、倒挡换挡臂、弹性挡圈。

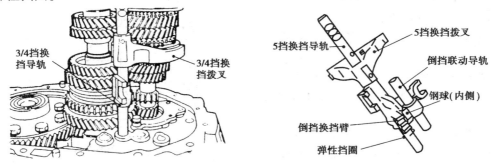

图 2.62　3/4 挡拨叉轴分总成的拆卸　　　　图 2.63　5/倒挡拨叉机构的安装

一边将倒挡换挡臂朝向图 2.60 所示相反的方向移动,一边安装 5/倒挡拨叉、拨叉轴及倒挡换挡臂、弹性挡圈、钢球、倒挡互锁轴。

3)换挡控制轴总成的拆装要领

换挡控制轴总成分为选挡杆分总成和控制轴分总成两部分。

①选挡杆分总成的拆装

选挡杆分总成的拆装流程如图 2.64 所示。其中,防尘套的装配要注意装到图 2.65 所示位置。

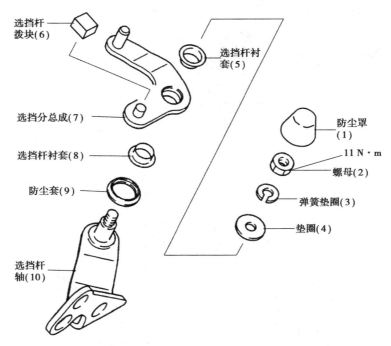

图 2.64　选挡杆分总成的拆装流程

②控制轴分总成的拆装

控制轴分总成的拆装流程如图 2.66 所示。其中一些零部件的拆装要领如下:

a.锁紧销的拆装。其拆装必须找准方向,拆卸时的敲出方向如图 2.67 所示,安装时的压入方向如图 2.68 所示。

b.弹簧销的安装。安装方向如图 2.69 所示。

c.滚针轴承的安装。将滚针轴承压入图 2.70 所示的尺寸,使型号刻印侧成为图示的方向。

d.通气器的安装。通气器在安装前,要先在插入部的外周上涂密封胶,如图 2.71 所示。安装时,使突起部朝向图 2.72 所示方向。

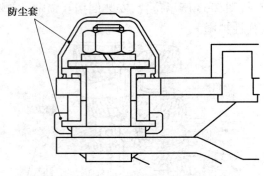

图 2.65　防尘套的安装位置

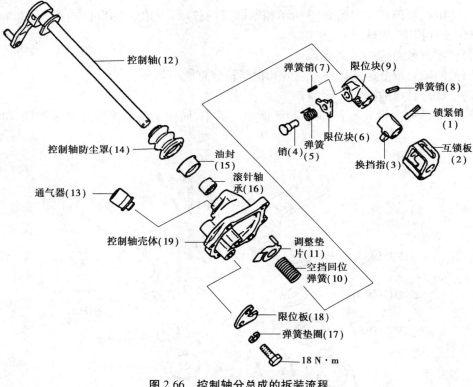

图 2.66　控制轴分总成的拆装流程

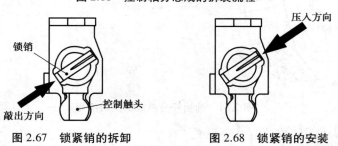

图 2.67　锁紧销的拆卸　　图 2.68　锁紧销的安装

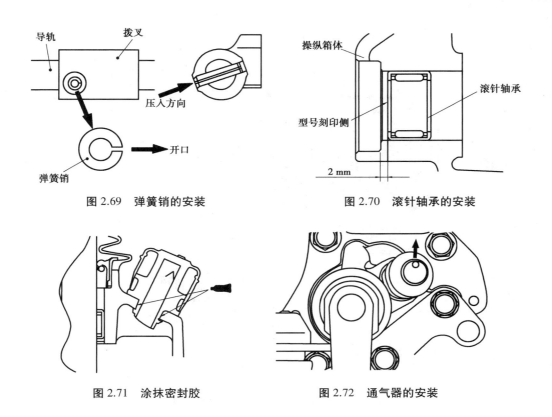

图 2.69 弹簧销的安装   图 2.70 滚针轴承的安装

图 2.71 涂抹密封胶   图 2.72 通气器的安装

2.3.3 手动变速器变速传动机构的结构、原理

(1)变速传动机构的结构与原理

1)二轴式变速器的变速传动机构

二轴式变速器主要用于发动机前置前轮驱动的汽车。目前,常见的国产轿车均采用这种变速器。

①结构组成

图 2.73 所示为某前置前驱轿车的五挡二轴式变速器变速传动机构,它有 5 个前进挡和 1 个倒挡,前挡全部采用同步器换挡。同步器的作用是使变速器在行驶过程中换挡不发生结合齿的冲击。

图 2.73 中每一个挡位齿轮对均包含一个换挡齿轮和固定齿轮。

输入轴也是离合器的从动轴,其前线通过滚子轴承支承在离合器完体上,后端用球轴承支承在变速器壳体上,其上有倒挡和一挡、二挡固定齿轮,安装有三挡、四挡、五挡换挡齿轮及同步器。

输出轴的前端通过滚子轮支承在离合器壳体的支承孔内,后端则通过球轴承支承在变速器壳体上。输出轴上用花键套装着三挡、四挡、五挡固定齿轮及一挡、二挡同步器的花键毂和接合套,在一挡、二挡同步器处于中间位置时,其接合套上的直齿倒挡换挡齿轮与输入轴上的倒挡齿轮,通过安装在倒挡轴上的中间齿轮的移动可以形成倒挡。倒挡轴(图中未示出)是固定式轴,其轴端以过盈配合装配于壳体上的轴承孔内,其上套装有倒挡齿轮。

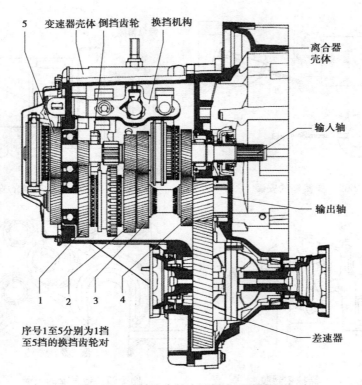

图 2.73　二轴式齿轮变速器变速传动机构

②动力传递路线

二轴式齿轮变速器的动力传递路线见表 2.2。

表 2.2　二轴式齿轮变速器的动力传递路线表

挡位	动力传递	示意图
1挡	操纵换挡装置使一、二挡同步器左移,发动机动力经输入轴、一挡主动齿轮、一挡从动齿轮、同步器接合套和花键毂传至输出轴输出。一挡传动比约等于3.3,由于一挡传动比数值较其他挡位大,可产生较大的减速增矩效果,有利于汽车起步	
2挡	操纵换挡装置使一、二挡同步器右移,发动机动力经输入轴、二挡主动齿轮、二挡从动齿轮、同步器接合套和花键毂传至输出轴输出。二挡传动比约等于1.9,仍产生减速增矩效果,但相对于一挡车速较快,有利于汽车升速	

挡　位	动力传递	示意图
3 挡	操纵换挡装置使三、四挡同步器左移,发动机动力经输入轴、同步器花键毂、三挡主动齿轮、三挡从动齿轮传至输出轴输出。三挡传动比约等于 1.3,仍产生减速增矩效果,但相对于二挡车速较快,有利于汽车升速	
4 挡	操纵换挡装置使三、四挡同步器右移,发动机动力经输入轴、同步器花键毂、四挡主动齿轮、四挡从动齿轮传至输出轴输出。四挡传动比约等于 1.03,由于四挡传动比接近 1,所以近似直接挡的效果	
5 挡	操纵换挡装置使五挡同步器右移,发动机动力经输入轴、同步器花键毂、五挡主动齿轮、五挡从动齿轮传至输出轴输出。五挡传动比约等于 0.837,由于其传动比小于 1,输出转速增大而转矩减小,即为超速挡	
倒挡	操纵换挡装置使倒挡轴上的倒挡齿轮移向与处于空挡位置的一、二挡同步器接台套外壳上的直齿轮啮合,发动机动力经倒挡主动齿轮、倒挡齿轮、倒挡从动齿轮以及一、二挡同步器花键毂传至输出轴输出。因为相对于其他前进挡位多出一个传动齿轮,改变了传动方向,所以产生反向输出动力的效果	

2)三轴式变速器的变速传动机构

①结构

三轴式齿轮变速器用于发动机前置后轮驱动的汽车上,图 2.74 所示为三轴式齿轮变速器变速传动机构的示意简图。它有 6 个前进挡和 1 个倒挡。它有 3 根主要的传动轴,即第一轴、第二轴和中间轴,所以称为三轴式变速器。另外还有倒挡轴。该变速器中,除了一挡和倒挡外,其他挡位变换均采用了同步器。

图中序号与零部件名称对应关系如下:

2 和 38 分别为第一轴和第二轴常啮合齿轮;5、12、20、23 为同步器结合套;13、27、28、40 为同步器花键毂;19、14、11、6、4 分别为二、三、四、五、六挡同步器锁环;21、18、15、10、7、3 和 24 分别为一、二、三、四、五、六挡和倒挡齿轮结合齿圈;22、17、16、9、8、25 分别为第二轴一、二、三、四、五挡和倒挡齿轮;33、34、35、36、37、29 分别为中间轴一、二、三、四、五挡和倒挡齿轮;32 为倒挡中间齿轮。

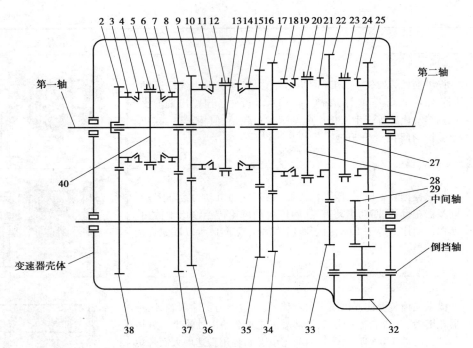

图 2.74　三轴式齿轮变速器变速传动简图

②动力传递路线

该变速器为六速变速器,各挡动力传递情况如下:

在空挡位置时,当第一轴旋转时,通过常啮合齿轮 2 带动中间轴及其上的各齿轮旋转。由于齿轮 8、9、16、17、22 和 25 是空套在第二轴上的,故第二轴不能被驱动。

欲挂上一挡,可操纵变速杆,通过拨叉使接合套 20 右移,与一挡齿轮接合齿圈 21 接合后,动力便可从啮合齿轮 2 和 38,中间轴 30,齿轮 33、22,接合齿圈 21,接合套 20,花键毂 28,再通过花镀连接传给第二轴。欲脱开一挡,可通过拨叉使接合套 20 左移,使接合套与接合齿圈 21 脱离啮合,则变速器退回空挡位置。

若将接合套 20 继续左移,使之与二挡同步器锁环 19 的接合齿圈和二挡齿轮接合齿圈 18 接合后,变速器便从一挡换入了二挡。此时,动力从第一轴依次经齿轮 2、38,中间轴 30,齿轮 34、17,接合齿圈 18,接合套 20,花键毂 28,最后传给第二轴。

同理,使接合套 12 右移到与接合齿圈 15 接合,可换到三挡;使接合套 12 左移到与接合齿圈 10 接合,便换上四挡;使接合套 5 右移到与接合齿圈 7 接合,则换入五挡。若使接合套 5 左移到与接合齿圈 3 接合,则换入六挡,此时动力从第一轴经齿轮 2、接合齿圈 3、接合套 5 和花键毂 40 直接传给第二轴,而不再经过中间轴齿轮传动,这种挡位即称为直接挡。

为实现汽车倒向行驶,中间轴的一侧还设置了一根较短的倒挡轴(图中采用展开画法,将倒挡轴画在中间轴的下方),其上空套着倒挡中间齿轮,它与第二轴倒挡齿轮 25 为常啮合斜齿轮。倒挡中间齿轮 32 与中间轴倒挡齿轮 29 亦为常啮合斜齿轮,使接合套 23 右移与接合齿圈 24 接合,即得倒挡。动力从第一轴经齿轮 2、38,中间轴 30,齿轮 29、32、25,接合齿圈 24,接合套 23,花键轻 27 传到第二轴。由于增加了一个中间齿轮,故第二轴的旋转方向与第一轴相反,汽车便倒向行驶。

（2）同步器的结构与原理

目前变速器所采用的同步器几乎是摩擦式惯性同步器,惯性同步器是依靠摩擦作用实现同步的,在其上面设有专门的机构,以保证接合套与待啮合的齿圈在达到同步之前不能接触,从而避免齿间冲击。目前所采用的摩擦式惯性同步器主要由同步装置、锁止装置和接合装置三部分组成,而按锁止装置的不同,惯性同步器又可分为锁环式惯性同步器和锁销式惯性同步器。下面以锁环式惯性同步器为例进行介绍。

1）锁环式惯性同步器的结构

锁环式惯性同步器的结构如图 2.75 所示,花键毂用内花键套装在第二轴外花键上,用垫圈、卡环进行轴向定位。花键毂两端与第一轴齿轮和第二轴齿轮之间各有一个青铜制成的锁环。锁环上有短花键齿圈。其花键的尺寸、齿数与花键毂、第一轴齿轮和第二轴齿轮的外花键齿相同。两个齿轮和锁环上的花键齿,靠近接合套的一端都有倒角（即锁止角）,与接合套齿端的倒角相同。锁环有内锥面,与第一轴齿轮和第二轴齿轮的外锥面锥角相同。在锁环内锥面上制有细密的螺纹,当锥面接触后,它能及时破坏油膜,增加锥面间的摩擦力。锁环内锥面摩擦副称为摩擦件,外沿带例角的齿圈是锁止件,锁环上还有三个均布的缺口。三个滑块分别装在花键毂上三个均布的轴向槽内,沿槽可以轴向移动。滑块被两个弹簧的径向力压向接合套,滑块中部的凸起部位压嵌在接合套中部的环槽内。滑块和弹簧是推动件,滑块两端伸入锁环的缺口中,滑块窄,缺口宽,两者之差等于锁环的花键齿宽。锁环相对滑块顺转和逆转都只能转动半个齿宽,且只有当滑块位于锁环缺口的中央时,接合套与锁环才能接合。

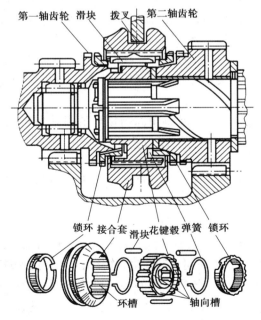

图 2.75　锁环式惯性同步器的结构

2）锁环式惯性同步器的工作过程

以二挡换入三挡为例来说明同步器的工作过程,如图 2.76 所示。

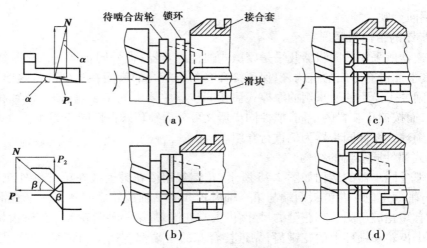

图 2.76　锁环式同步器的工作原理

①空挡位置

如图 2.76(a)所示,接合套刚从二挡退回空挡时,三挡待啮合齿轮、接合套、锁环以及与其有关联的运动件,因惯性作用而沿原方向继续旋转(图示箭头方向)。由于三挡待啮合齿轮是高挡齿轮(相对于二挡齿轮来说),所以接合套和锁环的转速低于齿轮的转速。

②挂挡

欲换入三挡时,如图 2.76(b)所示,驾驶员通过变速杆使拨叉推动接合套连同滑块一起向左移动,滑块又推动锁环移向三挡待啮合齿轮,使锥面接触。驾驶员作用在接合套上的轴向推力使两锥面有正压力 N,又因两者有转速差,所以产生摩擦力矩。通过摩擦作用,三挡齿轮带动锁环相对于接合套向前转动一个角度,使锁环缺口靠在滑块的另一侧(上侧)为止。此时,接合套的内齿与锁环上错开了约半个齿宽,接合套的齿端倒角面与锁环的齿端倒角面互相抵住。

③锁止

驾驶员的轴向推力使接合套的齿端倒角面与锁环的齿端倒角面之间产生正压力,形成一个企图拨动锁环相对于接合套反转的力矩,称为拨环力矩。这样,在锁环上同时作用着方向相反的摩擦力矩和拨环力矩,同步器的结构参数可以保证在同步前(存在摩擦力矩)拨环力矩始终小于摩擦力矩,所以在同步之前,无论驾驶员施加多大的操纵力都不会挂上挡,即产生锁止作用,如图 2.76(b)所示。

④同步啮合

随着驾驶员施加于接合套上的推力加大,摩擦力矩不断增加,使三挡齿轮的转速迅速降低。当三挡齿轮、接合套和锁环达到同步转速时,作用在锁环上的摩擦力矩消失。此时在拨环力矩的作用下,锁环、三挡齿轮以及与之相连的各零件都相对接合套反转一个角度,滑块处于锁环缺口的中央,如图 2.76(c)所示,此时键齿不再抵触,锁环的锁止作用消除。接合套压下弹簧继续左移(滑块脱离接合套的内环槽而不能左移),与锁环的花键齿圈进入啮合,进而再与齿轮进入啮合,如图 2.76(d)所示,换入三挡。

(3)变速传动机构的拆装与检修

下面以比亚迪 F3 二轴式变速器为例介绍变速传动机构(图 2.73 所示的输入轴和输出轴)

的分解和重新检修装配的过程。

1）输入轴的拆装

图 2.77 所示为输入轴的拆装流程图。重新装配时,所有零部件都需要用齿轮油进行润滑。

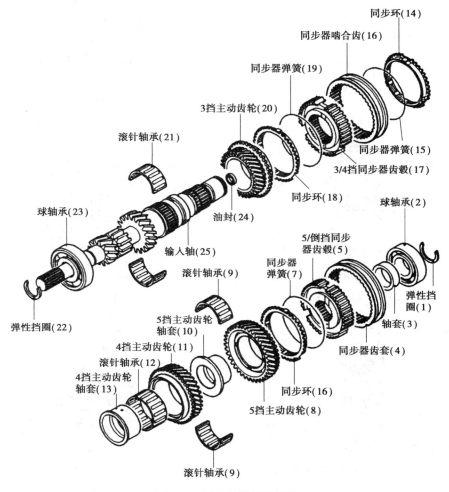

图 2.77　输入轴的拆装流程

部分零部件的拆装要领如下:

①球轴承的拆装

球轴承的拆卸和安装都需要使用专用工具,如图 2.78 和图 2.79 所示。

②同步器齿毂的拆装

以 5 挡/倒挡同步器齿毂的拆装为例,需要将专用工具装到 5 挡主动齿轮上,如图 2.80 所示,然后拆下 5/倒挡同步器齿毂。

安装 5/倒挡同步器齿毂使其成为图 2.81 所示方向,然后按图 2.82 所示将齿毂压入,使同步环不啮入。

③主动齿轮轴套的拆装

以 4 挡主动齿轮轴套的拆装为例,需要按图 2.83 中所示将专用工具装到 3 挡主动齿轮上,拆下4挡主动齿轮轴套。其安装也需用专用工具,按图2.84所示进行。

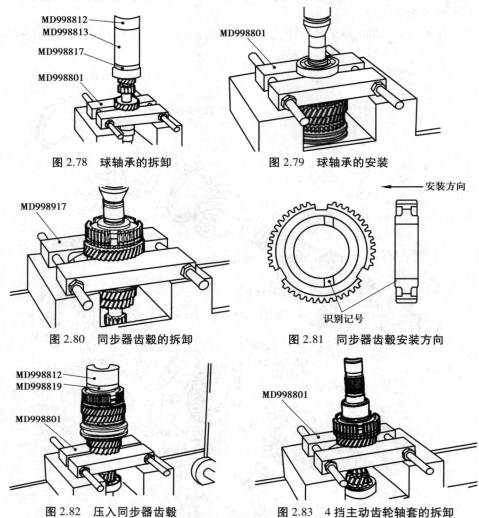

图2.78 球轴承的拆卸　　　　　图2.79 球轴承的安装

图2.80 同步器齿毂的拆卸　　　图2.81 同步器齿毂安装方向

图2.82 压入同步器齿毂　　　　图2.83 4挡主动齿轮轴套的拆卸

④同步器弹簧的安装

同步器弹簧应安装在同步环在图2.85中所示位置。

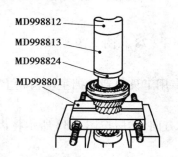
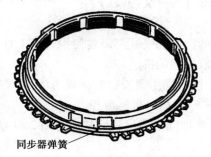

图2.84 4挡主动齿轮轴套的安装　　　图2.85 同步器弹簧的安装位置

⑤同步器齿套的安装

同步器齿套的安装方向应为图 2.86 所示方向。将同步器齿毂的深槽部与齿套的突起部对准后装上,如图 2.87 所示。

2)输出轴的拆装

输出轴的拆装流程如图 2.88 所示,其主要零部件的拆装要领与输入轴相同,可直接参照进行操作,在此不再赘述。

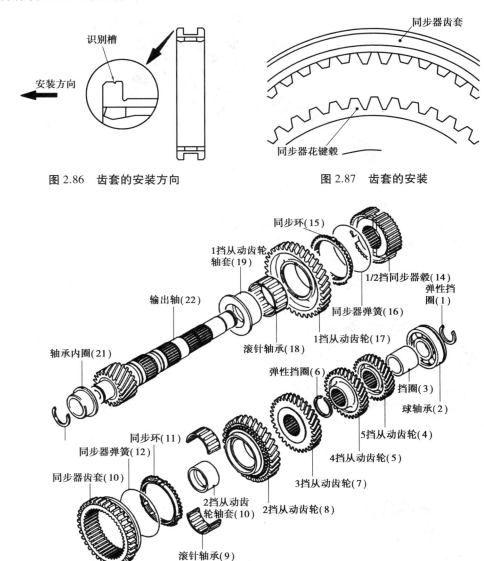

图 2.86　齿套的安装方向　　　　　　　　图 2.87　齿套的安装

图 2.88　输出轴的拆装流程

3)变速传动机构的检修

变速器传动机构的检修项目包括以下内容:

①输入轴和输出轴的检查

检查滚针轴承安装部的外圆上有没有损伤、异常磨损及烧伤的情况;检查花键毂有无损伤、是否已磨损。

②滚针轴承的检查

如图 2.89 所示,将输入轴、轴套和齿轮组合在一起使它们旋转时,检查旋转是否平滑及有无异常声音。如有,说明滚针轴承故障,需更换。

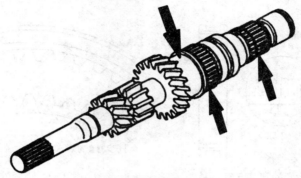

图 2.89　滚针轴承的检查

③同步器弹簧和同步环的检查

同步器弹簧的弹性应不衰减,应无变形及折损情况,否则应更换。

应检查图 2.90 所示的同步环齿面和圆锥内表面:同步环的齿面应无损伤及破损;圆锥内表面应无损伤、磨损或惯纹牙不应破裂。

如图 2.91 所示,将同步环推向齿轮,检查间隙 A,其小于极限值 0.5 mm 时,应更换同步环。

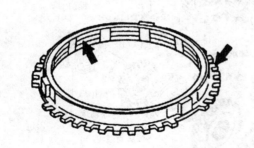

图 2.90　同步环的检查

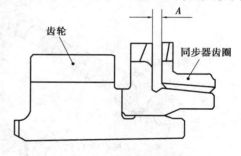

图 2.91　同步环与同步器齿圈间隙检查

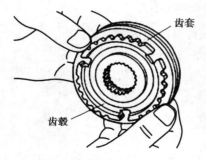

图 2.92　同步器齿套与齿毂的检查

④同步器齿套和齿毂的检查

如图 2.92 所示,将同步器齿套与同步器齿毂组合在一起,正常情况下,它们应能平滑地滑动而无阻滞现象。

还应检查齿套内表面的前后端有无损伤,若有,应更换。更换时,同步器齿套与同步器齿毂应作为一组同时更换。

⑤各挡位齿轮的检查

齿轮的检查内容包括:斜齿轮及外齿圈的齿面应

无损伤或磨损;外齿圈的圆锥面上应无粗糙不平、损伤现象;齿轮内周及前后面上应无损伤或磨损。

2.3.4　手动变速器常见故障的诊断和排除

手动变速器的常见故障主要包括跳挡、乱挡、异响、换挡困难以及漏油,相应的故障现象、原因以及诊断与排除方法见表 2.3。

表 2.3　手动变速器常见的故障现象、原因、诊断与排除方法

故障形式	故障现象、原因、诊断与排除方法	
跳挡	故障现象	车辆在重载加速或爬坡行驶时,变速杆自动从某挡跳回空挡
	故障原因	①操纵杆系磨损松旷或变速器内拨叉弯曲变形、止推垫片磨损,使齿轮不能完全啮合 ②相啮合的齿轮或齿圈磨损严重 ③自锁装置的凹槽、钢球磨损严重,自锁弹簧疲劳或折断 ④轴或轴承磨损严重,使相啮合的齿轮或齿圈不同心 ⑤齿轮与轴的花键严重磨损,使配合间隙过大 ⑥同步器磨损或损坏
	故障诊断与排除方法	先热车,采用连续加、减速的方法逐挡进行路试,确认跳挡挡位;然后挂入该跳挡挡位,发动机熄火,拆下变速器盖进行以下检查: ①看齿轮啮合情况,如啮合良好,应检查变速器轴锁止机构 ②用手推动变速杆,如无阻力或阻力过小,说明自锁装置失效,应检查自锁钢球和拨叉轴上的凹槽是否磨损严重,自锁弹簧是否过软或折断,如是,则更换零件 ③检查变速叉是否弯曲或磨损过甚,以及变速叉固定螺钉是否松动。若变速叉弯曲,应校正;如变速叉下端磨损而与滑动齿轮槽过度松旷,应拆下修理 ④检查齿轮的啮合情况,如齿轮未完全啮合,用手推动跳挡的齿轮或齿套能否正确啮合。如变速机构良好,而齿轮或齿套又能正确啮合,则应检查齿轮是否磨损成锥形,如是,应更换零件 ⑤检查轴承和轴的磨损情况,如轴磨损严重、轴承松旷或变速轴沿轴向窜动,应修理或更换相应零件 ⑥检查同步器工作情况,如有故障,应修理或更换零件
乱挡	故障现象	汽车在起步挂挡或行驶中换挡时,挂不上所需挡位;挂挡后不能退回空挡;车辆静止时可能同时挂上两个挡
	故障原因	①互锁装置的凹槽、锁销或钢球磨损严重 ②变速杆下端长度不足、下端工作面磨损过大或拨叉导致凹槽磨损过大 ③变速杆球头定位销磨损松旷、折断或球头、球孔磨损过大
	故障诊断与排除方法	挂错挡位时,摇动变速杆,检查其摆动角度: ①若摆转角度超出正常范围,则故障由变速杆下端球头定位销与定位槽配合松旷或球头、球孔过度磨损引起 ②若变速杆能摆转 360°,则是由于定位销折断 ③如摆转角度正常而仍挂不上挡或摘不下挡,则故障多为变速杆下端弧形工作面磨损或凹槽磨损而导致下端从凹槽中脱出 若同时挂入两个挡,则表示互锁装置失效

续表

故障形式	故障现象、原因、诊断与排除方法	
异响	故障现象	①变速器齿轮的啮合声或轴承的运转声等噪声过大 ②变速器发出干磨或撞击等不正常的响声
	故障原因	①变速器齿轮油不足或变质,轴承磨损松旷、疲劳剥落或轴承滚动体破裂 ②齿轮副不匹配或磨损严重,齿侧间隙过大,齿面有疲劳剥落或个别齿轮损坏折断等 ③某些紧固螺栓、变速器操纵机构各连接处松动,拨叉变形或磨损松旷 ④变速器轴的各轴线不平行,破坏了齿轮的正常啮合而发出不正常的响声 ⑤变速器轴弯曲或花键与滑动花键毂磨损松旷、齿轮的轴向间隙过大等
	故障诊断与排除方法	应根据响声特点,着重检修相应部位: ①如果变速器有金属干摩擦声,用手触摸变速器外壳时有烫手的感觉,即为缺油或油的质量不好,应按规定加注或更换齿轮油 ②若空挡时有响声,但踏下离合器踏板后异响消失,一般为第一轴后轴承磨损松旷或常啮合齿轮啮合不良所致 ③若变速器挂入各个挡位都有响声,多为第二轴的后轴承响,此时应更换松旷的轴承 ④若行驶时换入某挡位的响声明显,则该挡齿轮磨损。若发生周期性响声,则齿轮的个别轮齿损坏 ⑤若在汽车行驶中听到变速器内有连续而均匀的响声,一般为变速器齿轮磨损使啮合间隙增大造成。如果响声轻微,可继续使用;若听到有敲击声,说明轮齿折断或磨损严重,应更换齿轮 ⑥汽车在行驶中,若某挡位出现无节奏而沉闷的"咯吱"声,多为该挡变速拨叉轴槽磨损所致,应拆检修理,必要时更换损坏部件
换挡困难	故障现象	变速器不易挂上挡或挂上挡后不易脱出
	故障原因	①离合器分离不彻底 ②变速器轴弯曲变形或花键损坏 ③拨叉或拨叉轴磨损变形或磨损 ④自锁钢球损坏 ⑤同步器磨损或损坏 ⑥变速器的变速操纵机构调整不当(多为远程控制式)
	故障诊断与排除方法	①首先应检查离合器是否分离不彻底,如是,排除离合器故障 ②检查变速叉是否弯曲变形,自锁和互锁钢球是否损坏,弹簧是否过硬 ③检查同步器是否损坏,锥环内锥面螺旋槽是否磨损,滑块是否磨损,弹簧弹力是否过软 　如上述均正常,则需分解变速器,检查各轴承、花键、齿轮等的工作情况。如轴承、花键过度磨损或齿轮不清洁有毛刺,则应进行修理或更换

续表

故障形式	故障现象、原因、诊断与排除方法	
漏油	故障现象	变速器齿轮油从上壳、前后轴承盖或其他部位渗漏,变速箱齿轮油减少
	故障原因	①变速器密封衬垫磨损、变形或损坏,或紧固螺栓松动 ②变速器壳体破裂 ③放油螺塞松动,通气孔堵塞 ④齿轮油过多
	故障诊断 与排除 方法	①检查调整变速器油量并检查其质量,进行相应加注、放油或更换 ②如果连接部位的螺栓松动,应予拧紧 ③若油封磨损或损坏,应予更换 ④若加油或放油螺塞处有渗漏,应将螺塞拧紧 ⑤若壳体有裂纹,应更换壳体

【拓展阅读】

手动挡车辆的驾驶误区及其正确方法

手动挡车辆的驾驶误区及正确驾驶方法主要包括以下几个方面:

(1)忘记换挡

一些新手在驾驶手动挡车型时,有的人经常忘记升挡,这样会增加油耗,并且会产生很大的噪声,汽车的舒适性和燃油经济性都会降低。还有些人经常忘记降挡,这样会让发动机内产生过多积碳,引起发动机抖动、加速无力、冷启动困难等一系列故障。

因此在驾驶手动挡车型时,一定要养成一个良好的驾驶习惯,该换挡时就换挡,尽量减少低挡位行驶的时间。

(2)换挡时低头看挡杆

这也是一些新手司机或不经常开手动挡车型的司机经常爱犯的毛病之一。由于对手动挡的挡位不熟悉,或者在驾驶时容易紧张,新手司机经常会挂错挡位,所以他们会下意识地去看挡杆,但这样做会很容易引起追尾等交通事故的发生。

(3)换挡时离合踩不到底

在换挡时没有把离合器踩到底,会导致变速箱打齿,而变速箱经常打齿会缩短变速箱的使用寿命,严重时甚至会让变速箱当场报废。驾驶者换挡时之所以没有把离合器踩到底,主要是因为开车时座椅的位置不合适,导致左脚不能踏实地踩住离合。

开车前,驾驶者可以用右脚把刹车踏板踩实当作调整标准,这时如果驾驶者右腿能保持弯曲状态而且还能继续往下发力,同时也不会因弯曲而感到难受,那么距离就比较合适了。

(4)离合长时间半联动

这种情况往往是因为堵车或者其他原因造成车速太慢,一些新手害怕不好控制车辆速度而造成的。离合器长时间处在半联动状态下,会加速损伤离合器片,大大缩短离合器寿命。

在遇到堵车或倒车等需要小心控制车速的时候,可以在适当时候踩死离合器或松开离合器,只用挡位和刹车来控制车辆速度,尽量减少离合器在半联动状态下的时间。

（5）越级加挡

越级加挡的这种行为也很常见，除了操作失误所致以外，大多数时候都是驾驶员犯懒造成的。越级加挡以后，车辆处于高挡位低转速的状态，会出现车辆的动力不足、车辆加速不顺畅的现象，还会因为变速箱内齿轮的转速差过大，而对发动机有一定的损害。

（6）超车时升挡

很多新手在驾驶车辆准备超车时，往往会认为高挡位可以以更快的速度超车。其实这种观念是错误的，因为挡位越高，扭矩越小，加速时反而会让车的动力更加不足。

正确的做法应该是：在超车时可以降一挡，比如本来在四挡，准备超车时换成三挡，这样车辆会得到更大的扭矩，在加速时会得到更强的动力，反而会使车辆提速更快，等超过前车时再看情况把挡位升上去。

（7）空挡滑行

一些驾驶者误认为空挡滑行会比较省油、省力，但事实上，当车辆空挡滑行时，发动机不再对车辆进行拖拽制动，尤其是在雨、雪天气时地面比较湿滑，空挡滑行更危险，并且空挡滑行时只能用刹车来控制车速，这也会增加刹车的磨损。

（8）车未停稳就挂倒挡

多数家用车的倒挡都没有同步器，如果不停稳车就挂倒挡，会造成变速箱齿轮打齿，如果经常打齿，齿轮的齿冠就会被磨圆，齿轮间咬合就不彻底了，会造成挂挡后稍微有震动就容易掉挡的现象。

复习与思考

一、选择题（有一项或多项正确）

1.三轴式变速器包括（　　　）。

A.输入轴　　　　　　B.输出轴　　　　　　C.中间轴　　　　　　D.倒挡轴

2.两轴式变速器的特点是输入轴与输出轴（　　　），且无中间轴。

A.重合　　　　　　B.垂直　　　　　　C.平行　　　　　　D.斜交

3.变速器的操纵机构由（　　　）等构成。

A.变速杆　　　　　　B.变速叉　　　　　　C.变速轴　　　　　　D.安全装置

4.对于五挡变速器而言，传动比最大的前进挡是（　　　）。

A.一挡　　　　　　B.二挡　　　　　　C.四挡　　　　　　D.五挡

5.两轴式变速器适用于（　　　）的布置形式。

A.发动机前置前驱动　　　　　　　　　B.发动机前置全轮驱动

C.发动机后置后驱动　　　　　　　　　D.发动机前置后轮驱动

6.锁环式惯性同步器加速同步过程的主要原因是（　　　）。

A.作用在锁环上的推力　　　　　　　　B.惯性力

C.摩擦力　　　　　　　　　　　　　　D.以上各因素综合

二、判断题

1.换挡时，一般用两根拨叉轴同时工作。　　　　　　　　　　　　　　　（　　　）

2.变速器在换挡时,为避免同时挂入两个挡,必须装设自锁装置。　　　　　　（　　）

3.变速器的挡位越低,传动比越小,汽车的行驶速度越低。　　　　　　　　（　　）

4.互锁装置的作用是当驾驶员用变速杆推动某一拨叉轴时,自动锁上其他所有拨叉轴。

　　　　　　　　　　　　　　　　　　　　　　　　　　　　　　　　　（　　）

5.无同步器的变速器,在换挡时,无论从高速挡换到低速挡,还是从低速挡换到高速挡,其换挡过程完全一致。　　　　　　　　　　　　　　　　　　　　　　　　（　　）

6.变速器换挡时,同步器能够保证待啮合齿轮的圆周速度迅速达到一致,以减少冲击和磨损。　　　　　　　　　　　　　　　　　　　　　　　　　　　　　　　（　　）

7.超速挡主要用于汽车在良好路面上轻载或空载运行,以提高汽车的燃油经济性。

　　　　　　　　　　　　　　　　　　　　　　　　　　　　　　　　　（　　）

三、简答题

1.简述变速器的功用和类型。

2.变速器如何实现倒挡? 请描述处于倒挡时的动力路线。

3.同步器有几种? 为什么变速器中要装同步器?

任务 2.4　万向传动装置的结构与检修

【任务引入】

案例:某款轿车试车过程中,前桥底部发出周期性"呜呜"的响声,并且随着车速提高而增大,在某一车速时车辆有抖动感。维修人员将变速器由低挡挂入高挡,仔细倾听声音发出的部位,似在传动部分,不在差速变速器壳体。经拆检,维修人员发现靠近主减速器一侧的传动轴装配有两个错误:一是万向节三销轴安装方向有误;二是万向节与传动轴未做装配标记。解决方法:重新安装传动轴,将三销轴缸齿端安装朝向轴端;在传动轴和万向节上打上装配记号,上路试验,调整万向节和传动轴安装方向,至响声消失。

万向传动装置适用于在轴线相交且相互位置经常变化的两转轴之间,用以传递动力,可以调整零部件因机加或装配误差产生的运动干涉。万向传动装置如装配不到位或装反,会严重影响动力传递并伴有异响。那么万向传动装置还有哪些情况可造成上述故障呢?

本任务将对万向传动装置进行全面介绍,要求了解万向传动装置的功用、组成和类别,掌握万向节和传动轴的结构、工作原理、日常检修项目以及常见故障的诊断和排除。

【任务相关知识】

2.4.1　万向传动装置的功用和应用

汽车的发动机、离合器和变速箱是连成一体固装在车架上的,而驱动桥则通过弹性悬架与车架连接,所以变速器输出轴与驱动桥的输入轴的轴线不在同一平面上。当汽车行驶时,车轮的跳动会造成驱动桥与变速器的相对位置不断变化,变速器的输出轴与驱动桥的输入轴不可能刚性连接,应装有万向传动装置。

因此,万向传动装置的功用主要是连接不在同一直线上的变速器输出轴和主减速器输入轴,并保证其两轴之间的夹角和距离经常变化的情况下,仍能可靠地传递动力。

在汽车传动系统中,万向传动装置主要用在发动机前置后轮驱动汽车的变速器与驱动桥之间,如图 2.93 所示。一般情况下,变速器输出轴轴线与驱动桥输入轴轴线并不重合,且行驶过程中车轮的跳动会造成两轴线的相对位置经常变化,故变速器的输出轴与驱动桥的输入轴不可能刚性连接,必须安装万向传动装置进行连接。

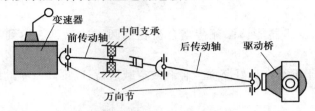

图 2.93　变速器与驱动桥之间的万向传动装置

当变速器与驱动桥之间距离较远时,应将传动轴分成两段甚至多段,并加设中间支承,如多轴驱动汽车的分动器与驱动桥之间或驱动桥与驱动桥之间,如图 2.94 所示。

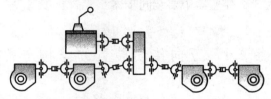

图 2.94　变速器与分动器、分动器与驱动桥之间的万向传动装置

除汽车传动系之外,在发动机与变速器之间,独立悬架与差速器之间,转向驱动车桥的差速器与车轮之间,转向操纵机构中,均可采用万向传动装置,如图 2.95 所示。

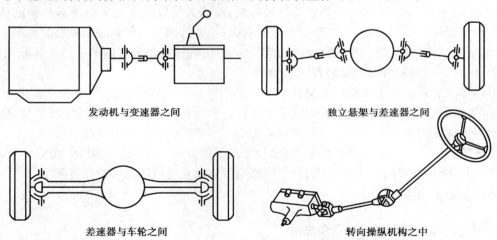

发动机与变速器之间　　　　　　　　独立悬架与差速器之间

差速器与车轮之间　　　　　　　　转向操纵机构之中

图 2.95　万向传动装置在汽车上的应用布置

2.4.2　万向传动装置的结构和检修

万向传动装置一般由万向节和传动轴等组成,是在轴线相交且相对位置经常变化的两转轴之间可靠地传递动力的一种装置,如图 2.96 所示。在有些场合下,如图 2.93 所示变速器与

驱动桥之间的万向传动装置,在传动轴与万向节之间还加装了中间支承。

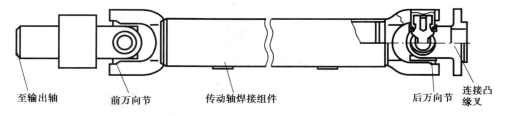

至输出轴　　　前万向节　　　传动轴焊接组件　　　后万向节　　连接凸缘叉

图 2.96　万向传动装置组成结构图

(1)万向节

按其扭转方向上是否有明显的弹性,万向节分为挠性万向节和刚性万向节。前者是靠弹性零件来传递动力,且有缓冲减振作用,而后者是靠零件的铰式连接来传递动力的。

汽车上采用刚性万向节较多。刚性万向节按其速度特性又分为不等速万向节、准等速万向节和等速万向节。其中,不等速万向节主要是十字轴式的,准等速万向节主要有三销轴式和双联式这两种,等速万向节主要有球笼式和球叉式两种。

1)挠性万向节

挠性万向节具有无须润滑、结构简单等优点,只允许存在小的两轴交角和轴向伸缩。为减小振动和噪声,挠性万向节主要作为弹性元件安装在传动系统中,如应用在主减速器与车身或车架永久连接的汽车上。

挠性万向节中的弹性元件可以是橡胶盘、橡胶金属套筒、铰接块以及环形橡胶圈等多种形状,如图 2.97 所示的挠性万向节是由橡胶件将主被动轴叉交错连接而成,依靠橡胶件的弹性变形,吸收传动系中的冲击载荷并衰减扭转振动,能够实现 3°~5° 的轴线偏转和微小轴向位移。

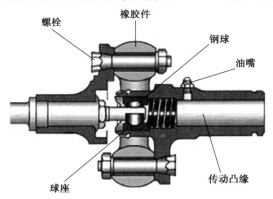

螺栓　　　橡胶件　　　钢球　　　油嘴

球座　　　传动凸缘

图 2.97　挠性万向节

2)十字轴式不等速刚性万向节

①组成结构

十字轴式万向节普遍应用于发动机前置、后轮驱动的车辆的变速器和驱动桥之间,主要由十字轴、万向节叉和轴承等组成,其结构如图 2.98 所示。

两万向节叉上的孔分别套在十字轴的两对轴颈上,这样当主动轴转动时,从动轴既可随之转动,又可绕十字轴中心在任意方向摆动。在十字轴轴颈和万向节叉孔间装有滚针轴承,滚针

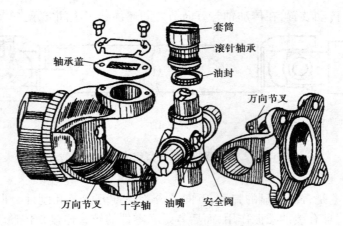

图 2.98　十字轴式万向节的结构

轴承外周靠卡环(图中未示出)轴向定位。为了润滑滚针轴承,十字轴内钻有油道,使油路通向轴颈,并与油嘴和安全阀相通。为避免润滑油流出及尘垢进入轴承,十字轴轴颈的内端套装着油封。安全阀的作用是当十字轴内腔润滑脂压力超过允许值时,阀被打开,润滑脂外溢,使油封不会因油压过高而损坏。现代汽车多采用橡胶油封,多余的润滑油从油封内圆表面与十字轴轴颈接触处溢出,故不需安装安全阀。

②速度特性

单个十字轴式刚性万向节在输入轴和输出轴之间有夹角的情况下,其两轴的角速度是不相等的。下面用两种运动情况来进行分析说明,如图 2.99 所示。图中,ω_1、ω_2 分别为主、从动叉轴的角速度,十字轴旋转半径 $OA=OB=r$。

图 2.99(a)所示为主动叉在垂直位置,主动叉轴与十字轴平面垂直,此时主、从动叉轴在十字轴上 A 点的瞬时线速度相等,即 $\omega_1 r=\omega_2 r \cos \alpha$,故而可知 $\omega_1>\omega_2$。同理,图 2.99(b)所示主动叉在水平位置,从动叉轴与十字轴平面垂直,可得 $\omega_1 r \cos \alpha=\omega_2 r$,即 $\omega_1<\omega_2$。

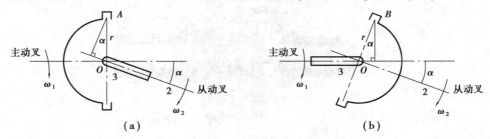

图 2.99　十字轴式万向节不等速运动分析简图

因此,可以说十字轴式万向节传动的"不等速性"就是针对从动轴在一周中角速度不均而言的,具体有两个方面的含义:

第一,主、从动轴的平均转速是相等的,当主动轴转过一周时,从动轴也转过一周。

第二,在主动轴匀速旋转一周的过程中,从动轴的转速是变化的,随着万向节两轴夹角的增大,从动轴转速的不均匀性也在增大。同时,产生的附加交变载荷也增大,对机件使用寿命不利,所以在总体布置时尽量减小这些轴间交角。

单个十字轴万向节的不等速特性会使从动轴及与其相连的传动部件产生扭转振动以及附

加的交变载荷和振动噪声,影响零部件使用寿命。为避免这一缺陷,可以采用两个十字轴万向节相连的结构,利用第二个万向节的不等速效应来抵消第一个万向节的不等速效应,从而实现输入轴与输出轴等角速传动。但要达到这一目的,必须满足如图 2.100 所示两个条件:

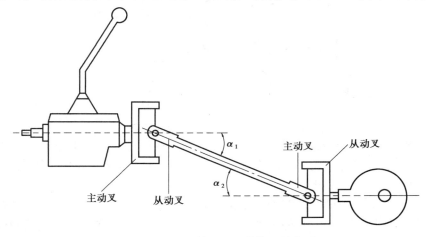

图 2.100   双十字轴式万向节等速性布置图

条件 1:传动轴两端万向节叉处于同一平面内。

条件 2:第一万向节两轴夹角 α_1 等于第二万向节两轴夹角 α_2。

但在实际行驶时,由于车轮的跳动,驱动桥要相对于变速器转动,不可能在任何时候都有 $\alpha_1 = \alpha_2$,所以实际上只能做到变速器到驱动桥的近似等速传动。

十字轴式万向节具有结构简单、强度高、耐久性好、生产成本较低、传动可靠、效率较高等优点,但也有其缺点,即十字轴轴颈和滚针轴承润滑不良,易造成磨损松旷,使传动发响、抖动等。

③拆装和检修

a.拆卸过程:打开锁片的锁爪,拆下轴承盖固定螺栓,取下锁片和轴承盖。用手推出轴承套筒及滚针。对于较紧的轴承,可用手握住传动轴或伸缩套,用锤子敲击万向节叉,使十字轴撞击轴承套筒,震出滚针。

b.装配过程:按与拆卸相反的顺序进行。

c.检修内容:万向节分解完成后,需要用汽油清洗各零件,以便暴露出零件的损伤、磨损情况,而且应按以下要求检查和修复:

● 检查滚针轴承,如果滚针断裂、油封失效,应更换新件。

● 检查十字轴轴颈磨损、压痕剥落等情况。十字轴轴颈有轻微磨损、压痕或剥落,仍可继续使用;如果轴颈磨损甚、有严重压痕(深度超过 0.1 mm)或出现严重剥落时,应予以更换。

● 检查万向节叉,不得有裂纹或其他严重损伤,否则更换新件。

● 检查十字轴与轴承的最小配合间隙和最大配合间隙应符合原厂规定。

● 万向节装配完毕后,可用手扳动十字轴进行检验,如图 2.101 所示,以转动自如没有松旷感觉为合适。若装配过紧或过松,应查明原因,必要时应拆检及重新装配。

3)球叉式万向节

球叉式万向节是等速万向节的一种。等速万向节是要保证万向节在工作过程中,其传力

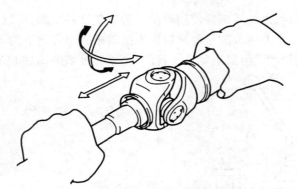

图 2.101　万向节装配松紧度检查

点永远位于两轴交点的平分面上,因此两个轴旋转的角速度也相等。前轮驱动汽车普遍使用等速万向节。发动机后置、后轮驱动的汽车也使用等速万向节。若驱动桥为独立悬架,半轴外侧也用等速万向节。

球叉式万向节的结构如图 2.102 所示,由主动叉、从动叉、4 个传动钢球、定心钢球、锁止销组成。主动叉与从动叉分别与内、外半轴制成一体。主、从动叉上各有 4 个曲面凹槽,装合后,形成两条相交的环形槽,作为传动钢球的滚道。4 个传动钢球装于曲面凹槽中,定心钢球放在两叉中心的凹槽内,以定中心。

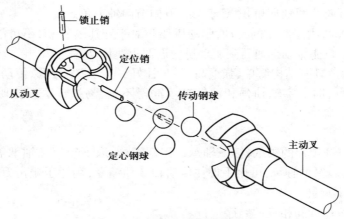

图 2.102　球叉式万向节的结构

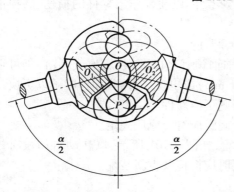

图 2.103　球叉式万向节等速传动原理图

球叉式万向节的等速传动原理用图 2.103 来说明:主动叉和传动叉凹槽的中心线是以 O_1 和 O_2 为圆心的两个半径相等的圆,而圆心 O_1、O_2 与万向节中心 O 的距离相等。因此,在主动轴和从动轴以任何角度相交的情况下,传动钢球中心都位于两圆的交点上,即所有传动钢球都位于角平分面上,保证了万向节等角速的传动。

球叉式万向节结构简单,允许最大交角为 $32°$~ $33°$,一般应用在转向驱动桥中。但由于汽车前行时只有两个钢球传力,倒车时则由另外两个钢球传力,故钢球与曲面滚道之间接触的单位压力较大,磨损较快。随着凹槽的磨损,万向节工作的准确性就会下降,并且这种万向节的制造工艺较复杂,导致它的应用也受限。

4)球笼式万向节

球笼式万向节是等速万向节的一种,也是各种万向节中应用最为广泛的一种。

①结构和原理

按主、从动轴在传递扭矩过程中是否发生轴向位移,球笼式万向节可分为固定型和伸缩型两种。其中,固定型万向节用于靠近车轮处,可伸缩型万向节用于靠近驱动桥处。图 2.104 所示为这两种万向节在传动装置中的布置图。

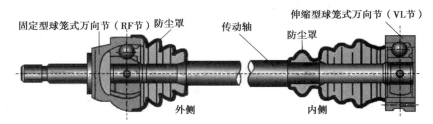

图 2.104   固定型和伸缩型球笼式万向节在万向传动装置中的布置

固定型球笼式万向节主要由星形套、球笼、球形壳及钢球等组成,如图 2.105 所示。其中,星形套通过内花键与主动轴相连接,用卡环、外罩和钢带箍轴向限位。星形套的外表面有 6 条曲面凹槽,形成内滚道。球形壳与带花键的外半轴制成一体,内表面制有相应的 6 条曲面凹槽,形成外滚道。保持架球笼上有 6 个窗孔,装合后的 6 个钢球分别装于 6 条凹槽中,并用球笼使之保持在一个平面内。工作时,转矩由主动轴传至星形套,经 6 个均布的钢球传给球形壳,并通过球形壳上的花键轴传至转向驱动轮,使汽车行驶。

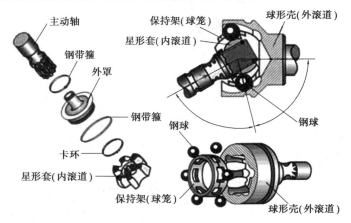

图 2.105   固定型球笼式万向节的结构

伸缩型球笼式万向节的内、外滚道是圆筒形的,如图 2.106 所示。在传递转短的过程中,星形套与筒形壳可以沿轴向相对移动,故可省去其他万向传动装置中必须有的滑动花键。这不仅使结构简化,而且由于星形套与筒形壳间的轴向相对移动是通过钢球沿内、外滚道滚动来实现的,与滑动花键相比,其阻力小,最适用于断开式驱动桥。

球笼式万向节的等速传动原理与球叉式万向节类似,在此不再赘述。

②拆装与检修

A.拆卸过程：

a.用钢锯锯开原装卡箍，拆下防尘罩，如图2.107所示。

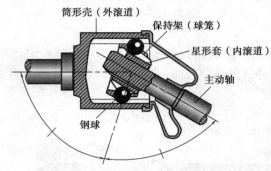

筒形壳（外滚道）
保持架（球笼）
星形套（内滚道）
主动轴
钢球

图2.106 伸缩型球笼式万向节的结构

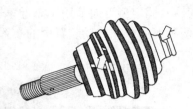

图2.107 卡箍和防尘罩拆卸

b.万向节内、外圈解体：先拆弹簧卡圈，如图2.108所示。用木锤敲打外万向节使之从传动轴上卸下，然后用专用工具压出内万向节，如图2.109所示。

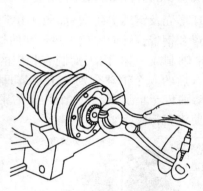

图2.108 弹簧卡圈拆卸

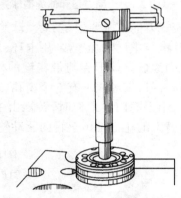

图2.109 用专用工具压出万向节

c.外等速万向节解体：分解前，在钢球球笼和球形壳上标出星形套位置，然后转动星形套与球笼，依次取出钢球，如图2.110所示。用力转动球笼使两个方孔与球形壳对上（如图2.111箭头所示），将星形套和球笼一起拆下。将星形套上扇形齿旋入球笼的方孔，然后从球笼中取出星形套，如图2.112所示。

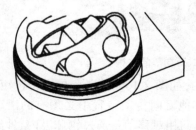

图2.110 取出钢球

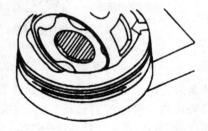

图2.111 拆卸球笼

d.内等速万向节解体：转动球笼和星形套，按垂直向前的方向压出球笼里的钢球，如图

2.113箭头所示,从球槽上面取出球笼里的星形套。

图 2.112　取出星形套　　　　　　图 2.113　取出钢球

B.检修内容:主要是检合内、外等速万向节中各部件的磨损情况和装配间隙。检修注意事项如下:

a.对于内等角速万向节,如某部件磨损严重,则应整体更换。

b.外等速万向节的 6 颗钢球要求有一定的配合公差,并与星形套一起组成配合件。检查轴、球笼、星形套与钢球有无凹陷与磨损,若万向节间隙过大,需更换万向节。

c.对于内等速万向节的检修,要检查球形壳、星形套、球笼及钢球有无凹陷与磨损,如磨损严重则应更换。

d.内等速万向节只能整体调换,不可单个更换。

e.防尘罩及卡箍、弹簧挡圈等损坏时,应予以更换。

C.安装过程:

a.外等速万向节的装配:用汽油清洗各部件,将润滑脂总量的一半(45 g)注入万向节内,将球笼连同星形套一起装入球形壳体,对角交替地压入钢球,必须保持星形套在球笼及球形壳的原先位置。将弹簧挡圈装入星形套,并将剩余的润滑脂压入万向节。

b.内等速万向节的装配:对准凹槽,将星形套嵌入球笼,再将钢球压入球笼,并注入润滑脂 90 g,将带钢球的球笼垂直装入球形壳,如图 2.114 所示。装配时,注意球形壳上的宽间隙 a 应对准星形套上的窄间隙 b,转动球笼以便嵌入到位。转动星形套,星形套就能转出球笼,如图 2.115 所示。安装时,应保证球形壳体中的球槽有足够间隙。用力掀压球笼,如图 2.116 箭头所示,使装有钢球的球笼完全转入球形壳。最后检查,如果用手能将星形套在铀向范围内来回灵活推动,则表明装配正确。

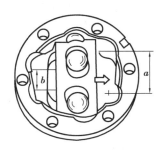
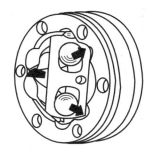
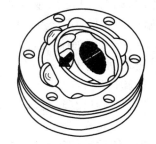

图 2.114　将球笼装入球形壳　　图 2.115　将星形套转出球笼　　图 2.116　使球笼完全转入球形壳

67

c.碟形座圈的安装:将碟形座圈装在传动轴带齿端配合位置上。

d.压入内万向节,安装弹簧卡圈,装上外万向节。

e.安装防尘罩。万向节防尘罩受到挤压后,内部将产生真空,所以安装防尘罩小口径后,要稍微充点气,使其压力平衡,不产生皱褶。

(2)传动轴

1)组成结构和原理

采用万向传动装置在一定距离的两部件之间传递动力时,一般需要在万向节之间安装传动轴。如果两部件之间的距离发生变化,而万向节又没有伸缩功能,则还要将传动轴做成两段,用滑动花键连接,让传动轴可伸缩,这种传动轴一般设有由滑动叉和花键轴组成的滑动花键,以实现传动长度的变化,结构组成如图 2.117 所示。为减小传动轴花键连接部分的轴向滑动阻力和摩损,须加注润滑脂进行润滑,加注口为图中的油嘴。

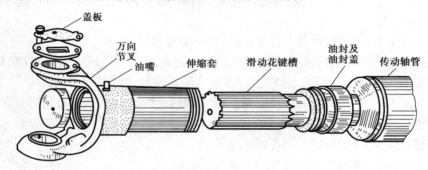

图 2.117 传动轴组成结构图

传动轴有实心和空心之分。为了减轻质量,节省材料,提高轴的强度、刚度,传动轴多为空心轴,一般用厚度为 1.5～3 mm 的薄钢板卷焊而成,超重型货车则直接采用无缝钢管。在转向驱动桥、断开式驱动桥或微型汽车的万向传动装置中,通常将传动轴制成实心轴。

另外,传动轴在高速旋转时,由于离心力作用将产生剧烈振动,因此出厂时必须进行动平衡校验,并在合适的部位焊接平衡片,以满足传动轴总成的平衡要求。

2)拆装与检修

下面以比亚迪 F3 轿车为例,介绍传动轴的拆装与检修过程。

①拆卸前的检查内容

a.检查传动轴 C 上的内护罩 A 和外护罩 B 有无裂纹、损坏,润滑脂是否泄漏及护罩卡环 D 是否松动,如图 2.118 所示。如果检查到任何缺陷,更换护罩和护罩卡环。用手转动传动轴,确认花键 E 和接头不会过于松动。

b.用手转动中间传动轴的连接轴 F,如图 2.119 所示,确认外花键 G 和差速器内花键接头不会过于松动;用手转动支架 H,确认支架转动灵活,无卡滞现象。

②拆卸过程

a.轻轻地旋松车轮螺母,抬升车前身,在适当的部位用安全架支撑。

b.拆除车轮螺母和前轮。

c.拆除传动轴螺母 B 上的开口销 C,然后拆下螺母 B 和垫圈 A,如图 2.120 所示。

d.排空变速箱油。使用新的垫圈,重新安装排放塞。

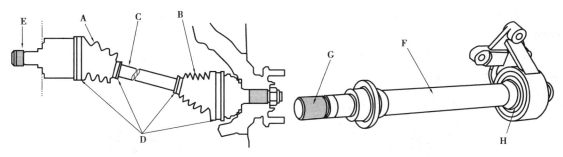

图 2.118　检查传动轴护罩　　　　　　　　图 2.119　检查中间传动轴

e.拆除下球头销总成与摆臂焊接总成连接处的六角法兰面导向螺母 A 和六角法兰面螺栓 B,使下球头销总成 C 与摆臂焊接总成 D 相分离,如图 2.121 所示。

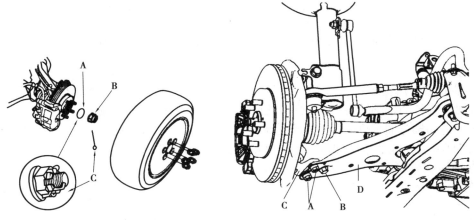

图 2.120　车轮和传动轴螺母的拆卸　　　　图 2.121　转向节和摆臂总成的拆卸

f.向外拉转向节,然后使用塑料槌,拆除前轮毂上的外球笼(左、右两侧),如图 2.122 所示。

g.左侧传动轴的拆卸:如图 2.123 所示,用撬杆撬出差速器上的内球笼 A,作为一个总成,拆除传动轴。不能用力拉传动轴 B,因为内球笼可能会破裂。直接将传动轴抽出,以免损坏油封。

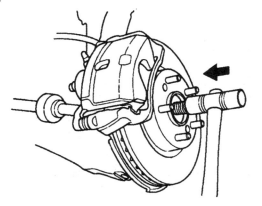

图 2.122　轮毂外球笼的拆卸

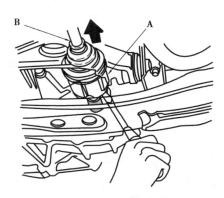

图 2.123　左侧传动半轴的拆卸

h.右侧传动轴的拆卸：如图 2.124 所示，用顶杆 B 顶住内球笼 A 端面，用榔头 C 敲击顶杆尾部。

拆除六角法兰面螺栓 A 和中间支撑固定螺栓 B，如图 2.125 所示，可以直接将中间轴抽出。如有需要，中间轴和右侧轴可一起拆卸，通过拆除支架固定螺栓，将两段轴一起拆下。

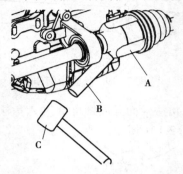

图 2.124　右侧传动半轴的拆卸　　　　图 2.125　中间轴的拆卸

③检修内容

传动轴的主要损伤形式有轴弯曲、表面凹陷或有裂纹等，应主要检修以下几个方面：

a.目视检查传动轴轴管，不得有裂纹、扭曲以及严重的凹瘪，否则应更换传动轴。

b.检查传动轴弯曲程度（即径向圆跳动）。如图 2.126 所示，用"V"形铁水平架起传动轴并旋转，用百分表在轴的中间部位测量。测得的径向圆跳动公差应符合表 2.4 的规定，否则应校正传动轴或更换新件。

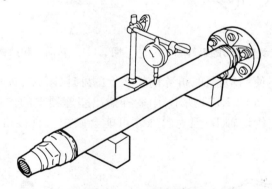

图 2.126　传动轴的弯曲程度检查

表 2.4　传动轴径向圆跳动公差

轴长/mm	<600	600~1 000	>1 000
径向圆跳动/mm	0.4	0.6	0.8

c.传动轴动平衡处理。由于传动轴管焊接组合件经修理后，原有的动平衡已不复存在。因此，传动轴管焊接组合件（包括滑动套）应重新进行动平衡试验。传动轴两端任一端的动不平衡量应符合表 2.5 的规定（其中，轿车应不大于 10 g·cm）。传动轴管焊接组合件的平衡可

在轴管的两端加焊平衡片,但每端最多不得多于 3 片。

表 2.5　传动轴管焊接件的允许动不平衡量

传动轴管外径/cm	<58	58~80	>80
允许动不平衡量/(g·cm)	30	50	100

④安装过程

a.将新的定位环安装在传动轴的定位环凹槽内。

b.如图 2.127 所示,用溶剂或制动器清洁剂彻底清洗半轴与差速器的接触区,然后用压缩空气吹干。将左前传动轴的内球笼端 A 插入差速器 B 内,直至定位环 D 在凹槽 E 内锁止。

c.将中间轴从右侧插入差速器,确保支架安装孔位与发动机安装孔对正,将固定支架的六角法兰面螺栓 A 和中间支承固定螺栓 B 的力矩打至规定值,如图 2.128 所示。

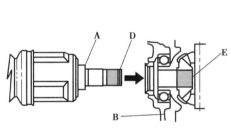

图 2.127　轴内球笼安装

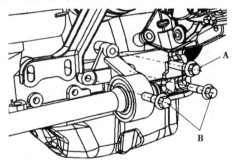

图 2.128　右侧中间轴安装

d.如图 2.129 所示,将右传动轴的内球笼 A 与中间轴对正插入,确保中间轴上的弹簧卡圈 B 装配到位。

e.将左、右传动轴的外球笼 A 安装到前轮毂 B 内,如图 2.130 所示。

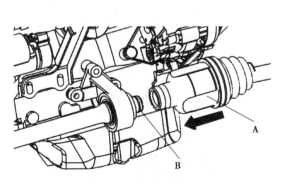

图 2.129　右侧传动轴内球笼安装

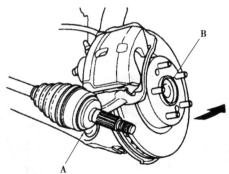

图 2.130　传动轴外球笼安装

f.如图 2.131 所示,将球头销总成 C 与摆臂焊接总成 D 对接,安装连接处的六角法兰面螺母 A 和六角法兰面螺栓 B,将各自力矩打至规定值。

g.如图 2.132 所示,安装新的传动轴螺母 B 和垫圈 A,扭紧传动轴螺母 B 至扭矩规定值,将新的开口销 C 装进销孔内,然后按图示弯折开口销。如果开口销无法插入狭槽与销孔,可适

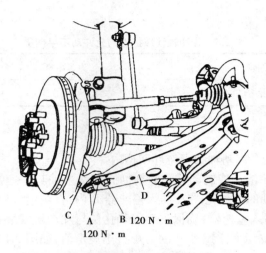

图 2.131　球头销总成和摆臂总成安装

当旋紧螺母,使狭槽与销孔对准,不要通过旋松螺母的方法来对准。

h.清洁制动盘与前轮的配合面,然后使用车轮螺母,安装前轮,并用手转动前轮,确认半轴与周围部件间的间隙。

i.给变速箱重新注入推荐的变速箱油。

(3)中间支承

1)组成结构和原理

中间支承是将中间传动轴连接到车架横梁上的装置,结构如图 2.133 所示。中间支承一般由圆柱球轴承、橡胶垫、轴承座、油嘴等组成,实际上是一个通过轴承座和橡胶垫安装在车身上的轴承,用来支撑传动轴的一端,其轴承可以轴向微量滑动,以此来补偿轴向位置安装误差,减少轴承的轴向受力。

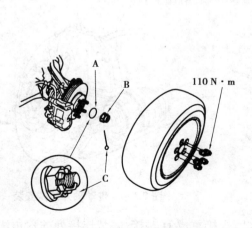

图 2.132　传动轴螺母安装

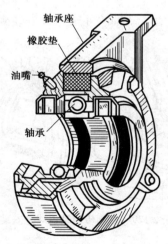

图 2.133　中间支承结构

2）检修

①中间支承灵活度检查

如图 2.134 所示,在中间支承周围摇动传动轴,以检查中间支承轴承的旋转是否灵活、轴承是否松旷的情况。若有,应更换新件。

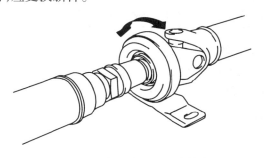

图 2.134　中间支承灵活度检查

②外观检查

将中间支承支架分解并清洗,然后观察油嘴螺纹是否损伤,支架的前、后油封有无磨损,支架有无破裂,橡胶垫有无腐蚀老化等。如出现以上情况,均应更换新件。另外,还要检查轴承滚珠、滚柱和外滚道上有无烧伤、金属剥落或保持架有无裂纹、铆钉松动等情况,若发现其中之一,均应更换轴承。

③轴承磨损情况检查

轴承的轴向间隙和径向间隙是衡量轴承磨损程度的一个重要参数,中间支承轴承经使用磨损后,需及时检查和调整,如图 2.135 所示。

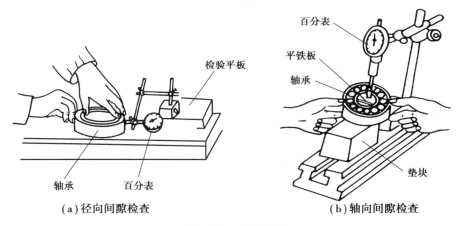

（a）径向间隙检查　　　　　（b）轴向间隙检查

图 2.135　情况检查

以某中间支承双列圆锥滚子轴承为例,它有两个内圈和一个外围,两内圈中间有一个隔套,供调整轴向间隙用。磨损使中间支承轴向间隙超过 0.30 mm 时,将引起中间支承异响和传动轴严重振动,导致各传力部件早期损坏。其调整方法是:首先,拆下凸缘和中间轴承,将调整隔套适当磨薄,传动轴承在不受轴向力的自由状态下,保证轴向间隙为 0.15~0.25 mm;然后进行装配,并用规定力矩拧紧凸缘螺母,保证轴承轴向间隙在 0.05 mm 左右,以转动轴承外圈无明显的轴向游隙为宜;最后,注入足够的润滑脂,以减小磨损。

2.4.3 万向传动装置常见故障的诊断和排除

万向传动装置的常见故障主要包括:万向节松旷,传动轴动不平衡及异响,中间支承松旷,相应的故障现象、原因以及诊断与排除方法见表2.6。

表 2.6 万向传动装置常见的故障现象、原因、诊断与排除方法

故障形式		故障现象、原因、诊断与排除方法
万向节松旷	故障现象	①在汽车起步或突然改变车速时,传动轴发出"吭"的响声 ②汽车缓行时,发出"咣当、咣当"的响声
	故障原因	具体原因主要有: ①凸缘盘连接螺栓松动 ②万向节主、从动部分游动角太大 ③万向节十字轴磨损严重
	故障诊断与排除方法	①用榔头轻轻敲击各万向节凸缘盘连接处,检查其松紧度。太松旷,则故障由连接螺栓松动引起,否则继续检查 ②用双手分别握住万向节主、从动部分转动,检查游动角度。游动角度太大,则故障由此引起
传动轴动不平衡及异响	故障现象	①万向节和伸缩叉技术状况良好时,传动轴不平衡会使汽车在行驶时发出周期性的响声 ②速度越快,响声越大,甚至伴随有车身振动,握转向盘的手感觉麻木
	故障原因	①传动轴弯曲或传动轴管凹陷 ②中间支承固定螺栓松动 ③中间支承轴承位置偏斜 ④传动轴的凸缘和轴管焊接时位置歪斜 ⑤传动轴上原平衡块脱落
	故障诊断与排除方法	①检查传动轴是否凹陷,若有凹陷,则故障由此引起;若没有凹陷,则继续检查 ②检查传动轴管上的平衡片是否脱落 ③检查伸缩叉安装是否正确 ④拆下传动轴进行平衡试验,动不平衡时,应校准以消除故障
中间支承松旷	故障现象	当汽车行驶时,发出"呜呜"的响声,车速越快,声音越大,即为中间支承损坏故障
	故障原因	①滚动轴承缺陷烧蚀或磨损严重 ②中间支撑安装方法不当,造成附加载荷而产生异常磨损 ③橡胶圆环磨损 ④车架变形,造成前后连接部分的轴线在水平面内的投影不同线而产生异常磨损
	故障诊断与排除方法	①给中间支撑轴承加注润滑脂,响声消失,则故障由缺油引起 ②松开夹紧橡胶圆环的所有螺钉,待传动轴转动数圈后再拧紧。如故障仍存在,则可能是橡胶圆环损坏,或者滚动轴承技术状况不佳或者车架变形等引起

【拓展阅读】

汽车传动轴发展历程

汽车传动轴作为汽车的一个重要的运动部件,在不同轴心的两轴间甚至在工作过程中相对位置不断变化的两轴间传递动力,工作环境都比较恶劣,因此对传动轴材料性能有着较高的要求。传统的汽车传动轴是金属件,包括传动轴体(一根或者多根)、万向节(两个或者多个)、滑动花键副、中间支承结构。对于金属传动轴而言,当两个万向节的中心距离不大于1.5 m时,一般采用单根传动轴管。当距离较远传动轴长度超过1.5 m时,通常就要采用两根或者两根以上传动轴管由三个或者三个以上的万向节连接而成,并且要增设中间结构件。金属传动轴在使用过程中要定期注入润滑油,以保养传动轴,工作强度大;且金属传动轴在使用过程中容易磨损,引起传动轴异响和发动机能量损失、缩短使用寿命。复合材料因具有加工能耗低、质量小、强度高、可设计性强、耐锈蚀、成型工艺性好等优点,成为汽车工业以塑代钢的理想材料,并渐渐成为传动轴的首选材料。

为了解决磨损、润滑等缺点,美国最先进行了传动轴涂覆层的研发,1966年成功申请专利。此种工艺是将尼龙11、尼龙12、尼龙1010粉末结合粘结剂涂覆在金属传动轴的表面。此种方法对传动轴的性能及其应用有一定的改进,但在部件简化及性能强度上的改善不大。但这种纤维增强树脂复合材料传动轴的问世及发展,正在逐渐解决传统金属传动轴的缺点和完善其性能。

福特公司1984年将玻璃纤维复合材料传动轴应用到汽车领域。此种材料的抗扭曲强度是传统金属材料的两倍以上,扭矩力测试结果为17 793 N,远大于安全设计值10 000 N,作为受力材料,玻璃纤维还要逊色于碳纤维复合材料。考虑到碳纤维使用的成本,早期传动轴主要采用的是玻璃纤维增强树脂或者玻璃纤维和碳纤维混合使用,其中碳纤维作为结构层。

英国吉凯恩公司在1988年开始着手于碳纤维复合材料传动轴的研究,最早将碳纤维复合材料应用于汽车传动轴的是美国摩里逊公司(Morrison Molded Fiber Glass),其生产的传动轴供通用汽车公司载重汽车应用。该传动轴采用卓尔泰克公司(ZOLTKE)公司的工业级48 K碳纤维,年生产量为60万根传动轴,每根传动轴消耗碳纤维0.68 kg。碳纤维复合材料具有很高的比强度、比模量,实现汽车轻量化的同时可以达到节能省油的目的。碳纤维复合材料传动轴已经广泛应用到汽车领域,并且成功地改善了传统金属汽车传动轴的NVH(Noise, Vibration,and Harshness)性能,为汽车驾驶者提供了安静怡人的环境。

为适应汽车轻量化以及降噪环保的需求,碳纤维传动轴具有极大的应用潜力市场,但其大规模的产业化仍受碳纤维成本高的影响,美国曾对汽车工业用碳纤维作了研究分析,结论是碳纤维价格降至16.5美元以下时,碳纤维与钢材相比就有竞争性了。其优良的性能及减轻车重的作用对制造商来说具有巨大的吸引力。

复习与思考

一、选择题(有一项或多项正确)

1.十字轴式刚性万向节的十字轴轴颈一般都是(　　　)。

A.中空的　　　　　　B.实心的　　　　　　C.无所谓　　　　　D.A,B,C 均不正确

2.十字轴式万向节的损坏是以(　　　)的磨损为标志的。

A.十字轴轴颈　　　　B.滚针轴承　　　　　C.油封　　　　　　D.万向节叉

3.十字轴式不等速万向节,当主动轴转过一周时,从动轴转过(　　　)。

A.一周　　　　　　　B.小于一周　　　　　C.大于一周　　　　D.不一定

4.双十字轴式万向节实现准等速传动的前提条件之一是(　　　)。(设 α_1 为第一万向节两轴间夹角,α_2 为第二万向节两轴间的夹角)

A.$\alpha_1 = \alpha_2$　　　　B.$\alpha_1 > \alpha_2$　　　　C.$\alpha_1 < \alpha_2$　　　　D.与 α_1 和 α_2 无关

5.下面的万向节中,属于等速万向节的是(　　　)。

A.球笼式　　　　　　B.双联式　　　　　　C.球叉式　　　　　D.三销轴式

6.为了提高传动轴的强度和刚度,传动轴一般都做成(　　　)。

A.空心的　　　　　　B.实心的　　　　　　C.半空、半实的　　D.无所谓

二、判断题

1.刚性万向节是靠零件的铰链式连接来传递动力的,而挠性万向节则是靠弹性零件来传递动力的。　　　　　　　　　　　　　　　　　　　　　　　　　　　　(　　　)

2.对于十字轴式万向节来说,主、从动轴的交角越大,则传动效率越高。　　(　　　)

3.对于十字轴式万向节来说,主、从动轴之间只要存在交角,就存在摩擦损失。(　　　)

4.球叉式万向节的传力钢球数比球笼式万向节多,所以承载能力强、耐磨、使用寿命长。

(　　　)

5.挠性万向节一般用于主、从动轴间夹角较大的万向传动的场合。　　　　(　　　)

6.汽车行驶过程中,传动轴的长度可以自由变化。　　　　　　　　　　(　　　)

7.单个十字轴万向节在有夹角时传动的不等速性是指主、从动轴的平均转速不相等。

(　　　)

三、简答题

1.简述单十字轴式万向节传动的不等速性,并阐明双十字轴式万向节传动的等速条件。

2.在前桥为独立悬架的转向驱动桥中,靠主减速器处不布置 VL 节,而只在靠近转向轮处布置 RF 节,可否?另外,将 RF 节与 VL 节的布置位置对换,可否,为什么?

3.举例说明万向传动装置主要应用在什么地方,汽车传动系为什么要采用此装置。

任务2.5　驱动桥的结构与检修

【任务引入】

案例:某轿车修理差速器后出现异响,症状为桥内出现响声,而且越来越严重。维修人员对主减速器和差速器进行拆检,主减速器部分没有异常现象,而差速器行星齿轮轴窜出。打开差速器壳,发现行星齿轮和半轴齿轮已报废。仔细检查没有发现弹性圆柱销的踪影,因弹性圆柱销的硬度较高,不可能一点残渣都没有,漏装的可能性很大。用新的弹性圆柱销换上,进行路试,响声消失,故障排除。

驱动桥是传动系统的最后一个总成,起着降速增扭、允许两侧驱动车辆以不同转速旋转的作用,其内部零件长期承受冲击载荷,易发生过热、漏油及异响故障,这不仅影响汽车的动力传递,还会直接影响汽车的正常行驶、转向以及制动。

本任务将对驱动桥进行全面介绍,要求了解驱动桥的组成、功用和类别,掌握主减速器和差速器的结构、工作原理、拆装调整和维护方法以及常见故障的诊断和排除,了解半轴和桥壳的功用和结构。

【任务相关知识】

2.5.1　驱动桥概述

（1）功用

驱动桥的功用是将万向传动装置传来的发动机动力经降速增矩改变传动方向后,分配给左、右驱动轮,并且允许左、右驱动轮以不同的转速旋转。

（2）组成

驱动桥是传动系的最后一个总成,通常由主减速器、差速器、半轴和驱动桥壳组成,如图2.136所示。万向传动装置传来的动力依次经主减速器、差速器和半轴,最后传给驱动轮。其中,主减速器可降速增矩,并可改变发动机转矩的传递方向,以适应汽车的行驶方向;差速器可保证左、右驱动轮以不同的转速旋转;半轴可以把转矩从差速器传到驱动车轮;桥壳支撑汽车的部分质量,承受驱动轮上的各种力和力矩,并起到保护主减速器、差距器和半轴的作用。

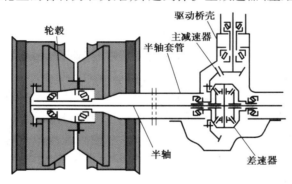

图 2.136　整体式驱动桥的结构

（3）分类

按悬架结构不同,驱动桥分为整体式和断开式两种。

1）整体式驱动桥

整体式驱动桥与非独立悬架配用,如图 2.136 所示。其驱动桥壳为一刚性的整体,驱动桥两端通过悬架与车架连接,左右半轴始终在一条直线上,即左右驱动桥不能相互独立地跳动。当某一侧车轮因地面升高或下降时,整个驱动桥及车身都要随之发生倾斜。这时,整个驱动桥、驱动车轮及部分传动轴均属于簧下质量。汽车簧下质量较大,这是它的一个缺点。整体式驱动桥多应用于对行驶平顺性要求不高的中、重型货车上。

2）断开式驱动桥

为提高汽车的行驶平顺性和通过性,有些轿车和越野车全部或部分驱动轮采用独立悬架,即将两侧的驱动轮分别用弹性悬架与车架相连,两轮可彼此独立地相对于车架上下跳动。与此相应,主减速器壳固定在车架上。驱动桥壳制成分段并通过铰接连接,这种驱动桥称为断开式驱动桥,其结构组成如图 2.137 所示。主减速器固定在车架上,两侧车轮分别通过各自的弹性元件、减振器和摆臂组成的弹性悬架与车架相连。为适应车轮绕摆臂上下跳动的需要,差速器与轮毂间的半轴两端用万向节连接。这样,两侧的驱动轮及桥壳可以彼此独立地相对于车架上下跳动。主减速器、差速器与传动轴及一部分驱动车轮传动装置的质量均为簧上质量。

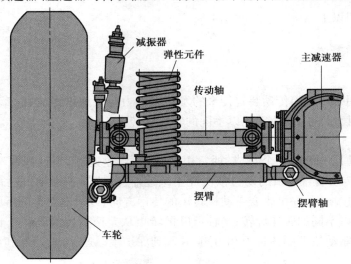

图 2.137　断开式驱动桥结构

汽车悬挂总成的类型及其弹性元件与减振装置的工作特性是决定汽车行驶平顺性的主要因素,而汽车簧下部分质量的大小对其平顺性也有显著的影响。断开式驱动桥的簧下质量较小,又与独立悬挂相配合,致使驱动车轮与地面的接触情况及对各种地形的适应性比较好,由此可大大地减小汽车在不平路面上行驶时的振动和车厢倾斜,提高汽车的行驶平顺性和平均行驶速度,减小车轮和车桥上的动载荷及零件的损坏,提高其可靠性及使用寿命。但是,由于断开式驱动桥及与其相配的独立悬挂的结构复杂,故这种结构主要见于对行驶平顺性要求较高的一部分轿车及一些越野汽车上。

而发动机前置前驱轿车的驱动桥则是将变速器、主减速器和差速器集成安装于变速器壳体内,这使得传动系的体积得到有效减小,结构得以简化,轿车自重减轻,而且动力直接传给前轮,提高了传动效率。

2.5.2　主减速器与差速器的结构、原理及检修

(1)主减速器的结构与原理

主减速器的功用主要包括以下几个:

第一,传递和增大转矩。从变速器传来的转矩必须在主减速器中进行增大,以使驱动车轮获得足够的转矩,满足各种行驶条件。

第二,降低发动机转速。通过主减速器的常啮合齿轮可降低发动机转速。

第三,根据需要改变动力传递方向。如果发动机纵向安装在汽车上,则动力传递必须通过

主减速器的锥齿轮改变 90°,因为车轮轴的布置总是与汽车的纵向轴线相垂直。在发动机横置的汽车上,动力传递的方向则不需要改变,这种情况下使用圆柱齿轮式主减速器。

常见的主减速器有单级主减速器、双级主减速器和轮边减速器,下面分别介绍它们的结构和工作原理。

1)单级主减速器

目前,轿车和一般轻、中型货车均采用单级主减速器,具有结构简单、体积小、质量轻和传动效率高等优点,它和差速器是驱动桥的核心,它们的装配关系如图 2.138 所示。

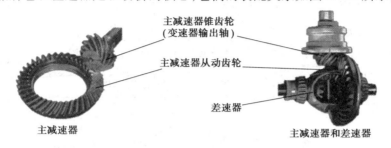

图 2.138　主减速器与差速器装配关系实物图

如图 2.139 所示为东风某型汽车驱动桥单级主减速器及差速器总成剖面图,主减速器的减速传动机构为一对准双曲面齿轮。主动齿轮有 6 个齿,从动齿轮有 38 个齿。为保证主动锥齿轮有足够的支承刚度,主动锥齿轮与轴制成一体,前端支承在互相贴近而小端相向的两个圆锥滚子轴承上,后端支承在圆柱滚子轴承上,形成跨置式支承。环状的从动锥齿轮连接在差速器壳上,而差速器壳则用两个圆锥滚子轴承支承在主减速器壳的座孔中。从动锥齿轮的背面装有支承螺桂,以限制从动锥齿轮过度变形而影响齿轮的正常工作。装配时,支承螺栓与从动锥齿轮端面之间的间隙为 0.3~0.5 mm。

装配主减速器时,圆锥滚子轴承应有一定的装配预紧度,即在消除轴承间隙的基础上,再给予一定的压紧力。其目的是减小在锥齿轮传动过程中产生的轴向力所引起的齿轮轴的轴向位移,以提高轴的支承刚度,保证锥齿轮副的正常啮合。但也不能过紧,若过紧则传动效率低,且加速轴承磨损。为调整圆锥滚子轴承的顶紧度,在两轴承内座圈之间的隔离套的一端装有一组厚度不同的调整垫片。工程上常用预紧力矩表示预紧度的大小,在本例中调整到能以 1.0~1.5 N·m 的力矩转动叉形凸缘,即为合适。

为了减小驱动桥的外形尺寸,当前的主减速器中基本不用直齿圆柱齿轮,而采用锥齿轮(分为曲线齿轮和准双曲面齿轮两种)。在同样传动比的情况下,主动锥齿轮齿数可以做得少些,主减速器的结构就比较紧凑,可以增加离地间隙,而且运动平稳、噪声小,因此在汽车上得到了广泛的应用。

近年来,准双曲面齿轮不仅广泛用于轿车,还越来越多地使用在中型、重型汽车上。这是因为它与曲线齿锥齿轮相比,不仅齿轮的上作平稳性好,弯曲强度和接触强度好,而且其主动齿轮的轴线相对从动锥齿轮的轴线可以偏移,如图 2.140 所示。在保证一定离地间隙的情况下,主动齿轮的轴线向下偏移,可降低主动锥齿轮和传动轴的位置,使车身的重心降低,提高了汽车的行驶稳定性。本例东风某型汽车主减速即采用了这种下偏移的准双曲面齿轮,其偏移距为 38 mm。

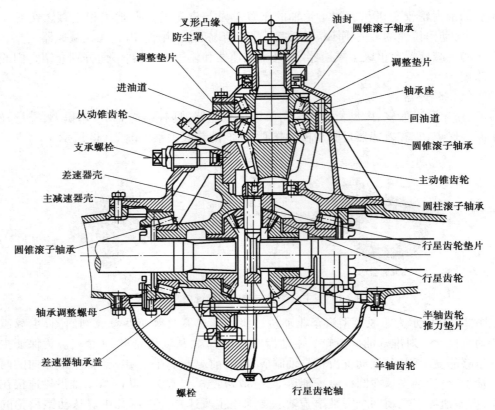

图 2.139　主减速器和差速器结构图

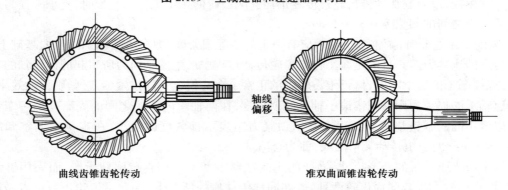

图 2.140　主减速器主动齿轮和从动齿轮轴线位置

准双曲面齿轮工作时,由于齿面间的相对滑移量大,且齿面间的压力也大,齿面油膜易被破坏。为了减少摩擦、提高效率,必须使用专门的含防刮伤添加剂的双曲线齿轮油,决不允许用普通齿轮油代替,否则会使齿面迅速擦伤和磨损,大大降低主减速器的使用寿命。

2)双级主减速器

当汽车主减速器需要较大的传动比时,单级主减速器的主动锥齿轮受强度、最小齿数的限制,其尺寸不能太小,相应的从动锥齿轮尺寸将增大,这不仅使从动锥齿轮刚度降低,而且会使主减速器壳及驱动桥外形轮廓尺寸增大,难以保证足够的离地间隙,故而需要采用由两对齿轮传动的双级主减速器。

如图 2.141 所示为某型汽车双级主减速器的剖面结构图,第一级传动为第一级主动锥齿轮和第一级从动锥齿轮,这是一对曲线齿锥齿轮,而不是准双曲面齿轮,其传动比为 1.923。第二级传动为第二级主动齿轮和第二级从动齿轮,这是一对斜齿圆柱齿轮,其传动比为 3。

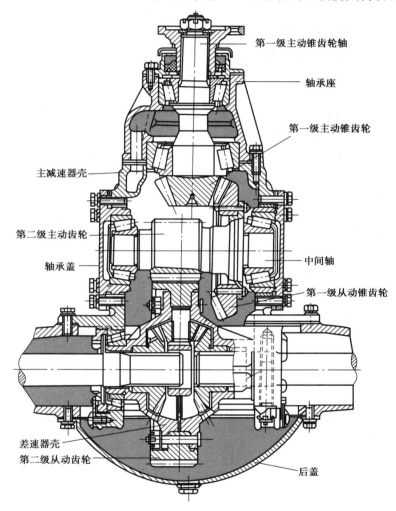

第一级主动锥齿轮轴

轴承座

第一级主动锥齿轮

主减速器壳

第二级主动齿轮

轴承盖

中间轴

第一级从动锥齿轮

差速器壳

第二级从动齿轮

后盖

图 2.141　双级主减速器剖面结构图

第一级主动锥齿轮和第一级主动齿轮轴制成一体,用两个圆锥滚子轴承(相距较远)支承在轴承座的座孔中,因主动锥齿轮悬伸在两轴承之后,故称为悬臂式支承。第一级从动锥齿轮用铆钉铆接在中间轴的凸缘上。

第二级主动齿轮与中间轴制成一体,用两个圆锥滚子轴承支承在两端轴承盖的座孔中,轴承盖用螺栓与主减速器壳固定连接。第二级从动齿轮夹在左右两半差速器壳之间,并用螺栓将它们紧固在一起。

3)轮边减速器

在重型载货汽车、越野车和大型客车上,当要求提供较大的主传动比和较大的离地间隙时,可将双级主减速器的第二级减速齿轮机构制成结构相同的两套,其安装位置靠近两侧驱动车轮,称为轮边减速器,第一级即称为主减速器。轮边减速器通常为行星齿轮式的结构。

图2.142所示是某重型汽车轮边减速器的结构示意图,其齿圈与半轴套管固定在一起,半轴传来的动力经中心太阳轮、行星齿轮、行星齿轮轴和行星架传给车轮。由于齿圈与不旋转的车轮底板相连,行星轮系形成以太阳轮为输入、行星架为输出的减速传动。

采用轮边减速器可使驱动桥中主减速器尺寸减小,保证足够的离地间隙,并可得到比较大的主传动比。由于半轴在轮边减速器之前,故所承受的转矩大为减小,因此半轴和差速器等零件尺寸可以减小,但是需要两套轮边减速器,结构较复杂,制造成本也较高。

(2)差速器的结构与原理

当汽车转弯行驶时,内外两侧车轮中心在同一时间内移过的曲线距离不同,即外侧车轮移过的距离大于内侧车轮移过的距离,如图2.143所示。

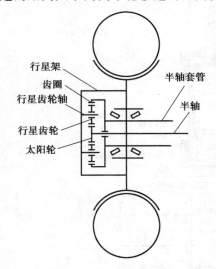

图2.142　轮边减速器结构示意图

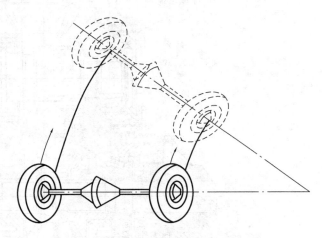

图2.143　汽车转向时驱动车轮运动示意图

若两侧车轮都固定在同一刚性轴上,两轮加速度相等,则此时外侧车轮必然是边滚动边滑移,内侧车轮则是边滚动边滑转。车轮相对地面的滑动不仅会加速轮胎的磨损,增加汽车的动力消耗,而且可能导致转向和制动性能恶化。所以在正常行驶条件下,应使车轮尽可能不发生滑动。差速器的功用就在于此,即是将主减速器传来的动力传给左、右半轴,并在必要时允许左、右半轴以不同的转速旋转,使左、右车轮相对地面作纯滚动而不是滑动。

按工作特性,差速器可分为普通差速器和防滑差速器两大类,下面将分别进行介绍。

1)普通差速器

普通齿轮式差速器分为锥齿轮和圆柱齿轮式两种。按两侧的输出转矩是否相等,齿轮差速器有对称式和不对称式两类。对称式常用作左右两轮之间的差速,不对称式则用作前后驱动桥之间的轴间差速。这里介绍应用最为广泛的对称锥齿轮差速器。

①结构组成

图2.144所示为对称式行星锥齿轮差速器,由四个行星锥齿轮(在有些传递转矩较小的轻型货车或轿车上,只用两个行星锥齿轮)、两个半轴锥齿轮、两个半差速器壳、十字形行星锥齿

轮轴、半轴锥齿轮推力垫片及行星锥齿轮垫片组成。主减速器从动锥齿轮用螺栓固定在半差速器壳的凸缘上,十字形行星锥齿轮轴的两个轴颈嵌在两个半差速器壳端面半圆槽所形成的孔中;行星锥齿轮分别松套在四个轴颈上,两个半轴锥齿轮分别与行星锥齿轮啮合,以其轴颈支承在差速器壳中,并以花键孔与半轴连接。行星锥齿轮背面和差速器壳的内表面均制成球面,以保证行星齿轮的对中性,使其与两个半轴锥齿轮能正确啮合。半轴锥齿轮与差速器壳之间装有推力垫片,行星锥齿轮与差速器壳之间装有齿轮垫片,用以减小摩擦、降低磨损,提高差速器的使用寿命,同时还可以用来调整齿轮的啮合间隙。十字轴的各装配孔是在左、右两半轴装合后加工而成的,装配时不能周向错位。

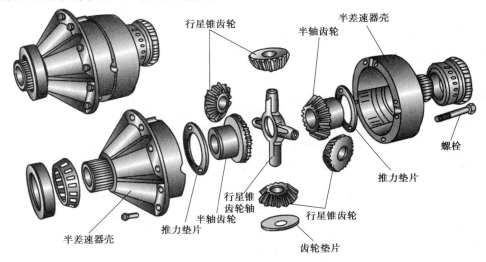

图 2.144   对称式锥齿轮差速器结构

差速器靠主减速器壳内的润滑油来润滑,因此差速器上开有供润滑油进出的窗孔。为了保证行星齿轮和十字轴轴颈之间的润滑,在十字轴轴颈上铣有平面,并在行星齿轮的齿间钻有油孔与其中心孔相通。同样,半轴齿轮上也钻有油孔,与其背面相通,以加强背面与差速器壳之间的润滑。

②工作原理

差速器的工作原理如图 2.145 所示。主减速器传来的动力首先带动差速器壳(转速为 n_0)转动,然后依次经过行星齿轮轴、行星齿轮、半轴齿轮到达半轴(两侧转速分别为 n_1 和 n_2),最后传给两侧驱动车轮。

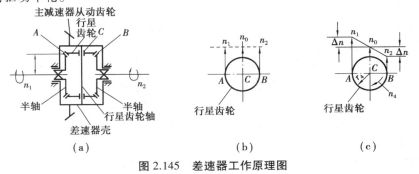

图 2.145   差速器工作原理图

汽车直线行驶时,两侧驱动车轮所受到的地面阻力相同,并经半轴、半轴齿轮反作用于行星齿轮两啮合点 A 和 B(图 2.145)。这时,行星齿轮相当于等臂杠杆,即行星齿轮不自转,只随差速器壳和行星齿轮轴一起公转,两半轴无转速差,即有 $n_1 = n_2 = n_0, n_1 + n_2 = 2n_0$。同样,由于行星齿轮相当于等臂杠杆,主减速器传动差速器壳体上的转矩通过半轴齿轮等分给两半轴,即 $M_1 = M_2 = M_0/2$。

汽车转向行驶时,两侧驱动车轮所受到的地面阻力不同。如果车辆右转,右侧(内侧)驱动车轮所受的阻力大,左侧(外侧)驱动车轮所受的阻力小。这两个阻力经半轴、半轴齿轮反作用于行星齿轮两啮合点 A 和 B,使行星齿轮除了随差速器壳公转外还顺时针自转。设自转转速为 n_0,则左半轴齿轮的转速增加,右半轴齿轮的转速降低,且左半轴齿轮增加的转速等于右半轴齿轮降低的转速。设半轴齿轮的转速变化为 Δn,则有 $n_1 = n_0 + \Delta n, n_2 = n_0 - \Delta n$,即汽车右转弯时,左侧车轮转得快,右侧车轮转得慢,实现了车轮的纯滚动,而且此时依然有 $n_1 + n_2 = 2n_0$。

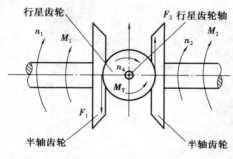

图 2.146 差速器的转矩分配示意图

由于行星齿轮的自转,行星齿轮孔与行星齿轮轴轴径间以及齿轮背部与差速器壳体之间都产生摩擦。如图 2.146 所示,行星齿轮所受摩擦力矩 M_T 的方向与其自转方向相反,并传到左、右半轴齿轮,使转得快的左半轴的转矩减小,转得慢的右半轴的转矩增大。因此,当左、右驱动车轮存在转速差时,$M_1 = (M_0 - M_T)/2, M_2 = (M_0 + M_T)/2$。但由于有推力垫片的存在,实际中的 M_T 很小,可忽略不计。即有 $M_1 = M_2 = M_0/2$。

2)防滑差速器

防滑差速器是一种能根据路面情况自动改变或控制驱动轮间转矩分配的差速器,最早在赛车上使用,随后在轿车、越野汽车、载货汽车上也逐渐得到广泛应用。下面介绍三种常用的防滑差速器:摩擦片式自锁差速器、托森差速器和主动式防滑差速器。

①摩擦片式自锁差速器

图 2.147 所示为摩擦片式自锁差速器,它是在普通行星锥齿轮差速器的基础上发展而来的。为增加差速器的内摩擦力矩,它在半轴齿轮和差速器壳之间安装有摩擦片,十字轴由两根相互垂直的行星齿轮轴组成,轴的端部均切有凸 V 形斜面。相应的,在差速器壳孔上也开有相应凹 V 形斜面的内孔,且差速器壳上与之相配合的孔稍大于轴,两根行星齿轮轴的 V 形面呈反向安装。每一半轴齿轮的背面有推力盘和主、从动摩擦片。推力盘以内花键与半轴相连,在其轴颈处用外花键与从动摩擦片相连。主动摩擦片靠花键与差速器壳相连。推力盘和主、从动摩擦片均可沿轴向作微小的滑移。

当汽车直线行驶时,两半轴无转速差,扭矩平均分配给两半轴,由于差速器壳通过斜面作用在行星齿轮轴两端,斜面上产生的轴向力迫使两行星齿轮轴分别从左、右向外移动,通过行星齿轮使推力盘压紧摩擦片。此时,转矩经两条路径传给半轴:一是沿行星齿轮轴、行星齿轮和半轴齿轮将大部分转矩传给半轴,二是由差速器壳主、从动摩擦片、推力盘传给半轴。

当一侧车轮在路面上滑转或汽车转弯时,行星齿轮自转,左右半轴齿轮转速产生差异。在这种转速差和轴向力的作用下,主、从动摩擦片间产生摩擦力矩,其数值大小与差速器传递的

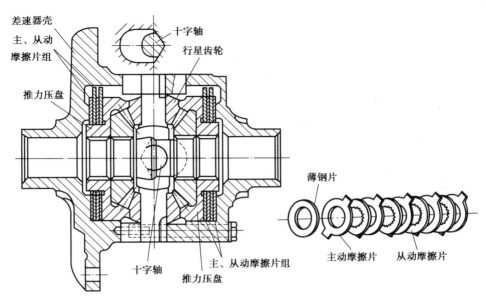

图 2.147　摩擦片式自锁差速器结构图

转矩和摩擦片数值成正比。而摩擦力矩的方向与转速较高的半轴旋向相反,与转速较慢的半轴旋向相同。高摩擦力矩作用的结果是使低转速半轴传递的转矩大大增加。这种差速器结构简单、工作平稳、锁紧系数高,常用于轿车和轻型载货汽车。

②托森差速器

托森差速器利用了蜗轮蜗杆传动的不可逆性原理和齿面高摩擦条件,使差速器能根据其内部差动转矩(即差速器的内摩擦转矩)的大小自动在"差速"和"锁死"之间转换,即当差速器内部差动转矩较小时起差速作用,而当其过大时差速器自动锁死。这样可以有效地提高汽车的通过能力,被广泛用作全轮驱动轿车的轴间差速器和后驱动桥的轮间差速器。但是由于在转速差较大时该结构具有自动锁止作用,所以一般不用作转向驱动桥的轮间差速器。

托森差速器的结构如图 2.148 所示,由差速器壳、6 个蜗轮、6 根蜗轮轴、12 个直齿圆柱齿轮及前、后轴蜗杆组成。

当前、后驱动桥无转速差时,蜗轮绕自身轴自转。各蜗轮、蜗杆与差速器壳一起等速转动,差速器不起差速作用。当前、后驱动桥需要有转速差,如汽车转弯时,因前轮转弯半径大,差速器起差速作用。此时,蜗轮除公转传递动力外,还要自转。由于直齿圆柱齿轮的相互啮合,使前后蜗轮自转方向相反,从而使前轴蜗杆转速增加,后轴蜗杆转速减小,实现了差速。

托森差速器起差速作用时,由于蜗杆与蜗轮啮合副之间的摩擦作用,转速较低的后驱动桥比转速较高的前驱动桥所分配到的转矩大。若后桥分配到的转矩大到一定程度而出现滑转时,则后桥转速升高一点,转矩又立刻重新分配给前桥一部分,所以驱动力的分配可根据转弯的要求自动调节,使汽车转弯时具有良好的驾驶性。当前、后驱动桥中某一桥因附着力小而出现滑转时,差速器起作用,将转矩的大部分分配给附着力好的另一驱动桥,从而提高了汽车通过坏路面的能力。

③主动式防滑差速器

为提升驾驶员主动防滑控制能力,有些轿车和越野车采用了主动式防滑差速器,主要有三

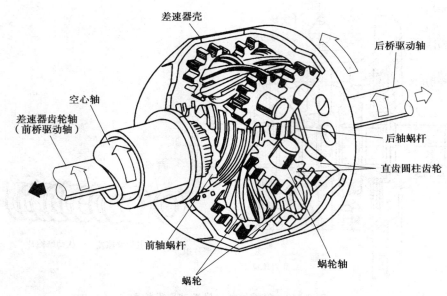

图 2.148　托森差速器结构图

种结构形式:电磁式、电液式和电机式。下面简要介绍前两种,以供了解。

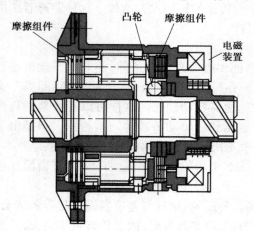

图 2.149　电磁式主动防滑差速器

a.电磁式。电磁式主动防滑差速器多以摩擦片式自锁差速器为基础结构,利用电磁力来实现限滑性能的主动控制。如图 2.149 所示为电磁式主动限滑差速器的结构简图。它由相关传感器采集汽车运行工况和路面状况等信息,传递给电控单元,由电控单元对这些信息进行分析、判断和处理,并根据内设的控制程序对电磁装置进行电磁力大小的主动调整与控制,通过凸轮等促动机构将此电磁力放大,形成对摩擦元件的压紧力,从而产生内摩擦力矩,形成限滑功能。其所需电磁力可以进行主动调整,即动态改变其锁紧系数,实现实时主动控制,从而更好地满足汽车的限滑需求。

b.电液式。电液式主动防滑差速器也以摩擦片式自锁差速器为基础结构,如图 2.150 所示。它的电控单元对汽车运行工况和路面状况等信息进行分析、判断及相应处理后,根据控制程序对电控液压阀进行控制,实现对油压的主动调整,改变摩擦组件的内摩擦力矩,从而动态地改变其锁紧系数,实现实时主动控制,以更好地满足汽车的限滑需求。

（3）主减速器和差速器的检修

1）主要的检测项目

①检查主减速器主动齿轮、从动齿轮、行星齿轮及半轴齿轮的齿面。

齿轮不允许有明显的疲劳剥落,齿面出现黑斑面积不得大于工作面的 30%。主减速器及差速器壳不得有裂纹;否则,应更换总成。

②检查从动锥齿轮的偏摆量

如图 2.151 所示,固定百分表座,将百分表针抵在从动齿轮背面最外端,从动齿轮旋转 1 周,记下百分表摆差读数。偏摆量要小于0.10 mm,否则,应予更换。

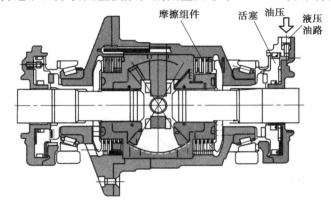

图 2.150 电液式主动防滑差速器

图 2.151 从动锥齿轮的偏摆量检查

③检查主、从动齿轮的啮合间隙

如图 2.152 所示,固定百分表座,将百分表针抵在从动齿轮任一齿面上,固定主动齿轮,将从动齿轮沿周向来回搬动,记下百分表摆差读数。数值应为 0.13~0.18 mm。否则,应调整侧向轴承。

④检查半轴齿轮与行星齿轮的啮合间隙

如图 2.153 所示,固定百分表座,将百分表针抵在半轴齿轮任一齿面上,将一个行星齿轮固定,用手拨动半轴齿轮,记下百分表摆差读数。数值应为 0.05~0.20 mm。如间隙不当,可调整行星齿轮和半轴齿轮背面的垫片。

图 2.152 主、从动齿轮啮合间隙的检查

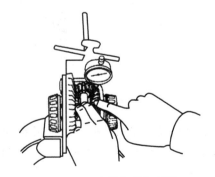

图 2.153 半轴齿轮与行星齿轮啮合间隙的检查

⑤检查主、从动齿轮轮齿的啮合印痕

在从动齿轮上三个不同位置的 3 或 4 个轮齿上涂以红丹油,如图 2.154 所示。朝两个不同方向转动主动齿轮,检视轮齿的啮合印痕,正确的印痕应在从动齿轮的中间偏齿根的位置,如图 2.155 所示。

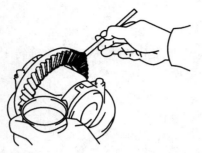

图2.154　在从动齿轮上涂红丹油

2)主减速器和差速器的调整事项

①主动锥齿轮轴承预紧度的调整

a.装配主动锥齿轮。依次将调整垫片、后轴承装上主动锥齿轮轴颈上,再装入隔圈后,一起装入轴承座壳内,再依次装入前轴承、结合法兰、槽形螺母,不装油封(调整轴承预紧力后,再装油封)。

b.用维修工具夹紧结合法兰,拧紧结合法兰槽形螺母来调整主动锥齿轮轴承预紧力。扭力矩为170~210 N·m。

c.检验预紧力。如图2.156所示,用扭力扳手扭转主动

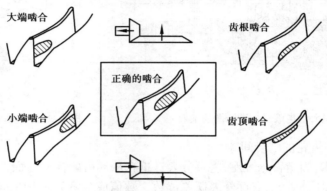

图2.155　轮齿啮合印痕检查

锥齿轮,扭力矩为:新轴承取1.9~2.6 N·m;旧轴承取0.9~1.3 N·m。可凭经验检查:用手左右转动结合法兰,转动灵活无阻滞,沿轴向推拉法兰感觉不到轴向间隙即合适。

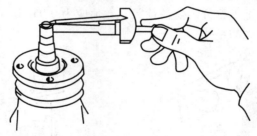

图2.156　主动锥齿轮预紧力的检验

d.预紧力调整。如果转动主动锥齿轮的力矩不合适,也就是主动锥齿轮轴承预紧力一般通过拧紧结合法兰槽形螺母来调整。如果调整槽形螺母满足不了预紧力要求,则可通过更换后轴承后的调整垫片。垫片厚度为0.25~0.45 mm,每0.05 mm一个级差。如果转动力矩过大,应减小垫片厚度;反之,加厚垫片厚度。

②半轴齿轮与行星齿轮啮合间隙的调整

a.选择适当的止推垫圈,把止推垫圈和半轴齿轮装入差速器壳内。按前述方法测量半轴齿轮与行星齿轮的啮合间隙,应为0.05~0.20 mm。如间隙不当,换用不同厚度的止推垫圈。左右两边的止推垫圈厚度应一致。垫圈厚度有1.60 mm、1.70 mm、1.80 mm三种。

b.半轴齿轮轮齿大端端面的弧面与行星齿轮的背面弧面应相吻合,并在同一球面上。不

合适时,应改变行星齿轮背面球形垫圈的厚度来达到。

c.安装行星齿轮轴上的直销,并把销和差速器壳铆死,如图 2.157 所示。重复检查半轴齿轮的转动是否灵活,半轴齿轮与行星齿轮啮合间隙是否合适。

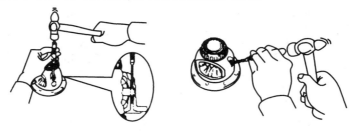

图 2.157　行星齿轮轴上直销安装

③从动齿轮轴承预紧度的调整

a.如图 2.158 所示,将从动齿轮在油浴中加热至 100 ℃后,对准记号装上差速器壳。

b.按图 2.159(a)、(b)、(c)所示顺序,把差速器总成装在托架上。注意,左右轴承外座圈不能交换位置。先装调整螺母,再装轴承盖。轴承盖要按拆卸前做的记号装回,拧紧螺栓。用手拧紧左右调整螺母,对称均匀地压紧差速器总成左右轴承。

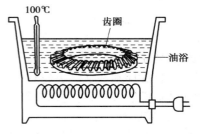

图 2.158　从动锥齿轮在油浴中加热

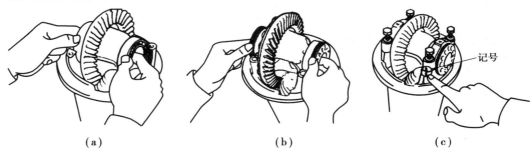

(a)　　　　　　　　　　(b)　　　　　　　　　　(c)

图 2.159　差速器总成、调整螺母、轴承盖的装配顺序

c.用维修工具将从动齿轮一侧的调整螺母拧紧直至主、从动齿轮啮合间隙约达 0.2 mm,如图 2.160 所示。

d.将百分表指针抵在从动齿轮一侧的调整螺母顶上(要压表),如图 2.161 所示,用维修工具拧紧另一侧调整螺母直至百分表指针开始摆动,再将调整螺母拧入 1~1.5 圈。

e.预紧力检查:用扭力扳手扭转主动锥齿轮,扭力矩应增加 0.4~0.6 N·m。

④从动齿轮啮合间隙的调整

用前面讲的方法检测主、从动齿轮啮合间隙,如间隙不符,可等量转动差速器壳左右两边的调整螺母来调整,即一侧拧紧多少圈,另一侧就拧松多少圈。如间隙过大,则将从动齿轮另一侧的调整螺母拧松,从动齿轮一侧的调整螺母拧紧;间隙过小,则反之。

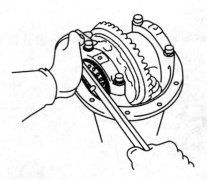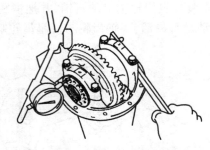

图 2.160　从动齿轮一侧调整螺母的拧紧　　　图 2.161　从动齿轮另一侧调整螺母的拧紧

⑤从动齿轮轮齿啮合印痕的调整

在调整好主、从动齿轮啮合间隙之后,才能调整轮齿啮合印痕。按前面所述的方法检验印痕。当接触印痕在从动齿轮轮齿大端时,应将从动齿轮向主动齿轮靠拢(简称"进从")。假如因此而使主、从动齿轮啮合间隙过小,可调整主动齿轮轴承垫圈,使主动齿轮移离从动齿轮。

当接触印痕在从动齿轮轮齿小端时,应将从动齿轮移离主动齿轮(简称"出从"),假如因此而使齿隙过大,可将主动齿轮向从动齿轮移动。

当接触印痕在从动齿轮轮齿顶端时,应将主动齿轮向从动齿轮靠拢(简称"进主"),假如因此而使齿隙过小,可将从动齿轮移离主动齿轮。

当接触印痕在从动齿轮轮齿根部时,应将主动齿轮移离从动齿轮(简称"出主"),假如因此而使间隙过大,可将从动齿轮向主动齿轮移动。

简化口诀:大进从,小出从;顶进主,根出主。

2.5.3　半轴与桥壳的结构与检修

(1)半轴的结构与检修

1)功用与结构

半轴是连接差速器与驱动轮之间的传动件,其功用是将差速器输出的转矩传给驱动轮,因传递转矩较大,半轴一般都是实心轴。半轴的结构要受悬架和驱动桥结构的影响:在非独立悬架和发动机前置后驱的汽车上,半轴是一根长轴,它直接将动力从差速器传递给驱动轮;在断开式驱动桥和发机前置前轮驱动的汽车上,半轴要分段并用等速万向节连接,中半轴常被称为传动轴。

图 2.162 所示即为长半轴结构,其内端用花键槽与差速器的半轴齿轮连接,而外端则用凸缘与驱动轮的轮毂相连,半轴齿轮的轴颈支承于差速器壳两侧轴颈的孔内,而差速器壳又以其两侧轴颈借助轴承直接支承在主减速器壳上。

半轴与驱动轮的轮毂在桥壳上的支承形式,决定了半轴的受力状况。根据支承与受力情况,半轴可分为全浮式半轴支承和半浮式半轴支承两种支承形式。

①全浮式半轴支承

全浮式半轴支承在各型货车上应用较为广泛。图 2.163 所示为全浮式半轴支承与轮毂和驱动桥的连接关系示意图。半轴外端锻造有半轴凸缘,用螺栓紧固在轮毂上,轮毂用一对圆锥滚子轴承支承在半轴套管上,半轴套管与空心梁装配成一体,组成驱动桥壳。

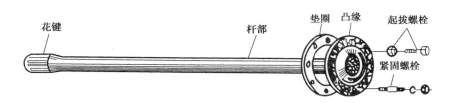

图 2.162   半轴结构

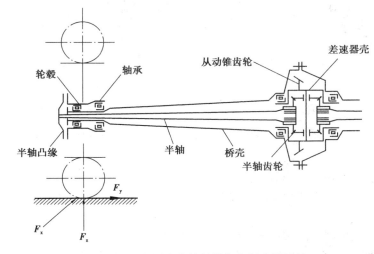

图 2.163   全浮式半轴与轮毂和桥壳的连接

这种支承形式,半轴与桥壳没有直接接触,半轴内端用花键与半轴齿轮套合,并通过差速器壳支承在主减速器壳的座孔中。在半轴外端,路面对驱动轮的作用力(垂直反力 F_z、切向反力 F_x 和侧向反力 F_y)以及由它们形成的弯矩,直接由轮毂通过两个轴承传给桥壳,完全不由半轴承受。同样的,在半轴内端,作用在主减速器从动锥齿轮上的力及弯矩全部由差速器壳直接承受,与半轴无关。因此,这样的半轴支承形式使半轴只承受转矩,而两端均不承受任何反力和反力矩,故称为全浮式支承形式。

全浮式半轴支承很容易拆装,只需拧下半轴凸缘上的螺栓,即可将半轴抽出,而车轮和桥壳同样能支撑住整车总重。

②半浮式半轴支承

图 2.164 所示为半浮式半轴支承的连接示意图,其半轴外端制成锥形,锥面上铣有键槽,最外端制有螺纹;轮毂以其相应的锥孔与半轴上锥面配合,并用键连接,用锁紧螺母紧固;半轴用一个圆锥滚子轴承直接支承在桥壳凸缘座孔内;车轮与桥壳之间无直接联系,而支承于悬伸出的半轴外端。因此,地面作用于车轮的各种反力(垂直反力 F_z、切向反力 F_x 和侧向反力 F_y)都须经半轴外端的悬伸部分传给桥壳,使半轴外端不仅要承受转矩,而且还要承受各种反力及其形成的弯矩。半轴内端通过花键与半轴齿轮连接,不承受弯矩,故称这种支承形式为半浮式半轴支承。

半浮式半轴支承结构简单,但半轴受力情况复杂且拆装不便,多用于反力、弯矩较小的轿车上。

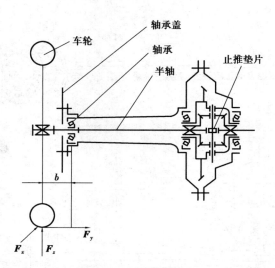

图 2.164　半浮式半轴支承与轮毂和车桥的连接

2）检修

半轴的检修事项包括以下内容：

①半轴及半轴花键应无明显的扭转变形，且半轴不得有任何形式的裂纹存在，故还应进行探伤检查。

②半轴体上有几个部位的圆跳动误差（包括以半轴轴线为基准，中段未加工圆柱体径向圆跳动误差；花键外圆柱面的径向圆跳动误差；半轴凸缘内侧端面圆跳动误差）不得超过出厂规定值。径向圆跳动误差超限，应进行冷压校正；端面圆跳动误差超限，可车削端面进行修正。

③半轴花键的侧隙增大量较原厂规定不得大于 0.15 mm。

④对前轮驱动汽车的半轴总成（带两侧等角速万向节）应进行以下检查内容：

a.外端球笼万向节用手感检查，应无径向间隙，否则需更换。

b.内侧三叉式万向节可沿轴向滑动，但应无明显的径向间隙感，否则需更换。

c.防尘套是否有老化破裂，卡箍是否有效可靠。如失效，应更换。

（2）桥壳的结构与检修

1）功用与结构

驱动桥壳的功用：支承并保护主减速器、差速器和半轴；使左右驱动车轮的轴向相对位置固定；和从动桥一起支承汽车悬架以上各部分质量；在车辆行驶时承受驱动轮传来的反力和力矩，并在驱动轮与悬架之间传力。

由于驱动桥壳承受较复杂的载荷，因此要求桥壳应具有足够的强度和刚度，质量小，还要便于主减速器和差速器的拆装与调整。

驱动桥壳主要分整体式和分段式两种结构类型，其中整体式桥壳应用较广泛。

①整体式桥壳

整体式桥壳因制造方法不同又有多种形式。常见的有整体铸造、钢板冲压焊接和中段铸造两端压入钢管等形式。图 2.165 所示即为整体铸造的桥壳，为桥壳增加强度和刚度，顶端压入无缝钢管制成的半轴套管。桥壳上有通气塞，保证高温下的通气性能，以保持润滑油品质和使用周期。这种整体铸造式桥壳刚度大、强度高、易铸成等强度梁形状，但因质量大，铸造品质不易保证,适用于中、重型汽车。

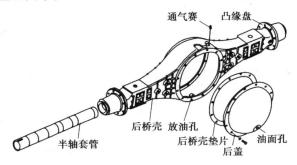

图 2.165 整体式桥壳

中段铸造两端压入钢管的桥壳质量较小,工艺简单且便于变形,但刚度较差。

钢板冲压焊接式桥壳具有质量小、制造工艺简单、材料利用率高、抗冲击性能好以及成本低等优点,并适于大量生产。目前,它在轻型货车和轿车上都得到广泛采用。

②分段式桥壳

分段式桥壳一般由两段组成,也有由三段甚至多段组成的,各段之间用螺栓连接。图2.166所示为两段组成的桥壳,用螺栓连成一体,它主要由铸造的主减速器壳、盖和两段钢制半轴套管组成。

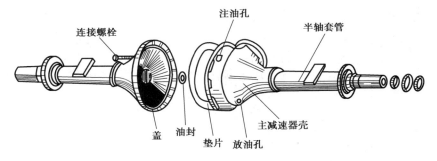

图 2.166 分段式桥壳

分段式桥壳比整体式桥壳易于铸造,加工简便,但拆装和维修主减速器、差速器十分不便,必须把整个驱动桥从汽车上拆卸下来,现很少应用。

2)检修

桥壳的检修事项包括以下内容:

①桥壳和半轴套管不允许有裂纹存在,对半轴套管应进行探伤处理,各部分螺纹损伤不得超过 2 个丝牙。

②整体式桥壳以半轴套管的两内端轴径的公共轴线为基准,两外轴颈的径向圆跳动误差超过 0.3 mm 时应进行校正,校正后的径向圆跳动误差不得大于 0.08 mm。

③桥壳支承孔与半轴套管的配合及伸出长度应符合出厂规定,如半轴套管支承孔的磨损严重,可将座孔镗至修理尺寸,更换相应的修理尺寸半轴套管。

④滚动轴承与桥壳的配合应符合原厂规定。

2.5.4 驱动桥常见故障的诊断和排除

驱动桥的常见故障主要包括驱动桥过热、漏油和异响,相应的故障现象、原因以及诊断与排除方法见表2.7。

表 2.7 驱动桥常见的故障现象、原因、诊断与排除方法

故障形式	故障现象、原因、诊断与排除方法	
驱动桥过热	故障现象	汽车行驶一段里程后,驱动桥壳中部或主传动器壳过热
	故障原因	①齿轮啮合间隙和行星齿轮与半轴齿轮啮合间隙调整过小 ②轴承调整过紧 ③润滑油量不足、变质或牌号不符合要求 ④止推垫片与主减速器从动齿轮背隙过小 ⑤齿轮油变质,油量不足或者牌号不符合要求
	故障诊断与排除方法	检查驱动桥各部分过热的情况: 1)局部过热 ①油封处过热,则故障由油封过紧引起 ②轴承处过热,则故障由轴承损坏或调整不当引起 ③油封和轴承处均不过热,则故障由止推垫片与主减速器从动齿轮背隙过小引起 2)普遍过热 ①检查齿轮油油面高度:油面太低,则故障由齿轮油油量不足引起;否则检查齿轮油规格、黏度或润滑性能 ②检查结果不符合要求,则故障由齿轮油变质或规格不符引起;否则检查主减速器齿轮啮合间隙大小 ③松开驻车制动器,变速器置于空挡,轻轻转动主减速器的凸缘盘;若转动角度太小,则故障由主减速器齿轮啮合间隙太小引起;若转动角度正常,则故障由行星齿轮与半轴齿轮啮合间隙太小引起
驱动桥漏油	故障现象	从驱动桥加油口、放油口螺塞处或油封、各接合面处可见到明显漏油痕迹
	故障原因	①螺栓多次拆卸导致螺纹孔间隙大 ②通气孔堵塞 ③油封、衬垫等老化、变质 ④螺栓松动导致接合面不严密 ⑤润滑油加注过多 ⑥放油螺栓松动或壳体裂纹
	故障诊断与排除方法	根据漏油痕迹部位判断具体的漏油原因,并采取相应措施

续表

故障形式	故障现象、原因、诊断与排除方法	
驱动桥异响	故障现象	①行驶时驱动桥异响,脱挡滑行时异响消失 ②行驶时驱动桥异响,脱挡滑行时亦有异响 ③直线行驶时无异响,转向时有异响 ④上下坡时有异响
	故障原因	①齿轮啮合不良;半轴齿轮与半轴配合花键松旷 ②轴承过松或过紧 ③差速器某零部件磨损过度 ④某齿轮啮合间隙过小或过大;某齿轮啮合印迹不当
	故障诊断与排除方法	根据异响部位的不同判断异响的具体原因

【拓展阅读】

四轮驱动系统的基本介绍

(1)什么是四轮驱动系统

说到四轮驱动,总能使人们想起那些身材魁梧、威猛超群的越野车。的确,四轮驱动的出现就是为了针对恶劣路况,征服那些两轮驱动无法通过的险峻地形。最初,四轮驱动是专业越野车的专门配备。但随着汽车工业的发展,以及人们对于汽车文化认识的更加深入,四驱车型的通过性、爬坡性、转弯性能、启动和加速性能以及直线行驶性能都有较高的提升,虽说其结构复杂、质量增加、成本升高、振动和噪声略有升高、油耗增加,但越来越多的车辆采用了四轮驱动系统。

(2)四轮驱动系统的基本组成和类别

传统四轮驱动汽车的基本组成如图 2.167 所示,发动机的动力经离合器传给变速器后利用分动器把动力分配给前后传动轴,再通过传动轴将动力传递给前后差速器以及 4 个半轴,使 4 个车轮转动。大多数分动器上设有变速机构,在进行两轮或四轮驱动切换的同时,也改变了整车的传动比,在普通路面上使用高速挡,在恶劣路面上使用低速挡。

常见的四驱形式主要分为三大类:全时四驱、兼时四驱和实时四驱。

1)全时四驱

全时四驱,即车辆永远保持四轮驱动模式,正常行驶时将发动机输出转矩按各占50%设定在前后轮上。当轮胎打滑时,自动分配前后转矩,以确保在不同路面上获得较佳的车辆性能和驾驶条件,前后驱动转矩在30%~70%内连续无级可调。与两驱汽车相比,全时四驱的可控性、通过性以及稳定性均会得到提升,即无论车辆行驶在何种天气以及何种路面时,驾驶员都能够更好地控制每一个行迹动作,从而保证驾驶员和乘客的安全。

全时四轮驱动科技含量高,车辆的行驶操控性能和舒适性也较强,目前应用这种技术的厂家已经有不少,代表车型有奥迪 Q7、宝马 X5、奔驰 GL 和讴歌 MDX 等。

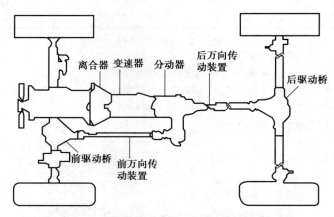

图 2.167　传统四驱系统的基本组成结构

2）兼时四驱

兼时四驱模式（也称分时四驱模式）一般用于越野车或四驱 SUV 上，驾驶员可根据路面情况，通过接通或断开分动器在两轮驱动或四轮驱动模式间切换。其优点是可根据实际情况来选取驱动模式，比较经济；缺点是机械结构比较复杂，需要驾驶者有很丰富的驾驶经验。

兼时四驱车辆并不是长时间处于四驱状态，正常行驶状况下，采用的是两轮驱动；当需要通过恶劣路面时，驾驶员可以通过分动杆把两轮驱动切换成四轮驱动，让四个车轮都提供驱动力，从而提高车辆的通过性能。车内会特别设计分动装置，有些是分动箱的挡杆（如 JEEP 牧马人），有些是电子按钮或旋钮（如长城哈弗）。

3）实时四驱

采用实时四驱（也称适时四驱）的车辆，其选择何种驱动模式由微处理器控制，正常路面一般采用两轮驱动。如果路面不良或驱动轮打滑，微处理器会自动侦测出并立即将发动机输出转矩分配给其他两轮，免除了驾驶员的判断和手动操作，应用更加简单。应用这种驱动模式的代表车型有东风本田 CR-V、一汽丰田 RAV4 和北京现代途胜等。

复习与思考

一、选择题（有一项或多项正确）

1.行星齿轮差速器起作用的时刻为（　　　）。

A.汽车转弯　　　　　　　　　　　　　B.直线行驶

C.A、B 两种情况下都起作用　　　　　D.A、B 两种情况下都不起作用

2.设对称式锥齿轮差速器壳的转速为 n_0，左、右两侧半轴齿轮的转速分别为 n_1 和 n_2，则有（　　　）。

A.$n_1 + n_2 = n_0$　　　　B.$n_1 + n_2 = 2n_0$　　　　C.$n_1 + n_2 = 1/2n_0$　　　　D.$n_1 = n_2 = n_0$

3.全浮式半轴承受（　　　）的作用。

A.转矩　　　　　　　B.弯矩　　　　　　　C.反力　　　　　　　D.A、B、C 项

二、判断题

1.一般说来，当传动轴的叉形凸缘位于驱动桥壳中剖面的下部时，驱动桥内的主减速器是

螺旋锥齿轮式主减速器。　　　　　　　　　　　　　　　　　　　　　　　（　　　）

2.对于对称式锥齿轮差速器来说,当两侧驱动轮的转速不等时,行星齿轮仅自转不公转。

　　　　　　　　　　　　　　　　　　　　　　　　　　　　　　　　　　　（　　　）

3.对称式锥齿轮差速器当行星齿轮没有自转时,总是将转矩 M 平均分配给左右两半轴齿轮。　　　　　　　　　　　　　　　　　　　　　　　　　　　　　　　　　（　　　）

4.高摩擦自锁式差速器可以根据路面情况的变化,而自动地改变驱动轮间转矩的分配。

　　　　　　　　　　　　　　　　　　　　　　　　　　　　　　　　　　　（　　　）

5.当采用半浮式半轴支承时,半轴与桥壳没有直接联系。　　　　　　　　　（　　　）

6.半浮式支承的半轴易于拆装,不需拆卸车轮就可将半轴抽下。　　　　　　（　　　）

三、简答题

1.驱动桥的功用是什么? 每个功用主要由驱动桥的哪个部分实现和承担?

2.分析在后轮驱动主减速器中使用准双曲面齿轮的理由。

3.简述摩擦片式自锁差速器和托森差速器的工作原理。

项目 **3**
汽车行驶系统的维护与检修

【教学目标】

- 掌握行驶系统的基本功用、组成和分类；
- 熟悉车架的功用、分类、检修和转向桥的定位参数；
- 掌握车轮和轮胎的基本组成、功用、规格表示方法以及维护检修方法；
- 掌握悬架的功用、分类和组成；掌握典型悬架的构造和工作原理；
- 掌握各种弹性元件和减振器的结构和原理；
- 掌握独立悬架的检修和常见故障诊断排除；
- 了解主动悬架和半主动悬架的基本组成和工作原理。

【项目描述】

一位车主反映：该车在行驶过程中需要一直紧握方向盘，一旦松手，车子会立即出现向左偏离的情况。维修人员初步判定车轮定位参数因零部件磨损而出现偏差，对其进行四轮定位，并将四个车轮轮胎按规定气压进行补充气，试车之后，车辆恢复正常行驶。

从该案例中可以看出，只有保证汽车轮胎气压正常，且转向桥对车轮的约束定位参数准确的时候，车辆才能正常行驶。否则，车辆会出现行驶跑偏或轮胎偏磨等故障。而且行驶系统中的零部件也需要和转向系统进行准确良好的匹配才能保证车辆的正常直行和转弯。那么行驶系统是如何支撑起整车质量并保证车辆直线行驶？发动机的动力从驱动桥传到行驶系统之后的走向是怎样的？行驶系统包括哪些组成结构，它们出现故障会影响车辆的哪种性能？针对这些问题，本项目将主要研究行驶系统的功能、组成、工作原理、零部件的拆装和检修、常见故障诊断与排除。

任务 3.1　行驶系统的总体认识

【任务分析】

行驶系统相当于汽车的"腿脚"，它接受发动机传来的动力并将其转化为汽车行驶的驱动力,同时还要保证汽车在各种工况和路况下的行驶平顺性和操纵稳定性,其组成复杂且没有直接连贯性,是底盘四大系统中最难整合的系统。

　　本任务是对汽车行驶系统的总体介绍,要求能对它的功用、组成和工作原理有一个总体的认识,为后续学习做好铺垫。

【任务相关知识】

3.1.1　行驶系统的功用

汽车行驶系统的功用主要包括以下几个方面:

第一,接受经由传动系统传来的发动机转矩并产生驱动力,保证车辆正常行驶;

第二,支承整车,传递并承受路面作用于车轮上的各个方向的反力及其形成的力矩;

第三,与转向系统和制动系统协调配合工作,保证汽车行驶过程中的操纵稳定性;

第四,缓和路面不平度对车身的冲击和振动,保证汽车行驶的平顺性。

3.1.2　行驶系统的组成

　　根据与路面直接接触部分的不同进行分类,汽车行驶系统有轮式、履带式、车轮履带结合式、水陆两用式等几种形式。其中,轮式应用最为广泛,下面将其作为主要研究对象。

　　以某越野车(轮式车)行驶系统的组成为例,其组成包括车轮总成、车架、车桥以及悬架,如图 3.1(a)所示。其中,前后车轮与地面直接接触,支承从动桥和驱动桥。车桥通过悬架与车架相连,实现缓和冲击振动以及协调转向的功用。车架是整车的骨架和装配基体,将发动机和底盘各零部件与车体连接成一个整体。图 3.1(b)所示为某款轿车行驶系统的三维结构图,它与越野车行驶系统的不同之处在于车架功能由车身代替,整车质量大大减轻。

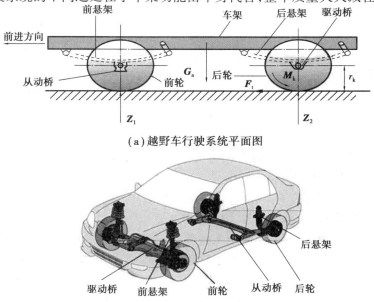

(a)越野车行驶系统平面图

(b)轿车行驶系统的三维图

图 3.1　汽车行驶系统的结构示意图

3.1.3 行驶系统的工作原理

(1)受力分析

如图 3.1(a)所示,汽车在行驶过程中的基本受力情况作如下分析:

在垂直方向:汽车的总重 G_a 通过轮胎传递到地面,引起的地面垂直反力 Z_1、Z_2 分别作用于前、后车轮上;

在水平方向:发动机动力经传动系统的减速增扭作用传递到车轮,驱动转矩 M_K 通过轮胎与地面的附着作用,产生一个向前的纵向反力,即驱动力 F_t。

(2)行驶条件

车辆在平坦路面上要保证能正常行驶,驱动力 F_t 需克服驱动轮本身受到的滚动阻力以及车身带来的空气阻力;加速行驶时,需克服加速运动时的惯性力即加速阻力;上坡行驶时,需克服总重 G_a 沿坡道的分力,即坡道阻力。由于驱动力沿着驱动车轮轮胎与地面相切的水平方向上,其对车轮中心的反力矩使驱动车轮侧有向上抬起的趋势,即驱动轮承受载荷减小,从动轮承受载荷随之增大,该现象在汽车突然加速时表现较明显。

(3)汽车制动工况分析

汽车制动时,制动系统产生一个与驱动转矩 M_K 相反的制动力矩,使得地面沿车轮切线方向产生一个与行驶方向相反的制动力,迫使汽车减速或停车。同时,由于惯性作用,汽车有前倾的趋势,前悬架弹簧先被压缩,而后被拉伸,整车看上去就像在"点头",即制动点头现象。紧急制动时,表现更为明显。

另外,汽车在弯道上行驶或制动时,由于总重 G_a 的横向分力以及离心力的作用,汽车有侧向滑动和侧翻的趋势,路面则产生侧向力以防止侧滑和侧翻,而侧向力由行驶系来传递和承受。

【拓展阅读】

履带行驶系统的结构和工作原理

根据行驶系统的不同,车辆底盘可以分为履带式与轮式的,而轮式底盘运用较广,但它的牵引附着性能较差,在坡地、黏重、潮湿地及沙土地的使用受到一定的限制;履带式底盘牵引附着性能好、牵引力大、接地比压低、越野性能强、稳定性好,在坡地、黏重、潮湿地及沙土地的使用具有更好的性能。

相对于常见的轮式行驶系统,履带式行驶系统装置有如下特点:

①支承面积大,接地比压小。

②履带支承面上有履齿,不易打滑,牵引附着性能好,有利于发挥较大的牵引力。

③结构复杂,质量大,运动惯性大、缓冲性能差。

履带行驶系统由"四轮一带"(四轮是指驱动轮、负重轮、导向轮、拖带轮,一带即是指履带)、张紧装置、缓冲弹簧、行走机构组成。"四轮一带"是行驶机构,在我国已经基本标准化,尤其是在大型、重型机械方面,其结构如图 3.2 所示。

履带式机械行走时,驱动轮在履带紧边产生一个拉力,力图把履带从负重轮下拉出。负重轮下的履带与地面有足够的附着力,阻止履带的拉出,迫使驱动轮卷绕履带向前滚动,导向轮把履带铺设到地面,从而使机体借负重轮沿履带轨道向前运行。

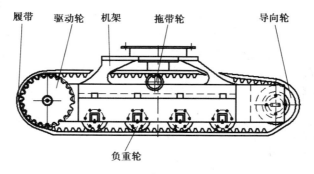

履带　驱动轮　机架　拖带轮　　导向轮

负重轮

图 3.2　履带式行驶装置结构图

　　履带与地面接触,驱动轮不与地面接触。驱动轮在减速器驱动转矩的作用下,通过驱动轮上的轮齿和履带链之间的啮合,连续不断地把履带从后方卷起。接地那部分履带给地面一个向后的作用力,而地面相应地给履带一个向前的反作用力,这个反作用力是推动机器向前行驶的驱动力。当驱动力足以克服行走阻力时,支重轮就在履带上表面向前滚动,从而使机器向前行驶。

复习与思考

简答题

1.汽车行驶系统的功用有哪些?

2.轮式汽车行驶系统一般由哪些部分组成? 各有什么作用?

任务 3.2　车架和车桥的结构与维修

【任务分析】

　　行驶系统中的车架是整个汽车的基体,它将汽车各相关部件连接成一体,形成汽车的装配基础,但是在许多新型轿车上面为什么观察不到车架的结构呢? 这是因为现代轿车的车架多数是无梁式车架。轿车是以车身作为车架,汽车所有的部件都固定在车身上面,所有的力也都由车身来承受。我们传统的车架观念主要是来自货车的边梁式车架,即俗称的"大梁"。而轿车的车身与货车的车身有很大的区别,所以在轿车上面看不到明显的大梁式车架结构。

　　本任务是对车架和车桥作全面介绍,要求熟悉车架和车桥的结构、组成、功能和检修要求,重点掌握车轮定位的 4 个参数,理解四轮定位的意义、参数要求和作用。

【任务相关知识】

3.2.1　车架的结构与维修

(1)车架的功用要求

车架的作用是支承、连接汽车的各零部件,并承受来自车内外的各种载荷;车架是整个汽车的基体,汽车的绝大多数部件和总成都是通过车架来固定其位置的。早期汽车所使用的车架,大多都是由笼状的钢骨梁柱所构成的,也就是在两支平行的主梁上,以类似阶梯的方式加上许多左右相连的副梁制造而成。车体建构在车架之上,至于车门、沙板、引擎盖、行李厢盖等钣件,则是另外再包覆于车体之外,因此车体与车架其实是两个相互独立的构造。

车架除承受静载荷外,还要承受汽车行驶时产生的各种动载荷。因此,车架必须满足下列要求:

第一,具有足够的强度、刚度,质量上在保证强度、刚度的条件下尽可能小。

第二,在结构上应使零件安装方便,受力均匀,不造成应力集中情况。

第三,满足汽车总布置的要求,各运动件不发生运动干涉,能获得较低的汽车重心(保证离地间隙),保证汽车行驶稳定性和机动性。

(2)车架的分类及组成结构

现有的车架种类有无梁式、大梁式、钢管式及特殊材料一体成形式等。其中,无梁式和大梁式是轿车和越野车使用的主流车架形式,如图 3.3 所示。钢管式车架是用多根钢管焊接成框架,比无梁式车架刚度大,但其难以批量化生产,只适用于部分跑车。而特殊材料一体成形式车架的特殊材料特指碳纤维,有着刚度大、质量轻但成本高的特点,只适用于赛车和豪华跑车。这两种车架比较小众化,在此不作具体介绍。

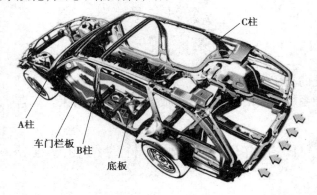

图 3.3 无梁式车架图

1)无梁式车架

无梁式车架是以车身兼代车架,也称为承载式车身。该种结构的汽车没有刚性车架,只是加强了车头、侧围、车尾、底板等部位,发动机、前后悬架、传动系统的一部分等总成部件装配在车身上设计要求的位置,车身负载通过悬架装置传给车轮。承载式车身除了其固有的乘载功能外,还要直接承受各种负荷力的作用。承载式车身不论在安全性还是在稳定性方面都有很大的提高,它具有质量小、高度低、装配容易等优点,大部分轿车都采用这种车架结构。

2)大梁式车架

大梁式车架是一种非承载式的车架,其结构原理很简单,即是将粗壮的钢梁焊接或铆合起来成为一个钢架,然后在这个钢架上安装引擎、悬架、车身等部件,这个钢架就是名副其实的"车架"。车架按其结构形式不同可分为边梁式车架(图 3.4)、中梁式车架(或称脊骨式车架,图 3.5)、综合式车架(图 3.6)。

大梁式车架的优点是钢梁能提供很强的承载能力和抗扭刚度,而且结构简单、开发容易,生产工艺的要求也较低。致命缺点是钢制大梁质量沉重,车架自重占去全车总重的相当部分;此外,粗壮的大梁纵贯全车,影响整车布局和空间利用率,大梁的厚度使安装在其上的坐厢和货厢的地台升高,使整车重心偏高。

综合来看,大梁式车架适用于要求有较大载质量的货车、中大型客车,以及对车架刚度要求很高的车辆,如越野车。

图 3.4　边梁式车架结构示意图

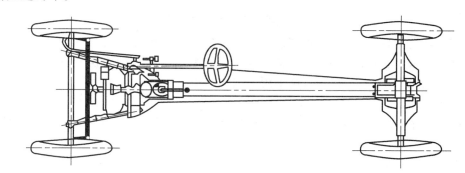

图 3.5　中梁式车架

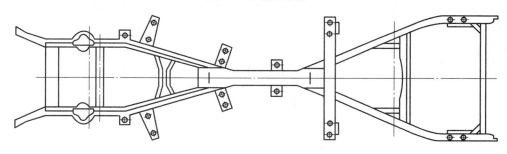

图 3.6　综合式车架

(3)车架的检修

车架是汽车的装配基体,要承受各种载荷的作用。车辆行驶过程中,车架有可能受损,并会导致汽车各总成之间的装配和连接位置发生变化,引发更大的故障。车架的受损失效形式主要有变形(包括弯曲变形、扭转变形)、裂纹、锈蚀、螺栓及铆钉松动等。这些可以先从外观上进行检查,然后再进行更细致的检查。

1)车架弯曲的检修和校正

车架弯曲可通过拉线、直尺等来测量、检查。一般要检查车架上平面和侧平面的直线度误差,车架纵梁直线度允许误差为在任意 1 000 mm 长度上不大于 3 mm。

车架的扭转通常采用对角线法进行测量,如图 3.7 所示,即分段测量车架各段对角线 1—1、2—2、3—3、4—4 的长度差,正常情况下不应超过 5 mm。如果超过标准值,应进行校正。

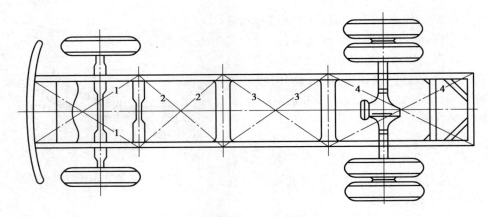

图 3.7　车架扭转的对角线法检查

当车架总成情况良好,仅是个别部位发生不大的弯曲变形时,可直接在车架上进行校正;如果变形严重或铆钉松动较多时,应解体校正。一般采用冷压(拉)方法校正,对弯曲严重、冷校困难的车架或无车架校正设备时,可采用局部加热校正法。

2)车架的修补

车架的纵横梁如果发现裂纹或断裂,连接纵、横梁和装置件的铆钉错位、松动或断裂等,应予以修补。

①挖补焊接修理法

车架的挖补修理是将纵、横梁裂纹的部分挖掉,然后用对接焊的形式焊补一块材质及厚度与原来车架相同的嵌接钢板,常采用的挖补形状有椭圆、三角形、菱形和矩形等。

②对接焊接修理法

车架纵梁上的某一段,尤其是纵梁的前、后端 1.5 m 范围内出现完全断裂或裂纹比较集中时,可将失效段截去,采用对接形式焊接一段与截去段完全相同的新梁。

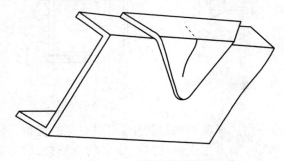

图 3.8　加强板的焊接

车架部位若出现规律性的裂纹或断裂,则表明该车架的设计或汽车的使用有问题。若是车架设计的缺陷,那么除了对裂纹处正常修理外,还应在此部位焊接加强板,如图3.8 所示。

③铆接修理法

汽车车架纵、横梁连接铆钉松动后,将影响车架的刚度与弹性,修理时应去除旧铆钉,并重铆新铆钉。修竣后的车架,铆接件的接合面必须贴紧,铆钉应允满钉孔,铆钉头不得有裂纹、歪斜和残缺,且所有铆钉不得以螺栓代替。最后,修竣的车架应进行防锈处理。

3.2.2　车桥的结构与维修

(1)车桥的功用及分类

车桥通过悬架与车架(或承载式车身)相连,车桥两端安装车轮。实际生活中,人们通常不说车桥,而是把车桥叫作悬挂,但需要注意分清悬挂与悬架的概念。车桥的作用是连接车架与车轮并传递两者之间各方向的作用力及其所产生的弯短和扭矩。

车桥可分为整体式和断开式两种,非独立悬架常采用整体式,独立悬架采用断开式。根据车桥上车轮作用的不同,车桥又可分为转向桥、驱动桥、转向驱动桥和支持桥四种。

1)转向桥

转向桥利用转向节使车轮偏转一定的角度以实现汽车的转向,同时还承受汽车的部分载荷和汽车制动、车轮侧滑等产生的作用力及其力矩。转向桥通常位于汽车前部,因此也常称为前桥。

2)驱动桥

驱动桥处于动力传动系的末端,其基本功能是增大由传动轴或变速器传来的转矩,并将动力合理地分配给左、右驱动轮,另外还承受作用于路面和车架或车身之间的垂直立、纵向力和横向力。驱动桥一般由主减速器、差速器、车轮传动装置和驱动桥壳等组成。

3)转向驱动桥

能同时实现车轮转向和驱动两种功能的车桥,称为转向驱动桥。转向驱动桥有一般驱动桥的主减速器、差速器和半轴,也有一般转向桥所有的转向节和主销等。

4)支持桥

只起支承作用的车桥称为支持桥。支持桥除不能转向外,其他功能和结构与转向桥相同。有些单桥驱动的三轴汽车,往往将后桥设计成支持桥,挂车上的车桥也是支持桥,发动机前置前驱动轿车的后桥也属于支持桥。

（2）**车桥的组成结构**

下面以大众汽车的麦弗逊式前桥和拖拽臂式后桥为例,介绍汽车上常见的车桥结构。

1)麦弗逊式前桥

麦弗逊式车桥是断开式车桥的一种,与麦弗逊式悬架相配套。麦弗逊式前桥构造简单,布置紧凑,前轮定位变化小,具有良好的行驶稳定性,如图3.9所示。目前,轿车使用最多的独立悬挂就是麦弗逊式悬挂。

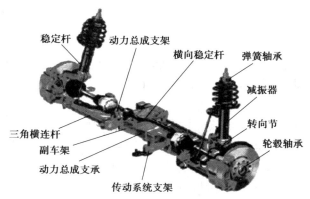

图 3.9　麦弗逊式前桥结构示意图

大众汽车的麦弗逊式前桥带有三角横向摇臂以及具有车轮导向作用的弹簧减振器支柱,在确保优异的行驶动力性能的同时提供了良好的舒适性。带有悬臂托架的副车架由铝合金制成。它通过六个定位点与车身连接,借助与车身之间刚性的连接,以及对横向摇臂上的橡胶金属支撑件以及弹簧减振器支柱支撑件的优化设计,对行驶动力性能以及车身的声学特性产生了有利影响。

①转向节(轮毂轴承支座)

转向节是汽车转向桥上的主要零件之一,能够使汽车稳定行驶并灵敏传递行驶方向。转向节的功用是承受汽车前部载荷,支承并带动前轮绕主销转动而使汽车转向。在汽车行驶状态下,它承受着多变的冲击载荷,因此,要求其具有很高的强度。如图 3.10 所示,旋转支座通过螺栓与轮毂轴承连接,从而形成了完整的旋转部分。

②轮毂轴承

如图 3.11 所示,轮毂轴承为车轮轮毂的组合件,用螺栓在内侧紧固在轴承壳上。大众汽车第三代轮毂轴承不再通过预紧螺栓来对轴承施加预紧力,提高了车轮承载单元的使用寿命。

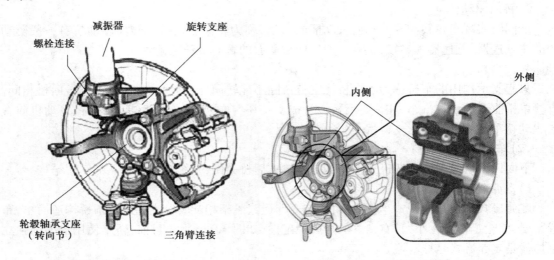

图 3.10　转向节示意图　　　　　　图 3.11　大众汽车轮毂轴承构造示意图

③三角臂(下托臂)

如图 3.12 所示,三角臂是车身下部同旋转运动部件相连的部件,通过螺栓与副车架支座相连,根据发动机的不同分为薄钢板和灰铸铁两种形式。

④副车架

简单地说,副车架就是悬挂连接部件与车身之间的一种辅助装置,如图 3.13 所示。没有副车架的车型,悬挂的部件(如连杆、减振器、弹簧等)都是直接与车身相连的。在这种情况下,车辆与地面之间产生的振动,会通过悬挂部件直接传递给车身,从而影响到乘坐者的舒适性。所以,副车架在性能上的主要功用是减小路面震动的传入,以及提高悬挂系统的连接刚度,因此装有副车架的车驾驶起来会感觉底盘非常扎实,非常紧凑。而副车架悬置软硬度的设定也面临着像悬挂调校一样的不可规避的矛盾。副车架悬置如果设计较软,那么能够很好地隔绝汽车行驶时产生的震动,但是过软的副车架悬置设计会在高速转弯时带来较大的运动形变,这样会导致轮胎定位的不准确,从而降低汽车的操纵稳定性。较硬的副车架悬置,能够带来很高的连接刚度,但是对震动噪声的隔绝却十分有限。

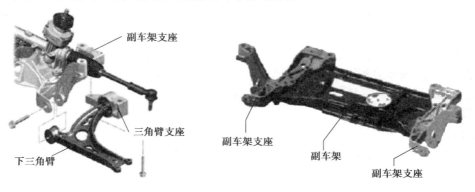

图 3.12　三角臂示意图　　　　　图 3.13　副车架示意图

通过优化的金属与橡胶一体化的部件将副车架、三角控制臂、悬挂同车身连接起来,改善了整车的噪声,同时使行驶动态得到了更好的控制。

⑤悬挂支座

如图 3.14 所示,悬挂支座是金属橡胶一体式轴承,螺旋弹簧与减振器在该支座上有相对独立的支撑面,可以减少悬挂运动对车身的冲击。在驱动方向,支座有很柔和的运动特性曲线;而横向刚性较强特性提高了驾驶舒适性、降低了车辆行驶噪声。

2)拖拽臂式后桥

拖拽臂式悬挂是专为后轮而设计的悬挂结构,它的构成非常简单,以粗壮的上下摆动式拖臂实现车轮与车身或车架的硬性连接,然后以液压减振器和螺旋弹簧充当软性连接,起到吸振和支撑车身的作用,圆柱形或方形横梁则连接左右车轮。

如图 3.15 所示,从拖拽臂悬挂的构造来看,由于左右纵向拖臂被横梁连接,因此悬挂结构依旧还保持着整体桥式的特性,这也就使纵向拖臂所连接的车轮在动态运动中外倾角不会发生变化,由此会使前轮出现转向不足,所以拖拽臂后桥无法为车身的精确操控提供良好的保障。

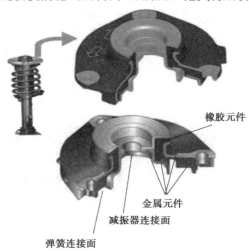

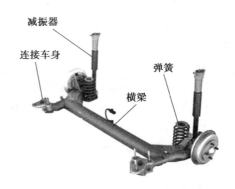

图 3.14　弹簧支座构造示意图　　　　图 3.15　大众汽车拖拽臂式后桥示意图

拖拽臂式悬挂本身兼顾了非独立悬挂的缺点,但同时也兼有独立悬挂的优点,拖拽臂式悬挂的最大优点是左右两轮的空间较大,而且车身的外倾角没有变化,避震器不发生弯曲应力,所以摩擦力就小。

拖拽臂式悬挂主要优点是结构简单实用、占用空间最小、制造成本低,而缺点也不少,比如承载性能差、抗侧倾能力较弱、减震性能差、舒适性有限,所以一般这种半独立悬挂都适用于中小型汽车和低端SUV的后悬挂。

(3)车桥的检修

1)前轴的检修

前轴的损坏主要表现为变形和裂纹,这会影响汽车的前轮定位和行车安全性,并加剧轮胎磨损。

①前轴裂纹的检修

将前轴清洗干净后,用磁力探伤法和浸油敲击法检验,出现裂纹应更换前轴。

②前轴变形的检验和校正

常用的检验方法是采用如图3.16所示的角尺检验法,通过测量图中a、b值来判断前轴是否弯曲和扭转变形。

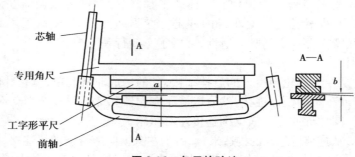

图3.16 角尺检验法

如果检验出弯曲变形,应进行校正,但这个校正过程必须在钢板弹簧座和定位孔、主销孔磨损修复后进行,以便减少检验、校正的积累误差,提高生产率。一般采用冷压校正法。

2)转向节的检修

转向节的检修重点是进行隐伤和磨损的检修。

①隐伤检修

用磁力探伤法或浸油敲击法检验转向节,一旦发现疲劳裂纹,只能更换不许焊修。

②磨损的检修

a.转向节轴的磨损检修:用内径量表及外径千分尺进行测量,轮鼓外轴承与轴颈的配合间隙应不大于0.04 mm,内轴承与轴颈的配合间隙应不大于0.055 mm,轴颈磨损过大时应更换。

b.转向节轴螺纹的检修:转向节轴锁止螺纹损伤应不多于2个螺纹牙,锁止螺母无明显松旷,否则应修复或更换转向节。

c.转向节主销孔的检修:用内外径量具测量主销衬套内孔磨损超过0.07 mm或衬套与主销的配合间隙超过0.2 mm时,应更换衬套。主销直径磨损超过0.1 mm,应更换主销。

③副车架的检修

主要是进行外观检查,即检查副车架车体总成是否变形、存在裂纹,橡胶衬套是否老化、损坏等。若存在这些现象,则更换受损的副车架主体或衬套总成,千万不能对其进行维修。

3.2.3　转向车轮定位

(1) 转向车轮的定位参数

转向轮、转向节和前轴三者之间所具有的一定的相对安装位置,称为转向轮定位。它的基本作用是提高汽车行驶的安全性,使转向轻便且转向后能自动回正,并减轻轮胎和转向零部件的磨损。它包括主销后倾角、主销内倾角、前轮外倾角和前轮前束这 4 个定位参数。

1) 主销后倾角

从汽车的侧面看,每个安装了主销的前轮转向轴上端都有略向后倾斜的现象即为主销后倾,其倾斜程度是用主销后倾角 γ 来度量的(图 3.17)。如果转向轴向后倾斜,即上端的球形接头或支杆安装点在下端的球形接头后面,则主销后倾角就是正的;如果转向轴向前倾斜,则主销后倾角就是负的。

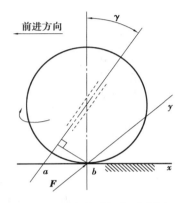

图 3.17　主销后倾角示意图

主销后倾角影响汽车直线行驶的稳定性和转向轮的回正功能。正的主销后倾角将车辆的重力投射在车辆中心线的前方,而负的主销后倾角将车辆的重力投射在车辆中心线的后方。由于正的主销后倾角在销轴点后方产生较大的接触面积,这个较大的接触面积趋向于跟随在销轴点之后就使车轮转向后趋向于回正到直线行驶的位置,并有助于保持直线行驶位置。正的主销后倾角需要较大的转向作用力,因为需克服转向时轮胎保持直线行驶的趋势,回正的力是与主销后倾角成正比的。另外,正的主销后倾角也有助于保持车辆的方向稳定性。

主销后倾角太小会使转向不稳定,并使车轮晃动。过大的正的主销后倾角也是不适合的,它将增加转向用力而且使转向盘回正过快。如果左右车轮的主销后倾角不相等,则汽车将会被拉向正后倾角较小(或更大的负后倾角)的一侧。在解决汽车跑偏方面的问题时,要特别注意这一点。主销后倾角大小的选择一般为 2°~3°。

2) 主销内倾角

主销在车辆横向平面内向内倾斜一个角度,即主销轴线与地面法线在横向断面内的夹角,称为主销内倾角(用“β”表示),主销轴线与路面交点到车轮中心平面与地面交线的距离则称为主销偏移距(用“c”表示),如图 3.18 所示。

由于主销内倾的作用,汽车转向时,车轮因被抬起一个高度,转向轮在重力作用下将恢复到中间直线行驶的位置,从而起到自动回正的作用,同时因力臂缩短使转向操作轻便。

主销内倾角过大(偏移距 c 减小),转向时,车轮在滚动的同时将与路面产生较大的滑动,增加轮胎与路面的摩擦阻力,这不仅使转向沉重,而且加速了轮胎的磨损,故主销内倾角一般不大于 8°,主销偏移距一般为 40~60 mm。但如果主销内倾角过小(偏移距 c 增大),自动回正的作用就变弱,行驶稳定性变差。

3) 车轮外倾角

车轮外倾是指从汽车的前面看车轮偏离铅垂线,同后倾一样,外倾用车轮外倾角(通常在 1°左右)进行度量,如图 3.19 所示。如果轮胎顶部向外倾斜,那么外倾角是正的,正外倾角使轮胎外侧胎面比内侧胎面磨损得要快;如果轮胎顶部向内倾斜,外倾角就是负的,负外倾角的情况则与正外倾角正好相反。如果车轮和轮胎完全垂直于地面,则外倾角为零,此时轮胎的磨损最小。大多数乘用车和轻型卡车都设计成正的外倾角,但很多赛车和一些高性能的汽车则采用负外倾角。较小的外倾角有助于操纵和转向,符合技术规范的外倾角对轮胎的磨损几乎没什么影响,但是过大的外倾角则会造成轮胎的磨损明显增加,从而缩短轮胎的寿命。

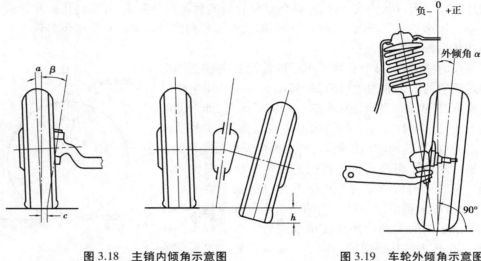

图 3.18　主销内倾角示意图　　　　图 3.19　车轮外倾角示意图

车轮外倾角的作用主要体现在:
①改变车重在车轴上的受力分布,避免轴承产生异常磨损;
②车轮外倾与主销内倾相配合可进一步缩短偏置距离,使汽车转向轻便;
③车轮有一定的外倾角也可以与拱形路面相适应;
④左右轮的外倾角必须相等,在受力互相平衡的情况下不致影响车辆的直线行驶,再与车轮前束配合,使车轮直线行驶并避免轮胎磨损不均。

4)前轮前束

从上往下看两个前车轮指向的方向,在前端指向内的一对前轮是车轮前束,指向外的则称为车轮后束。车轮的前束或后束可用英寸、毫米或角度来表示。如图 3.20 所示,前轮前束的大小为 $A-B$,通常为 0~12 mm,其作用是消除因车轮外倾所造成的不良后果,保证车轮不向外滚动,防止车轮侧滑和减轻轮胎的磨损。

由于车轮的外倾作用,车轮在前行时作类似于锥体的滚动,逐渐向各自的外侧滚开。但因受车桥和横拉杆的约束,两侧车轮不可能向外滚开,导致车轮边滚边滑,从而加剧轮胎的磨损。但只要前轮前束值与车轮外倾角配合适当,使车轮每一瞬间的滚动方向都朝着正前方,就可以消除侧滑,减轻轮胎的磨损。

转向机构的杆件长度不符合设计规范或安装角度不正确,就会使车轮前束发生变化,或者转向时出现抖动,随着悬挂系统的压缩和拉伸,杆件的外端会上下运动。如果杆件的长度和角度不正确,它就会推拉转向臂,把车轮转向另一个方向,当汽车驶过一个突起或一个凹坑时,驾驶员会感觉到转向轮猛地转向另一边。所以,前轮前束可以通过改变转向机构杆件长度来调整。

（2）转向车轮定位的检测与调整

1）麦氏悬架转向车轮定位的检测与调整

由于主销后倾角与前轮外倾角的改变会引起车轮前束的改变,而前束的变化不会影响主销后倾角和前轮外倾角。所以,前轮定位的检查和调整顺序是:首先检查和调整主销后倾角和前轮外倾角与左右轮的差值,然后检查和调整前束。

多数车型的主销后倾角、主销内倾角以及前轮外倾角均不可调整,其中,主销内倾角还要靠前轮外倾角的正确性来保证。车辆可以在水平放置时,用水准仪动态测量其前轮外倾角的大小。在有些装备麦氏悬架的车辆上,则只能调整车轮外倾角,方法如下:

松开下悬臂球形接头的固定螺母,如图3.21所示。将外倾调整杆插入图中箭头所示的孔中,横向移动球形接头,直至达到外倾值。一般是右侧从前面插入调整杆,左侧从后面插入调整杆。调整后,紧固螺母并再次检查外倾值及前束。

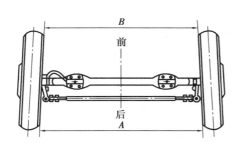

图 3.20 前轮前束示意图

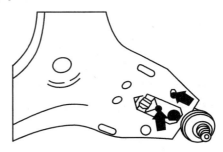

图 3.21 车轮外倾角调节

前束不当会使车辆出现高速摆振和明显的单侧磨损。检查前束时,需将车轮停放在水平的硬实地面上,顶起前轮,使车轮能平稳回转。在轮胎周向花纹对称中心画线,然后拆下千斤顶,使车轮恢复稳定状态,并使车轮处于直行位置。

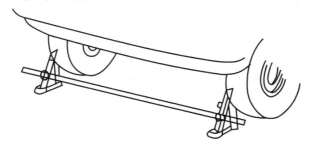

图 3.22 前束检查

使用前束尺测量时,前束尺的指针高度与轮胎中心高度相同,如图3.22所示。在车轮前侧,使前束尺的左右指针与轮胎中心的画线对准,测出宽度;然后将前束尺移到车轮后侧,用同样方法测出宽度。两次测量结果之差,即为车轮前束值。

2）双横臂式独立悬架前桥前轮定位的调整方法

采用这种结构的前桥,其前轮定位参数均可调整。只要改变上横臂与上臂固定轴间的两种调整垫片的数量,就可实现主销内倾角、主销后倾角和车轮外倾角的调整。

调整时,如果两种垫片的数量同时增加,则上横臂连同上球头销同时向内移动,因而减小了车轮外倾角,主销内倾角相应加大;反之,车轮外倾角加大,主销内倾角相应减小。

当增加一种垫片同时减少另一种垫片的时候,球头销将相对横向中心线后移一段距离,因而加大了主销后倾角;反之,则减小了主销后倾角。

前束的调整与麦氏悬架的相同。

【拓展阅读】

车架的发展与汽车的安全性

(1)早期的车架设计

早期汽车所使用的车架,大多都是由笼状的钢骨梁柱所构成的,也就是在两支平行的主梁上,以类似阶梯的方式加上许多左右相连的副梁制造而成。车体建构在车架之上,至于车门、沙板、引擎盖、行李厢盖等钣件,则是另外再包覆于车体之外,因此车体与车架其实是属于两个独立的构造。这种设计的最大好处,在于轻量化与刚性得以同时兼顾,因此得到了不少跑车制造商的青睐。

由于钢骨设计的车架必须通过许多接点来连接主梁和副梁,加之笼状构造也无法腾出较大的空间,因此除了制造上比较复杂、不利于大量生产之外,也不适合用在强调空间的四门房车上。随后,单体结构的车架在汽车行业中成为主流,笼状的钢骨车架也逐渐由这种将车体与车架合二为一的单体车架所取代。

(2)单体式车架

单体式车架,简单来说就是将引擎室、车厢以及行李厢三个空间合而为一,不仅便于大量生产,还可以运用模组化。通过采取模组化生产的共用策略,车厂可以将同一具车架分别使用在数种不同的车款上,这样也可节省不少研发经费。

车体车架也可以选择轻量化材质,如铝合金以及碳纤维材料等。铝合金是20世纪80年代末期相当热门的一种工业材料,虽然密度比铁小,但是强度却较差,因此如果要用铝合金制成单体车架,虽然在质量上比起铁制车架更占优势,但是强度却无法达到和铁制车架同样的水准。除非增加更多的铝合金材料,利用更多的用量来弥补强度上的不足。不过这样一来,质量必然会相对增加,当然也就失去了意义。也正因为这个原因,铝合金车架在汽车行业中并未成为主流,少数高性能跑车或是使用了强度更高的碳纤维,或是用碳纤维结合蜂巢状夹层铝合金的复合材料取代了铝合金。但是要用碳纤维制成单体车架,在制作上相当复杂且费时,成本也相对更高,所以仅有少数售价高昂的跑车使用。

尽管铝合金车架鲜有车厂使用,不过用钢铁车架搭配铝合金钣件的方式,近年来却受到不少车厂的重视,这样的结构不仅可以保留车架本身的强度,同时也可以通过钣件的铝合金化来取得轻量化效果,在研发成本上自然也不像碳纤维制的单体车架那样昂贵。

(3)关于车架刚性的问题

简单地说,车架所要求的刚性其实建构在车架的抗变形能力上,也就是指车架对于受外力影响而弯曲或扭转的抗力。一旦车架刚性不足,操控性便会受到影响。试想前轮因车架变形而导致转向时出现时间差,或是轮胎与路面的接地性不良而影响循迹性与抓地力等,肯定都会使操纵性无法发挥出原有的水准。

影响车架刚性的外力,通常是来自路面摩擦力以及汽车加减速或过弯时产生的侧向力。早期的汽车由于引擎及底盘设计不像现在发达,轮胎的抓地力也不如今日优异,因此车架刚性的重要性并不容易被关注。但是近年来市售车所搭载的引擎已有不错的动力,许多车都可达到 200 km/h 以上的车速,而且除了轮胎采用了抓地力更好的辐射层构造,低扁平比薄胎与大直径化的设定也成为市场的主流,因此在动力有所提升、轮胎与悬挂所承受的负荷增大并且转移至车架的情况下,车架本身承受的负荷肯定也会大幅提高,而车架刚性的良好与否也就显得更为重要。

除此之外,欧美地区从 20 世纪 90 年代开始逐渐提高了撞击事故的安全防护标准,这也是凸显出车架刚性重要的另一原因。许多车厂为了在撞击事故发生时能够确保车内乘员的安全,唯有针对车架以及车体进行全面强化,这也使得除了车架以外的强度有所改善,包括钣件厚度的改变以及各种辅助梁的增设也成为各厂惯用的手法。不过在这样的情况下,伴随而来的是车重相对增加。

(4)安全防护观念的增强

为了将安全防护的范围从车内乘员扩大到车外的行人及骑车者,人们开始打破过去沃尔沃所强调的安全概念,即并非利用更厚、更硬的钣件来抑制车体变形的程度,反倒是通过适度的变形或溃缩来将撞击力量予以吸收,这样更有助于减轻行人或骑车者在被直接撞击时所受到的伤害。

但是要如何在车对车的撞击事故发生时,利用最低限度的车厢变形来确保车内乘员的安全,同时又能够在车对人的状况下,通过车体钣件的适度变形来减轻车外行人或骑车者所受到的伤害呢?

要想在车厢空间的保障力与车体撞击吸收能力之间取得平衡,根本之道就是以高强度的车架来搭配具有溃缩设计的车体。不过说起来好像很简单,实际上却存在着不少必须克服的困难,例如,引擎的体积就直接影响到车头的溃缩范围,引擎越小,当然越有利于吸收撞击力道,但是动力输出势必也会更受限制,而使用在保险杠或其他部位具有缓冲特性的材料,又会与资源再利用的环保理念相违背。

复习与思考

一、选择题(有一项或多项正确)

1.汽车的装配基体是(　　)。

A.车架　　　　　　B.发动机　　　　　　C.车身　　　　　　D.车轮

2.越野汽车的前桥属于(　　)。

A.转向桥　　　　　B.驱动桥　　　　　　C.转向驱动桥　　　　D.支承桥

3.转向轮绕着(　　)摆动。

A.转向节　　　　　B.主销　　　　　　　C.前梁　　　　　　　D.车架

4.前轮定位中,转向操纵轻便主要是靠(　　)来实现。

A.主销后倾　　　　B.主销内倾　　　　　C.前轮外倾　　　　　D.前轮前束

二、判断题

1.车架主要承受拉、压应力。　　　　　　　　　　　　　　　　　　　　　　　(　　)

2.有的汽车没有车架。　　　　　　　　　　　　　　　　　　　　　　　　　　(　　)

3.一般载货汽车的前桥是转向桥,后桥是驱动桥。 （　　）

4.汽车在使用中,一般只调整前轮定位中的前束。 （　　）

5.转向轮偏转时,主销随之转动。 （　　）

6.越野汽车前桥的作用通常是转向兼驱动。 （　　）

7.主销后倾角度变大,转向操纵力增加。 （　　）

三、简答题

1.车架的作用有哪些? 它有哪几种类型,各有什么特点?

2.车桥的作用有哪些? 它有哪几种类型?

3.什么是车轮定位? 车轮定位包括哪些参数,各起什么作用?

4.简述前轮前束的检测、调整步骤。

任务 3.3　车轮和轮胎的维护与检修

【任务引入】

案例:某轿车车速达 90 km/h 时,车身开始抖动,车速越高,抖得越厉害,根本不能高速行驶。其行驶里程仅为 1 430 km。维修人员根据故障现象,初步认定是车轮不平衡的问题。但将 4 个车轮在动平衡机上检查,发现不平衡量都没超过技术要求。进一步检查前悬架和横拉杆各球头连接以及前轮定位,也都正常。从另一辆正常的车上拆下 4 个车轮装到故障车上,试车时车身不再抖动,说明故障在 4 个车轮上,最后更换 4 个轮辋,故障排除。经鉴定,该车为改装车,4 个轮辋并非原厂件,平衡车轮时是以车轮的中心孔为旋转中心的。而车辆行驶时,车轮是以 4 个轮胎固定螺栓定位的,以 4 个紧固螺栓孔的中心旋转。改装车轮的这两个中心不重合,因此在平衡机上检测正常,但行驶时出现抖动。

车轮与轮胎组合在一起,成为汽车的"脚",是重要的行走部件,是汽车车身与路面动力传递的媒介,主要起到支承汽车及装载总重,传递各种力和力矩,保持汽车的行驶方向,以及减缓路面颠簸时带来的振动等作用。而车轮和轮胎作为旋转元件,其动不平衡量必须在一定范围内。如果超出,则在车辆高速行驶时,不平衡量产生转动惯量,造成汽车行驶不正常的故障。

本任务是对车轮和轮胎作全面介绍,要求熟悉车轮和轮胎的功能、结构、分类以及维护方法,掌握车轮和轮胎规格表示的读法以及车轮动平衡的操作方法。

【任务相关知识】

车轮和轮胎也是影响汽车性能的重要部件,其中,轮胎与汽车的动力性、经济性、制动安全性、操纵稳定性、平顺性以及通过性等几乎所有的汽车性能都有直接或间接的关系。

3.3.1　车轮概述

(1)车轮的功用及组成

车轮是介于轮胎与车桥之间的旋转组件,主要起到安装和支撑轮胎,并承受汽车行驶过程中各向载荷的作用。

车轮主要由轮毂、轮辋和轮辐组成,如图 3.23 所示。其中,轮毂用于连接车轮与车桥,由圆锥滚子轴承支承在转向节轴颈或半轴套管上。轮辋用以安装和支承轮胎,轮辐用以连接轮毂和轮辋。

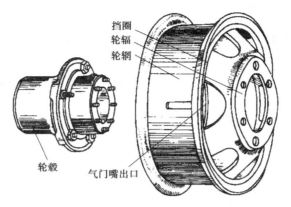

挡圈
轮辐
轮辋

轮毂

气门嘴出口

图 3.23　辐板式车轮的组成

（2）车轮的结构类型

按轮辐构造形式的不同,车轮主要分为辐板式和辐条式两种。这也是当前使用最广泛的两种车轮。

1）辐板式车轮

车轮中的轮辋和辐板根据其连接形式,可以分为组合式结构和整体式结构。图 3.23 中的结构即为典型的组合式辐板车轮,它通过焊接或铆接的方式将轮辋与辐板进行连接,主要用于钢制车轮。整体式车轮则没有轮辋和辐板的区分,而是将两者用铸造或锻造的方式做成一体件,有外观美、质量轻、尺寸精度高等优点,主要用于合金制车轮。有些重型货车的后轴负载要远大于前轴,单车轮可致过载,所以后桥装用双车轮,即在同一轮毂上采用特殊的螺纹连接方式安装两套辐板和轮辋。

2）辐条式车轮

这种车轮的轮辐是钢丝辐条或者是与轮毂铸成一体的铸造辐条。钢丝辐条车轮结构与自行车车轮结构相似,由于维修安装不便且价格昂贵,故仅用于某些高级轿车或赛车上。铸造辐条式车轮用于装载质量较大的重型汽车上,其结构如图 3.24 所示,它的辐条是与轮毂铸成一体的,而轮辋通过螺栓和特殊形状的衬块固定在辐条上。为便于轮辋与辐条对中,在两者接合处都加工了相应的配合锥面。

轮辋俗称"钢圈",用于安装和固定轮胎。按轮辋结构特点的不同,可把车轮分为深槽式、平底式和对开式三种,如图 3.25 所示。

①深槽轮辋

如图 3.25(a)所示,该轮辋是与轮辐锻造或铸造成一体的结构,其断面中部为深凹槽,便于尺寸小而弹性大的轮胎的安装。由于其具有结构简单、刚度大、质量轻等优点,深槽轮辋广泛应用于轿车和轻型越野汽车。

②平底轮辋

如图 3.25(b)所示,该轮辋的一侧有整体式挡圈和开口弹性锁圈,主要起固定轮胎的作用。在安装轮胎时,需先将轮胎套在轮辋上,而后套上挡圈并向内推,直至挡圈越过轮辋上的

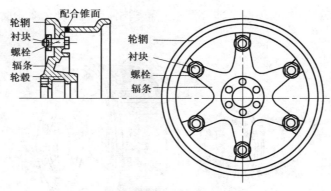

图 3.24　铸造辐条式车轮

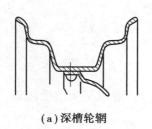

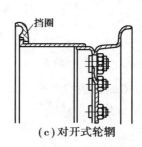

（a）深槽轮辋　　　　　　（b）平底轮辋　　　　　　（c）对开式轮辋

图 3.25　轮辋的常见结构形式

环形槽,再将弹性锁圈嵌入环形槽中。平底轮辋式车轮是国产货车常用的一种。

③对开式轮辋

如图 3.25（c）所示,该轮辋由内外圈两部分组成,两者用周向组合螺栓连接成一体。图中的挡圈是可拆的,但有些对开式轮辋无挡圈,而是由与内圈做成一体的轮缘代替挡圈的作用。由于对开式轮辋有承受载荷能力和抗弯曲疲劳能力强的优点,且拆卸和安装方便,故广泛应用于重型货车和大型客车。

为改善窄轮辋对轮胎的损坏情况,提高轮胎的负荷能力,宽轮辋成为主要的发展方向。从试验情况和实车使用情况可看出,采用宽轮辋不仅可以提高轮胎的使用寿命,而且可以提升汽车的行驶稳定性和通过性。

（3）车轮规格表示方法

国产轮辋规格主要由轮辋名义宽度代号、轮缘高度代号、轮辋结构形式代号、轮辋名义直径代号和轮辋轮廓类型代号来共同表示。某规格为 4.5EX16（DC）的轮辋,其规格表示方法如图 3.26 所示。

其中,轮辋名义宽度代号和名义直径代号是数值代号,以 in(英寸)表示,轮辋名义宽度为 4.5 in,换算后为 114.3 mm（4.5×25.4）。轮辋名义直径为 16 in,换算后为 406.4 mm（4.5×25.44）。

轮辋高度代号及相应高度值见表 3.1。E 即表示轮辋高度为 19.81 mm。

轮辋结构形式代号主要有"X"和"—",其中,"X"表示该轮辋为一件式轮辋,"—"则表示该轮辋为两件或两件以上的多件式轮辋。

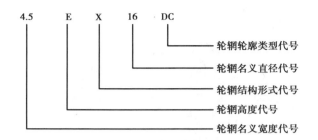

图 3.26　轮辋规格组成示意图

表 3.1　轮辋高度代号及其高度值

代　号	D	E	F	G	H	J	K	L
高度值/mm	17.45	19.81	22.23	27.94	33.73	17.27	16.26	21.59

在轮辋名义直径代号之后的字母表示轮辋轮廓类型,具体见表 3.2。

表 3.2　轮辋轮廓类型代号

代　号	DC	SDC	WDC	FB	WFB	TB	DT
轮廓类型	深槽	半深槽	深槽宽	平底	平底宽	全斜底	对开式

3.3.2　轮胎概述

(1)功用和分类

轮胎由橡胶制成,安装在车轮轮辋上。在正常气压下行驶时,轮胎的功用主要包括以下几个方面:

①支撑整车总重,承受垂向载荷;

②缓和路面冲击力,保证车辆的乘坐舒适性;

③传递纵向力,实现车辆的驱动与制动;

④传递侧向力,实现车辆的转向;

⑤产生回正力矩,保证车辆的行驶和操作稳定性。

在爆胎或胎压接近于零时,轮胎的这些功能基本消失,车辆处于危险境地。安装了内支撑体的安全轮胎则需要依靠支撑体继续行驶,纵向力和侧向力的传递仍要依靠胎冠与地面的摩擦力来维持。

汽车轮胎按胎体结构不同分为充气轮胎和实心轮胎。现代汽车多采用充气轮胎。轮胎按其内空气压力的大小可分为高压胎(0.5~0.7 MPa)、低压胎(0.15~0.45 MPa)和超低压胎(0.15 MPa 以下),汽车几乎全部都使用低压胎。

充气轮胎由于保持空气方法的不同,其组成结构也不同,又可分为有内胎轮胎和无内胎轮胎两种。无内胎轮胎在轿车上广泛采用,并开始在货车上使用。

(2)无内胎轮胎的结构

无内胎轮胎的基本组成主要有胎面、带束、胎体帘布层、内衬层、胎圈等,如图 3.27 所示。

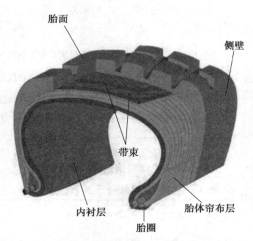

图 3.27　无内胎轮胎的断面结构图

1）胎面

①胎面结构

胎面是轮胎的外表面,可分为胎冠、胎肩和胎侧三部分。

胎冠是轮胎与路面直接接触的部分,具备极高的抗磨损性和抗撕裂性。

胎肩是较厚的胎冠和较薄的胎侧间的过渡部分,一般也有各种花纹,以提高该部分的散热性能。在车轮转向时,胎肩提供了与路面连续的接触面。

胎侧又称侧壁,由数层橡胶构成,覆盖轮胎两侧,保护内胎免受外部损坏。侧壁在行驶过程中不断地在载荷作用下弯曲变形。侧壁上标有厂家名称、轮胎尺寸及其他资料。

②胎面的花纹

从花纹的形状区分,轮胎胎面有纵向花纹、横向花纹、纵向和横向交错花纹、块状花纹等,如图 3.28 所示。

纵向花纹　　　　横向花纹　　　纵向和横向交错花纹　　　块状花纹

图 3.28　轮胎胎面的花纹形状

纵向花纹:操纵性和稳定性较出色,滚动阻力较小,轮胎噪声较小。

横向花纹:驱动力和制动力较出色,在非沥青路面上的牵引力较出色。

纵向和横向交错花纹:通过纵向和横向花纹的混用,把二者特点结合在一起。

块状型花纹:多用于积雪及泥泞的路面,驱动力和制动力较出色。

③胎面花纹噪声

花纹噪声是轮胎最与众不同的运行噪声,与路面接触的胎面凹槽和路面之间会截留和压缩空气,当胎面离开路面时,压缩空气飞出凹槽从而产生噪声。如果胎面设计得更易于使空气截留在凹槽中,则花纹噪声就会增大。例如,块状或横向花纹比纵向花纹更可能产生噪声。另外,轮胎噪声的频率随汽车速度的升高而升高。由于花纹噪声主要取决于胎面花纹,可以通过优化轮胎花纹结构的方式来降低噪声,这也是轮胎降噪最主要的方法。胎面花纹设计应尽量减小噪声的总体幅值,同时使噪声能量分布在尽可能宽的频率范围上,避免在窄的频率范围上出现峰值。

2)带束和胎体帘布层

帘布层是外胎的骨架,用以保持外胎的形状和尺寸,并使其有足够的强度。帘布层和带束通常用橡胶复合物和多层的尼龙、聚酯、钢丝或者其他材料制成,相邻的帘线交叉排列。胎冠区域比侧壁有更多的分层,帘布层数越多,轮胎的强度越大,但弹性下降。轮胎帘布层结构有三种类型:斜交帘布层、带束斜交帘布层、子午线帘布层,如图 3.29 所示。

斜交帘布层　　　　　　　　带束斜交帘布层　　　　　　　　子午线帘布层

图 3.29　轮胎帘布层结构类型

斜交帘布层:斜交帘布层轮胎上的纤维束互相之间成十字交叉形缠绕在胎体上。斜交帘布层结构的轮胎使用在比较老式的车辆上,如今的车辆上已经很少使用了。

带束斜交帘布层:带束斜交帘布层轮胎与斜交帘布层轮胎在结构上相同,再附加有多条沿轮胎圆周方向安置的带束。带束斜交帘布层轮胎使用在比较老式的重载货车上。

子午线帘布层:20 世纪 80 年代之后,开始使用子午线帘布层轮胎。它是如今车辆上最普遍使用的轮胎。子午线帘布层轮胎的纤维束是沿轮圈到轮圈的方向排列,再附加有多条沿轮胎圆周方向排列的带束,形似地球的子午线而得名。

3)内衬层

轮胎的内衬层是一层橡胶,用于防止空气的渗漏。现在大部分轮胎都采用无内胎设计,内衬层的作用与有内胎轮胎的内胎相同。

4)胎圈

胎圈使外胎牢固地安装在轮辋上,有很大的刚度和强度,由钢丝圈、帘布层包边和胎圈包布组成。钢丝圈用于限制胎圈的膨胀,以确保对气体的良好密封。

(3)轮胎标记识读

轮胎侧壁上有很多数据和信息,其中最主要的是尺寸数据。下面结合图 3.30 中轮胎尺寸示意,以图3.31中

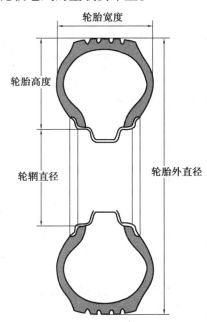

图 3.30　轮胎尺寸示意图

225/55 R16 95 W 为例说明胎侧标记的具体含义。

图 3.31　轮胎标记

轮胎宽度:前三位数字表示以毫米计算的轮胎宽度。轮胎的整体宽度是从两个边缘处测量的。此轮胎的宽度是 225 mm。

高宽比:又称扁平比,是轮胎高度与其宽度之比的百分值。如本例中轮胎的高宽比为55%,其宽度是 225 mm,据此可以计算出该轮胎高度为 124 mm。高宽比大的轮胎侧壁偏转时有很大的柔性,提高了乘坐的舒适性。高宽比小的轮胎能有较大的接触面积,提升了汽车的行驶性能和控制能力。

结构:在高宽比数字后面的字母表示的是轮胎的结构。其中,R 表示子午线轮胎,B 表示带束斜交帘布层轮胎,D 表示斜交帘布层轮胎。

轮辋直径:轮辋的直径是从轮辋唇口测量到对边的轮辋唇口,以英寸(in)为单位。225/55 R16 则表示轮胎车轮直径为 16 in。

载荷指数:轮胎标记中的数字 95 是载荷指数,表明一个全充气的轮胎能够支撑的最大载荷量。载荷指数为 95 的轮胎能够支撑 690 kg 的最大载荷量。轮胎常用的载重指数所对应的载荷能力见表 3.3。

表 3.3　速度代码与最高车速之间的关系

载荷指数	负荷能力/kg	载荷指数	负荷能力/kg
76	400	86	530
77	412	87	545
78	425	88	560
79	437	89	580
80	450	90	600
81	462	91	615
82	475	92	630
83	487	93	650
84	500	94	670
85	515	95	690

速度等级额定值:轮胎标记中的字母 W 是速度等级额定值的代码,表示正常状态下最大速度的标准值,只适用于轮胎充足气的条件,充气未足的轮胎不能达到其速度等级额定值。速度代码(从 P 到 Z)与限定车速的对应关系见表 3.4。

表 3.4　速度代码与最高车速之间的关系

速度代码	最高车速/（km·h⁻¹）	速度代码	最高车速/（km·h⁻¹）
P	150	H	210
Q	160	V	240
R	170	W	270
S	180	Y	300
T	190	ZR	超过 240
U	200		

其他典型的轿车轮胎标识：

①转动方向标识。高速轮胎只能向车辆前进的方向转动，必须要加以注意。轮胎胎侧上标有转动方向箭头，如图 3.32 所示。错误的安装将影响轮胎的性能。

②安全轮胎标识。也称为漏气保用轮胎，其标识 RSC 如图 3.33 所示。安全轮胎可以使驾驶员在一个或多个轮胎损失气压的情况下，仍然能安全地操纵汽车。这种轮胎有较厚的帘布层侧壁，不像标准轮胎那样容易变形。这能让轮胎在气压下降或零气压时，能够以一定的速度行驶长达 50 km。

图 3.32　轮胎转动方向标识

图 3.33　安全轮胎 RSC 标识

安全轮胎必须安装在带高胎缘唇口的特制车轮上，如果安装在其他类型的车轮上，当轮胎气压偏低时，安全轮胎可能无法正常工作。

3.3.3　车轮总成的维护和检修

（1）车轮总成的检查与维护

1）车轮总成的外观检查

①检查车轮螺栓连接是否可靠。

②检查气门嘴帽是否齐全。

③检查轮毂轴承间隙有无明显松旷。

④检查轮胎胎面和胎侧是否有裂纹、割痕或其他损坏。

⑤检查轮胎胎面和胎壁是否嵌入任何金属微粒、石子或其他异物。

⑥检查轮辋和轮辐是否损坏、腐蚀及变形，平衡块是否脱落。

2)轮胎气压及磨损的检修

轮胎气压的大小直接反映了轮胎的刚度和接地面积的大小,即对轮胎负荷、接地性能和胎体强度都会造成影响。标准的轮胎都会有相应的额定气压,在此气压下有相应的轮胎负荷能力。在正常的气压下,轮胎可以保证汽车的行驶和制动均处于稳定状态。而不正常气压会对轮胎的性能产生较大的影响,同时会造成不同程度的磨损。

当气压过低时,轮胎的地面接触面积增大,使摩擦阻力增大,导致轮胎过热、制动距离过长、轮胎寿命缩短,而且低压下继续行驶会对轮胎造成不可逆的损伤,如图 3.34 所示。

| 磨两胎肩 | 过度曲挠造成帘布层断裂或热脱层 | 径向撕裂 |

图 3.34 轮胎在低气压下不可逆转的损伤

当气压过高时,一方面会使轮胎的地面接触面积变小,抓地能力降低,制动性能变弱,且胎冠中部易磨损;另一方面会使轮胎刚度过大,致使行驶稳定性和舒适性变差。高压下行驶也会对轮胎造成不可逆的损伤,如图 3.35 所示。

| 胎冠变形 | 胎面易刺伤及垫伤 | 花纹沟底裂 |

图 3.35 轮胎在高气压下不可逆转的损伤

轮胎气压可用气压表进行检查,应参看相应车辆的维修手册。轿车轮胎胎压一般为 1.8~2.8 bar(1 bar=100 kPa),具体因轮胎尺寸大小而异。轮胎的胎压可以进行适度调节,具体应参考季节变化、装载负荷、行车路况、轮胎新旧等因素,如车辆需经常承载人或货物,则后部轮胎胎压应适当调高 0.2 bar 左右。

3)车轮总成使用的注意事项

①规格不同,甚至厂牌不同的轮胎都不能同轴使用。

②选定的轮胎与轮辋应相配。

③使用中避免超载、紧急制动,合理分配各车轮的负荷。

④定期检查轮胎气压和外胎表面,清除铁钉、石块等异物。

⑤轮胎发生损伤后,部分情况修补后可继续使用。可修补范围:胎面剩余花纹深度大于1/3 新胎花纹;只有胎面部分损伤后可以进行修补;其他部位损伤时(如胎侧和胎圈)不能修复。可修补轮胎的孔洞直径和两洞间距及数量要求见表 3.5。

表 3.5 轮胎可修补范围要求参数表

种 类	孔洞直径	两洞间距	数量
轿车轮胎	<5 mm	>70 mm	≤2 处

（2）车轮和轮胎动平衡检测与校正

如果车轮的质量分布不均匀,旋转起来是不平衡的,车轮不平衡对转向轮摆振的影响比路面不平的影响要大得多。随着道路质量的提高和高速公路的普及,汽车行驶速度越来越快,因此对汽车车轮平衡度的要求也越来越高。车轮高速旋转时,不平衡质量会引起车轮上下跳动和横向摆振,不仅影响汽车的行驶平顺性、乘坐舒适性和操纵稳定性,而且也会影响行车安全。同时,还会加剧轮胎的磨损,缩短汽车使用寿命,增加汽车运输成本。

车轮不平衡的原因主要是:轮辋、轮胎在生产和修理过程中存在精度误差、轮胎材料不均匀;轮胎装配不正确,轮胎螺栓质量不一;平衡块脱落;汽车行驶过程中的偏磨损;使用翻新胎或补胎等。

车轮的不平衡包括静不平衡和动不平衡。由于检测动平衡的车轮一定要处于静平衡状态,因此,只要检测了动平衡,就没有必要再检测静平衡。

车轮动平衡检测和校正分为离车式和就车式两种,下面主要介绍离车式动平衡的检测和校正方法,其具体操作步骤如下:

①清除车轮上的泥块、石子和旧平衡块。

②将轮胎气压充至规定值。

③根据轮辋中心孔的大小选择锥体或多孔式连接盘,将车轮装上动平衡机,拧紧固定螺母,转动一下车轮,确保按照正确。

④如图 3.36 所示,确定轮辋边缘至平衡机机箱的距离 a、轮辋宽度 b 以及轮辋直径 d,并将它们输入动平衡机。其中,轮辋直径 d 可以通过直接查看规格数据获得,轮辋边缘至平衡机机箱的距离 a 和轮辋宽度 b 可以进行测量,如图 3.37 和图 3.38 所示。

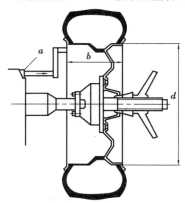 

图 3.36　车轮在平衡机上的
安装以及所需的输入数据

图 3.37　轮辋边缘至平
衡机机箱距离 a 的测量

⑤放下车轮防护罩,打开电源开关,按动启动按钮,车轮开始旋转,动平衡机开始采集数据。

⑥检测结束后,从指示装置读取车轮不平衡量和不平衡位置。

⑦抬起车轮防护罩,用手慢慢转动车轮,当指示装置发出声音或灯光等信号时停止转动。根据显示的平衡块质量,在轮辋内侧或外侧的上部牢固安装平衡块。

⑧重新检测动平衡,直到指示装置显示不平衡质量小于 5 g,或显示"00""OK"为止。

图 3.38 轮辋宽度的测量

⑨关闭电源开关,取下被测车轮。

(3)轮胎的换位

轿车上的四条轮胎,由于作用不同,接触的路面情况不同,载荷不同,甚至由于交通法规的要求,其磨损不可能是一样的。轮胎换位的目的是让四条轮胎磨损均匀,延长轮胎的使用寿命,一般每行驶 8 000~13 000 km 应进行一次轮胎换位。轿车常用的轮胎换位方法有交叉换位法和循环换位法,具体操作方法如图 3.39 和图 3.40 中箭头所示。其中,交叉换位法更适用于斜交胎;循环换位法更适用于子午线轮胎,且对于有固定旋转方向的轮胎更不能改变旋向,否则其钢丝帘线的反向旋转会带来轮胎的振动加剧,进而使汽车平顺性变差。

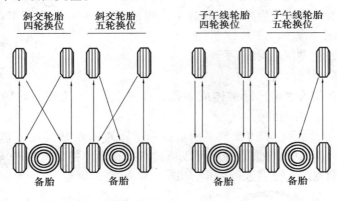

图 3.39 交叉换位法　　　　图 3.40 循环换位法

注意:轮胎换位应严格按照实车的用车手册要求来进行,换位后应重新调整气压;根据经常行驶的路面情况选择换位方法后,下次仍然要使用该种换位方法;翻新胎、有损伤或磨损严重的轮胎,不得用于转向桥;在装备有胎压监测系统的车辆,在轮胎换位后还需要进行胎压监测系统的学习,让系统重新记录胎压传感器的位置,否则仪表上显示的胎压位置与实际位置不符。

3.3.4 车轮和轮胎常见故障的诊断与排除

车轮的常见故障主要是轮毂轴承过松或过紧,轮胎常见的故障是花纹的异常磨损,主要包括胎肩或胎面中间磨损,内侧或外侧偏磨损,前束和后束磨损(羽状磨损),前端和后端磨损,相应的故障现象、原因以及诊断与排除方法见表3.6。

表 3.6 车轮和轮胎常见的故障现象、原因、诊断与排除方法

故障形式		故障现象、原因、诊断与排除方法
车轮轮毂轴承过松或过紧	故障现象	①轮毂轴承过松,使得车轮摆振及行驶不稳,严重时还会使车轮甩出 ②轮毂轴承过紧,使汽车行驶跑偏,还会使轮毂处温度很快上升,降低制动性能

故障形式	故障现象、原因、诊断与排除方法	
车轮轮毂轴承过松或过紧	故障原因	主要集中在整车载荷在轮毂上的径向力以及车辆转向时施加在车轮上的侧向力,使得轮毂轴承在一段时间后出现松动或卡滞过紧
	故障诊断与排除方法	主要是调整轮毂轴承的预紧度,方法为: ①用千斤顶支起车轮,拧下轮毂盖螺钉,拆下轮毂衬垫 ②拆下锁止销钉,旋下锁紧螺母,拆下锁止垫片 ③旋转调整螺母,改变轮毂轴承间隙。旋进轴承,间隙变小;旋出轴承,间隙变大。一般是将调整螺母旋紧到底,再退回 1/3 圈即可 ④调整合适的轮毂轴承预紧度,应使车轮能够自由转动,且轴向推动无明显间隙
轮胎胎肩或胎面中间磨损	故障现象	 胎肩磨损　　　　　　　胎面中间磨损
	故障原因	主要是由于未能正确保持充气压力所致: ①轮胎充气压力过低,轮胎的中间便会凹入,将载荷转移到胎肩上,使胎肩磨损快于胎面中间 ②轮胎充气压力过高,轮胎中间便会凸出,承受较大的载荷,使轮胎中间磨损快于胎肩
	故障诊断与排除方法	①检查车辆是否超载 ②检查充气压力。如果充气过量或不足,应调整 ③调换轮胎位置
内侧或外侧偏磨损	故障现象	 内侧磨损　　　　　　　外侧磨损

续表

故障形式	故障现象、原因、诊断与排除方法	
内侧或外侧偏磨损	故障原因	①在过高的车速下转弯时,轮胎会滑动,并造成斜面磨损,即内侧或外侧磨损 ②悬架部件变形或间隙过大,会影响前轮定位,造成不正常的轮胎磨损 ③如果轮胎面某一侧的磨损快于另一侧的磨损,其主要原因是车轮外倾角不正确。对具有正外倾角的轮胎而言,其外侧直径要小于内侧直径,胎面必须在路面上滑动,以使其转动距离与胎面内侧的相等,过大的外倾角就使得这种滑动的外侧胎面会有过量磨损。反之,具有负外倾角的轮胎,其内侧胎面磨损较快
	故障诊断与排除方法	①询问驾驶员是否习惯于高速转弯,如果是,则要避免 ②检查悬架部件,如松动则将其紧固;如变形和磨损,应修理或更换 ③检查车轮外倾角,如不正常,应校正 ④调换轮胎位置
前束和后束磨损(羽状磨损)	故障现象	 前束磨损　　　　　　　后束磨损
	故障原因	前束磨损,主要是由于前束调节不当所致。过量的前束,会迫使轮胎向外滑动,并使胎面的接触面在路面上朝内拖动,造成前束磨损,胎面呈明显的羽毛形 同理,后束磨损主要是由于过量的后束将轮胎向内拉动,并使胎面的接触面在路面上朝外拖动
	故障诊断与排除方法	①检查前束和后束。如果前束过量或后束过量,应加以调整 ②调换轮胎位置
前端和后端磨损	故障现象	 前端和后端磨损

续表

故障形式	故障现象、原因、诊断与排除方法	
前端和后端磨损	故障原因	①轮胎前端和后端磨损为局部磨损，常常在横向花纹和混合花纹的轮胎胎面上的区间发生斜向磨损，最终变成锯齿状 ②具有纵向花纹的胎面，磨损时会产生波状花纹 ③对非驱动轮轮胎，由于只受制动力的影响，而不受驱动力的影响，因此往往会有前后端形式的磨损。如反复使用和放开制动器，便会使轮胎每次发生短距离滑动而磨损，前后端磨损的形式便与这种磨损相似 ④对驱动轮轮胎，驱动力所造成的磨损会在制动力所造成的磨损的相反的方向上出现，所以驱动轮轮胎极少出现前后端磨损。而客车和大货车由于制动时产生了较大的摩擦力，故具有横向花纹的轮胎便会出现与非驱动轮相似的前后端磨损
	故障诊断与排除方法	①检查充气压力，如不足，就将其充至规定值 ②检查车轮轮毂轴承，如磨损或松动，应更换或调整 ③检查外倾角和前束，如不正确，应加以调整 ④调换轮胎位置

【拓展阅读】

安全轮胎的类型和发展前景

由于轮胎胎压过高或过低、被扎破、高速超载行驶以及轮胎本身的结构缺陷都会造成车辆行驶时发生爆胎事故，出现车辆跑偏、碾胎、脱圈等问题，导致车辆无法继续行驶，甚至造成人员伤亡。为了避免爆胎所引起的交通事故，安全轮胎应运而生。

（1）安全轮胎的类型

安全轮胎又称泄气保用轮胎，是指在泄气状态下仍然能够保持行驶轮廓、以一定速度安全行驶一段距离的轮胎。它必须满足以下条件：第一，轮胎爆胎瞬间，车辆不能过度偏离行驶方向，必须保证一定的可操纵性；第二，轮胎爆胎后，能够在适当速度范围能行驶一段较长的距离，使车主可以到达维修地点更换轮胎。

基于安全轮胎的上述特点，各大轮胎公司都相继开展了有关安全轮胎技术的各项研究。目前研制出的安全轮胎共有多腔型、自密封型、自支撑型、内支撑型以及构型这5种。

1）多腔型安全轮胎

多腔型安全轮胎是在轮胎充气内腔设置有隔膜，将轮胎内腔分为两个或多个腔室，当其中的一个或几个腔室漏气时，其他腔室仍然能够支撑轮胎行驶一段距离。这种轮胎制造起来比较困难，而且失压后续跑能力低，市场竞争力较小。

2）自密封型安全轮胎

自密封型安全轮胎在轮胎内表面设置有内衬层，在内衬层中充有液体密封剂，如图3.41所示。当轮胎被刺穿时，空气压力将液体密封剂迅速压入漏气部位，填满穿孔。该种安全轮胎需要特殊设计，目前使用较少。

钉子扎入轮胎　　　　钉子拔出之后

图 3.41　自密封型安全轮胎

3) 自支撑型安全轮胎

自支撑型安全轮胎在胎侧添加了特殊橡胶成分,并增加了胎侧的厚度,提高了胎侧刚度,使轮胎在漏气时胎侧不发生折叠,从而防止碾胎和脱圈的发生。德国大陆公司研制的 SSR 是一款与标准轮辋配套的自支撑轮胎,如图 3.42 所示。但是由于胎侧刚度的增加,车辆在常压状态下行驶时缓冲吸震的能力减小,影响了乘坐的舒适性。

 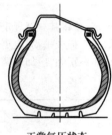 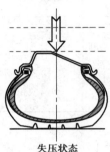

胎侧补强结构　　　　正常气压状态　　　　失压状态

图 3.42　自支撑型安全轮胎

4) 内支撑型安全轮胎

内支撑型安全轮胎在轮辋上加装内支撑环。附加的内支撑在常压行驶过程中不参与支撑,不影响车辆的平顺性及舒适性,与普通轮胎基本无区别。在轮胎失压时,内支撑环代替充气轮胎支撑车体自重,保持行驶轮廓,使胎圈不脱离轮辋。内支撑环有基于标准轮辋设计和基于特制轮辋设计的两种形式,其中,基于标准轮辋设计的内支撑型安全轮胎更具有市场竞争力。相比于上述三种类型的安全轮胎,内支撑型安全轮胎的零压续跑能力更强,安全性能也比较理想,其结构如图 3.43 所示。

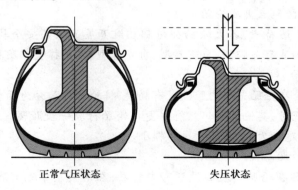

正常气压状态　　　　失压状态

图 3.43　内支撑型安全轮胎

5）构型轮胎

这种轮胎颠覆了普通充气轮胎的概念，从根本上防止了爆胎的发生。例如，米其林公司研发出的由聚氨酯和塑料等弹性材料制成的Tweel概念轮胎，如图3.44所示。

该轮胎的特别之处在于不再像普通充气轮胎一样依靠气压来支撑车体，而是依靠特殊弹性材料制作的轮毂和轮辐来支撑车体，辐条的变形和回复还可起到吸收地面冲击的作用。但

图3.44　米其林Tweel构型轮胎

这种轮胎对材料的要求很高，虽然聚氨酯的耐磨性和负荷能力都有橡胶无法比拟的性能，但是它生热大、耐热性欠佳，而且该轮胎噪声较大、造价高，目前还不适用于普通轿车。

（2）安全轮胎的发展前景

针对目前发展趋势较好的内支撑型安全轮胎，最理想的材料是聚氨酯材料。因为该材料不仅可以满足强度要求，加入阻燃剂后还可制成自熄性产品，避免轮胎泄气状态下由于高温而产生自燃。另外，其密度小、吸水率低的特点也符合内支撑对材料的要求。内支撑的结构限制着安全轮胎的续跑能力，随着有限元技术的发展，内支撑的结构设计利用有限元分析软件，对结构进行设计、仿真及优化，节省了产品的开发成本，缩短了其研发周期。

安全轮胎不仅可以运用在军用、警用等特殊车辆上，还可以运用在农用及普通客运车辆上。因此，安全轮胎的发展前景被众多相关轮胎行业技术人员看好。目前，设计人员针对安全轮胎材料、结构、内支撑材料、内支撑结构等方面开展研究，力争使安全轮胎在满足强度的同时，质量更轻、成本更低、舒适性更好。随着安全轮胎技术的成熟，相信不久的将来安全轮胎会在全球范围内得以普及。

复习与思考

一、选择题（有一项或多项正确）

1.6.5-20（WFB）型轮辋属于（　　）轮辋。

A.一件式　　　　　　B.多件式　　　　　　C.A，B均有可能　　　　D.无法确定

2.7.0-20（WFB）型轮辋的名义直径是（　　）。

A.7.0 mm　　　　　　B.20 mm　　　　　　C.7.0 in　　　　　　　D.20 in

3.外胎结构中，起承受负荷作用的是（　　）。

A.胎面　　　　　　　B.胎圈　　　　　　　C.帘布层　　　　　　　D.缓冲层

4.有内胎的充气轮胎由（　　）等组成。

A.内胎　　　　　　　B.外胎　　　　　　　C.轮辋　　　　　　　　D.垫带

5.（　　）轮胎属于子午线轮胎，（　　）是低压胎。

A.9.00-20　　　　　　B.9.00R20　　　　　　C.9.00×20　　　　　　D.9.00-20GZ

6.7.50-18 轮胎的名义宽度为( )，轮胎的名义直径为( )。

A.7.50 mm B.7.50 in C.18 mm D.18 in

二、判断题

1.普通斜交胎的帘布层数越多，强度越大，但弹性越差。 ( )

2.子午线轮胎帘布层帘线的排列方向与轮胎的子午断面一致，使其强度提高，但轮胎的弹性有所下降。 ( )

3.安装越野车转向轮胎时，人字花纹尖端应与汽车前进的方向相反。 ( )

4.现在一般汽车均采用高压胎。 ( )

5.越野汽车轮胎的气压比一般汽车的高。 ( )

6.轮胎的层数是指帘布层的实际层数。 ( )

7.一般汽车的前轮比后轮的气压高。 ( )

三、简答题

1.车轮轮辋的结构形式有哪些？各有什么优缺点？

2.轮胎的功用有哪些？无内胎轮胎的结构组成是怎样的？

3.说明轮胎规格 215/60 R16 95H 各个数字和字母的含义。

4.轮胎换位有哪些方法？如何进行？

5.车轮不平衡的危害和原因有哪些？

6.简述轮胎常见故障的现象、原因及排除方法。

任务 3.4 悬架的维护与检修

【任务分析】

案例:某轿车转弯时制动不良。该车直线行驶时，制动性能很好，但转弯时的制动距离明显变长，而且踩制动踏板感觉很硬，且制动效果不佳。维修人员首先把以前换下来的助力器进行真空试验，一切正常，然后装车路试，故障如前。维修人员然后将车子举升起来，启动挂挡，同时打死转向盘，踩制动踏板，发现右侧的减振器叉架在安装时装反了，结果在转弯时制动分泵与该叉架碰到一起，使分泵的钳体无法向内移动，也就无法夹紧制动盘，而且分泵不能向外伸出，使制动踏板感觉很硬。将减振器叉架正确安装后，故障排除。

汽车减振器是汽车悬架的减振元件，其性能好坏直接影响汽车行驶的平顺性，即乘坐舒适性。悬架的其他元件(如弹性元件、导向机构以及横向稳定器等)都对汽车性能(如操纵稳定性以及安全性)有重要的影响。同时，悬架各组成元件的安装位置与转向系统和制动系统元件的安装位置不能有重叠，且在车轮垂向运动极限范围内不能发生干涉现象。

本任务对悬架进行全面介绍，要求熟悉悬架的功能、分类和组成，掌握弹性元件、阻尼元件和导向机构的组成结构和工作原理，还要掌握独立悬架常见的故障诊断与排除，了解主动悬架和半主动悬架的组成结构及工作原理。

【任务相关知识】

3.4.1　悬架的功用和分类

（1）悬架的功用

悬架系统是车辆上的重要系统，是车架（或承载式车身）和车桥（或车轮）之间的传力连接装置的总称，对车辆的行驶安全至关重要。车辆的操纵和安全性能（如转弯、停车、方向稳定性）以及轮胎与地面的控制，都取决于悬架系统是否能正常且稳定地工作。

不同的悬架系统在结构上不尽相同，但是它们都具有相同的基本功能：支承车身，并使车身和车轮之间保持适当的几何关系；车辆行驶时，悬架与轮胎一起吸收和缓冲因路面不平所造成的各种振动、摇摆和冲击，从而保护乘客和货物的安全，并改善驾驶的稳定性；将路面和车轮之间摩擦所产生的驱动力和制动力传递至底盘和车身。

（2）悬架的分类

目前轿车上安装的悬架种类很多，按控制形式不同可分为被动式悬架、主动式悬架和半主动式悬架。其中，被动式悬架结构简单、性能可靠、成本低，被目前多数汽车所采用。也就是汽车姿态只能被动地取决于路面及行驶状况；主动式悬架和半主动式悬架可以主动地控制垂直振动及其车身姿态，根据路面和行驶工况自动调整悬架刚度和阻尼，但由于其成本较高，目前只应用于部分中高档轿车。

根据汽车导向机构不同，悬架的种类又可分为独立悬架和非独立悬架，如图 3.45 和图3.46 所示，它们的差别在于对上跳和反弹作出的反应不同。

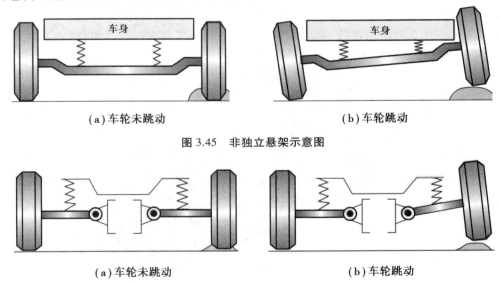

（a）车轮未跳动　　　　　　　　　　　（b）车轮跳动

图 3.45　非独立悬架示意图

（a）车轮未跳动　　　　　　　　　　　（b）车轮跳动

图 3.46　独立悬架示意图

1）非独立悬架

非独立悬架，也称刚性车桥悬架，广泛应用于货车和客车的前后悬架。在轿车上，非独立悬架仅用于后桥。非独立悬架的结构特点是汽车两侧车轮分别安装在一根整体式车桥的两端，如图 3.45（a）所示。当一侧车轮因道路不平而跳动时，会影响另一侧车轮的工作，如图

3.45(b)所示。非独立悬架的特性主要有:简单,维护容易;承载能力大,转弯时车身倾斜小;车轮上下运动时,车轮定位变化小,轮胎的磨损小;自身质量大,乘坐舒适度差;由于左右轮的运动相互影响,容易发生振动和摆动。

常见的非独立悬架形式主要有:钢板弹簧式非独立悬架和螺旋弹簧式非独立悬架。

①钢板弹簧式非独立悬架

载货汽车一般采用钢板弹簧式非独立悬架。因为钢板弹簧既有缓冲、减振的功能,又起到传力和导向的作用,所以使钢板弹簧式非独立悬架的结构大为简化。由于钢板弹簧通常是纵向布置,所以这种悬架系统也称为纵置板簧式非独立悬架,如图3.47所示。

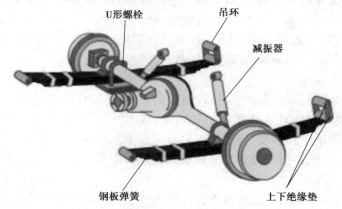

图 3.47　钢板弹簧式非独立悬架

②螺旋弹簧式非独立悬架

螺旋弹簧非独立悬架由螺旋弹簧、减振器、纵向推力杆和横向推力杆组成,如图3.48所示,一般只用作轿车的后悬架。

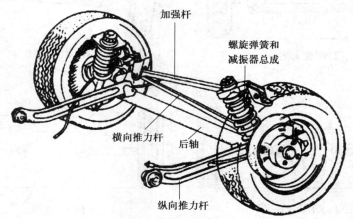

图 3.48　螺旋弹簧式非独立悬架

2)独立悬架

独立悬架两侧车轮分别安装在断开式的车轴两端,每段车轴和车轮单独通过弹性元件与车架或车身相连,如图3.46(a)所示。一侧车轮跳动时,对另一侧车轮不产生影响,如图3.46(b)所示,所以独立悬架系统允许每一侧的车轮在响应路面情况时能分别向上和向下运动。

这种悬架系统能改善乘坐性能、转向控制和稳定性能。大多数独立悬架系统都具有相同的基本零部件,但是可以构成不同的布局。独立悬架很少采用钢板弹簧作为弹性元件,大多采用螺旋弹簧或扭杆弹簧作为弹性元件,因此一般都设有导向机构。

独立悬架的特点如下:

①在悬架弹性元件一定的变形范围内,两侧车轮可以单独运动,互不影响,不但减小了行驶时车架和车身的振动,而且可以防止转向轮的偏摆。

②独立悬架系统一般都配有稳定杆,可减少转弯时的左右摆晃,改进稳定性。

③采用独立悬架时,非簧载质量只包括车轮质量和悬架系统中部分零件的质量,所以比非独立悬架质量要小得多,因此可提高汽车的平顺性和乘坐舒适性。

④前轮定位随车轮的上下运动而改变。

⑤由于左右车轮之间没有车轴相连,所以底盘地板和发动机的安装位置可以降低,这样可以降低车辆的重心,有利于提供汽车行驶的稳定性。

根据导向机构不同的结构特点,车轮的运动形式独立悬架可分为:

①麦弗逊式悬架如图 3.49 所示:车轮沿主销轴线移动的悬架,也称滑柱连杆式悬架。

②单横臂式独立悬架如图 3.50 所示:车轮在汽车横向平面内摆动的独立悬架。

 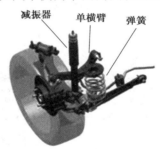

图 3.49　麦弗逊式悬架　　　　　图 3.50　单横臂式独立悬架

③双叉臂式独立悬架如图 3.51 所示:车轮在汽车纵向平面内摆动的独立悬架。

④多连杆式独立悬架如图 3.52 所示:其摆臂的摆动轴线与车轴线斜交叉。

 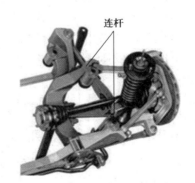

图 3.51　双叉臂独立悬架　　　　　图 3.52　多连杆独立悬架

悬架按弹性元件采用不同分为螺旋弹簧式、钢板弹簧式、扭杆弹簧式、气体弹簧式,现采用较多的是螺旋弹簧。

3.4.2　悬架的组成结构

现代汽车的悬架系统虽然有不同的结构形式，但一般是由弹性元件、减振器、导向装置和横向稳定杆四部分组成，如图 3.53 所示。它们不但分别起着缓冲、减振和导向的作用，还共同起着传递力的作用。

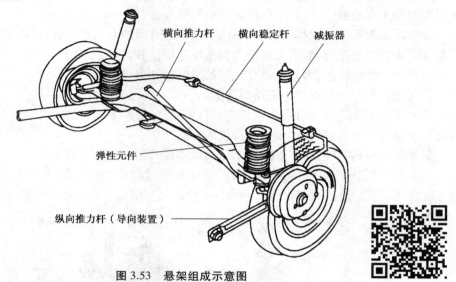

横向推力杆　横向稳定杆　减振器

弹性元件

纵向推力杆（导向装置）

图 3.53　悬架组成示意图

（1）弹性元件

弹性元件主要起缓冲作用，用来缓冲来自路面的冲击和振动。由于汽车行驶的路面不可能绝对平坦，路面作用于车轮上的垂直反力往往是冲击性的，特别是在坏路面上高速行驶时，这种冲击力将非常明显。冲击力传到车身时，不但会引起汽车机件的早期损坏，传给乘员和货物时，还会使乘员感到极不舒适，或使货物受到损伤。所以为了缓和冲击，汽车上除了采用弹性的充气轮胎之外，悬架系统还装有弹性元件，使车架（或车身）和车桥（或车轮）之间形成弹性连接。

按材质不同，可以将汽车使用的弹簧分为金属弹簧和非金属弹簧。金属弹簧主要有钢板弹簧、螺旋弹簧、扭杆弹簧等，非金属弹簧主要有橡胶弹簧和气体弹簧（分空气弹簧和油气弹簧）等。其中，载货汽车广泛采用钢板弹簧，重型载荷汽车广泛采用油气弹簧，大多数轿车则采用螺旋弹簧。下面以钢板弹簧、螺旋弹簧和空气弹簧来介绍弹性元件。

1）钢板弹簧

钢板弹簧把车桥连接到底盘上，具有良好的承载能力，多用在轻型货车、运动型多功能车（SUV）、厢式客货车（VAN）和一些客车上。

钢板弹簧是由若干片长度不同、宽度相等、厚度可以相等也可以不相等的弹簧钢板叠成。如图 3.54 所示，多片钢板弹簧是用多块弹簧钢片叠合在一起，形成一个弓形结构，最长的一片称为主钢片，通常是靠两端的弹簧卷耳把一块主钢片与底盘和吊环相连接，逐个缩短的多块钢片支撑着主钢片。钢板弹簧的中心部位用"U"形螺栓与车桥固定。由于主钢片卷耳受力较大，是薄弱处，所以为了增加主钢片的卷耳强度，常将第二片弹簧板的末端也变成卷耳，包在主钢片卷耳的外面。为了使各个弹簧板变形时能够相对滑动，在主钢片卷耳和第二片卷耳之间留有较大的间隙。

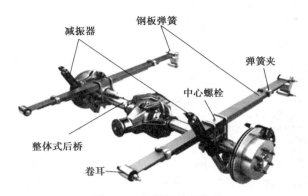

图 3.54　钢板弹簧的结构

2）螺旋弹簧

螺旋弹簧是前后悬架中最常用的弹簧，一般安装在车架和控制臂（或车桥）之间，容许控制臂和车轮上下运动，如图 3.55 所示。汽车用螺旋弹簧通常用特制弹簧钢杆绕成螺旋状，当重力加在车辆上时，螺旋弹簧被压缩。由于螺旋圈有一种阻止压缩的能力，它们试图返回其未压缩状态来释放出被压缩时的能量。根据弹簧在压缩过程中的刚度特性，螺旋弹簧也分为定刚度和可变刚度两种，如图 3.56 所示。其中，弹簧 1 和弹簧 2 均为可变刚度的，而弹簧 3 为刚度不变的。

图 3.55　螺旋弹簧

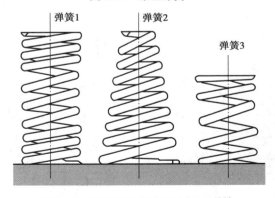

图 3.56　定刚度和可变刚度螺旋弹簧

螺旋弹簧的特性主要有以下几个方面：

①单位质量能量吸收率比钢板弹簧高、质量小；

②不需要润滑，也不忌泥污；

③螺旋弹簧变形时没有钢板弹簧那样的片间摩擦，所以螺旋弹簧本身不能吸收振动能量，在悬架中必须与减振器一起使用；

④螺旋弹簧只能承受垂直载荷，因此螺旋弹簧悬架系统中必须安装导向机构，用于承受并传递除垂直载荷以外的各种力和力矩。

3)空气弹簧

空气弹簧是一种可变刚度的弹簧，随着载荷的增加，容器内压缩空气压力升高，使其弹簧刚度也随之增加，载荷减少，弹簧压力也随空气压力减少而下降，因此这种弹簧有比较理想的弹性特性，主要在主动悬架中被采用。

空气弹簧在车辆不加载时特别软，但其弹簧系数可通过气室内空气压力随负载的增加而增加。这将提供车辆轻载和满载时的乘坐舒适性。即使负载变化，车辆高度也可通过调整空气压力而保持不变。在使用空气弹簧的空气悬架中，需要用到控制空气压力的装置和压缩空气的压缩机，所以使用了空气弹簧的悬架结构较复杂，如图 3.57 所示。

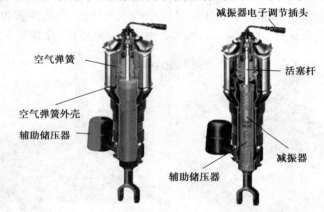

图 3.57　空气弹簧及其附属机构

空气弹簧主要分为囊式和膜式两种，如图 3.58 所示。囊式空气弹簧由夹有帘线的橡胶气囊和密闭在其中的压缩空气所组成。气囊有单节和多节式，节数越多，弹性越好，但密封性越差。

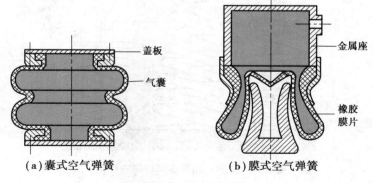

(a)囊式空气弹簧　　(b)膜式空气弹簧

图 3.58　空气弹簧

膜式空气弹簧的密闭气囊由橡胶膜片和金属压制件组成。与囊式相比,其刚度较小,车身自然振动频率较低,且尺寸较小,在车上便于布置,故多用于轿车。

(2)减振器

由于弹性元件在受到冲击后会产生振动,而持续的振动易使乘员感到不舒适和疲劳,故悬架系统中设有减振器,用以限制弹簧的自由振荡,使振动迅速衰减,振幅迅速减小,以提高乘坐舒适性。

1)减振器的功用

车辆受到来自路面的冲击时,悬架弹簧可吸收这些冲击。但是,弹簧在受到一个冲击后,假如不被抑制的话就会连续振荡直到所有的能量被耗尽为止,需要很长时间使这种振摆停止,这会导致汽车乘坐舒适性差。减振器的作用就是吸收这种振荡,衰减车轮和汽车的垂直运动,如图 3.59 所示。

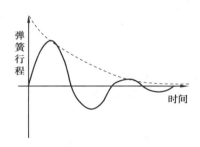

图 3.59   减振器的振动衰减曲线

减振器不仅可改善乘坐舒适性,而且使轮胎有较好的操纵稳定性和改善转向稳定性。减振器连接在车身和下控制臂上,前桥的减振器与弹簧一般组合安装,尽量节省空间;后桥的减振器和弹性元件并联安装,如图 3.60 所示。

(a)前悬架减振器

(b)后悬架减振器

图 3.60   减振器结构

所有的减振器都是双向作用的,这就意味着在压缩和伸展行程中都产生阻尼作用。双向作用的减振器能很快地使弹簧的振动停止,改善了行驶方向的稳定性。

2)减振器的类型

按工作介质不同,减振器主要分为充油型和油气型。

①充油型减振器

充油型减振器利用活塞在油液中的移动来衰减弹簧产生的振荡。它们也可以用于衰减车辆加速和制动时的俯仰振荡。减振器是靠油液的黏度和活塞上阀门配置的组合来产生阻尼作用。

②油气型减振器

油气型减振器中充有与油液隔离开的压缩的惰性气体,避免了油液在回程操作过程中出现混气和发泡现象。按结构,油气型减振器又可分为单筒式和双筒式。

单筒式减振器的代表类型是杜卡本型,它的缸内储气室和油室被可自由上下运动的"活塞"分开,故被称为"自由活塞",其结构如图3.61所示。单筒直接暴露于大气中,具有良好的热辐射。筒的一端充有高压气体,它需要高压氮气(2.0~2.9 MPa),用一自由活塞与油完全密封开。这将确保操作期间不会发生空穴现象和混气现象,从而提供更稳定的缓冲,并且工作噪声大大降低。

如图3.62所示,双筒式减振器包括两根管,其中一根管(内管)安装另一根管中(外管)。内管充当工作室,它装满了液压油,活塞连同活塞阀以及活塞杆在工作室内上下移动。工作油缸的底部包括底板和基本阀,外管包围着储油筒。工作油缸没有装满油,在注油处的上方有一个气垫。储油筒可补偿工作室中油量的变化。通过活塞上面和工作室底部的两个避振阀单元来减小振动,这两个单元包括一个由弹簧垫圈、螺旋弹簧和带限流孔的阀体构成的系统。在受压事件(压缩段)过程中,由基础阀限定减振,另外活塞的流量阻抗也有部分限定作用。在回弹事件(拉伸段)过程中,由活塞阀独自减小振动。此阀门会对向下流动的油液施加已定义的阻抗。

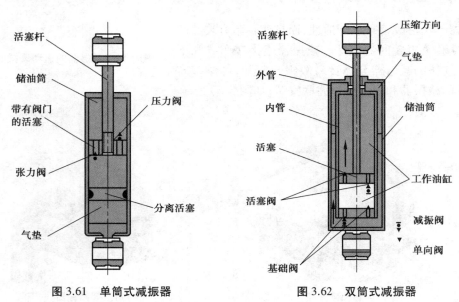

图3.61　单筒式减振器　　　　图3.62　双筒式减振器

3)减振器的结构与原理

汽车上通常使用伸缩筒式减振器,它使用一种专用油(减振器油)作为工作介质。它是一个被活塞分为上、下两腔室的密封容器。弹簧的振动和回弹引起活塞向上和向下运动。活塞的运动通过油液的作用吸收了弹簧的能量,致使弹簧能量耗散。当油液被强制通过上、下腔室之间设定的节流孔时,活塞的运动速度减慢。减振器是垂直的或者成一定角度安装的,能改善车辆的稳定性能。阻尼力即减振力越大,缓冲振荡就越快,但是缓冲作用产生的冲击也越大。减振力还随活塞的速度变化而变化。

以单筒式减振器为例,简述减振器工作过程如下:

①压缩行程[如图3.63(a)所示]:活塞向下运动,使下室油压高于上室,下室的油被迫通过活塞式滑阀进入上室。此时阀的流动阻力产生减振力。高压气体对下室的油施加大的压力,迫使油在压缩行程期间快速平稳流到上室。这将确保稳定的减振力。

②伸张行程[如图 3.63(b)所示]：活塞杆向上运动，使上室油压高于下室。因此，上室的油被迫穿过活塞式滑阀进入下室，阀的流动阻力起减振力的作用。因活塞杆向上运动，杆的一部分运动到筒外，所以被杆排出的油量减少。对此进行补偿，自由活塞向上推(被压缩的高压气体)一个等于该容量的距离。

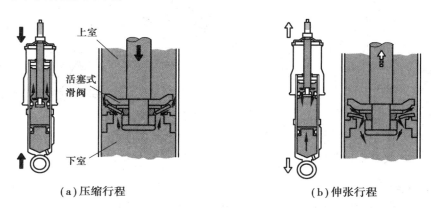

（a）压缩行程   （b）伸张行程

图 3.63   单筒式减振器的工作过程

当液体在减振器内高速流动时，压力在某些区域下降，在液体中形成气穴或空穴。这个现象称为空穴现象。这些空穴在进入高压区时破裂，造成大的冲击压力。这将产生噪声，使压力波动并可能损坏减振器本身。混气现象是空气和减振器液的混合，可导致噪声、压力波动和压力损失。

（3）导向机构

相对于车架和车身跳动时，车轮(特别是转向轮)的运动轨迹应符合一定的要求，否则会影响汽车的驾驶性能(特别是操纵稳定性)。悬架系统中的导向机构不但要传递力矩，还要保证车轮按照一定轨迹相对于车架和车身跳动，所以导向机构控制车轮的横向和纵向运动。

1)横向运动控制机构

控制臂内侧通过橡胶衬套与车架连接能控制车轮的横向运动，橡胶衬套可以隔绝路面和车身之间的噪声和振动，若橡胶衬套损坏，将在车轮向前和向后运动中产生间隙运动噪声和操控不稳的状况。

双叉臂式悬架导向机构组成如图 3.64 所示。在车轮控制臂外侧，车轮与心轴相连，心轴上端通过球窝接头与控制臂末端相连，心轴下端也通过球头连在控制臂上。转向机构转动心轴(转向节)使心轴以上、下球头间的连线为轴转动而实现转弯，上、下控制臂球头间的连线是转向主销。

2)纵向运动控制

当车轮上下运动时，悬架允许这种上下运动，同时又要在车轮碰撞到凸起时避免车轮向后运动。在铰接处，控制臂和车架接触，提供了支撑作用以防止车轮前后运动。

为防止车轮在横向和纵向上的不正常运动，需要采用横向和纵向两种控制单元，并且有联动作用。有些悬架使用另外的组件来控制车轮的前后运动，如图 3.65 所示的推力杆结构。悬架的设计以及它在车架或车身上的安装位置对于车辆的正常操纵是至关重要的，加速时防尾部下沉和制动时防车身俯冲也是两个非常重要的设计因素。

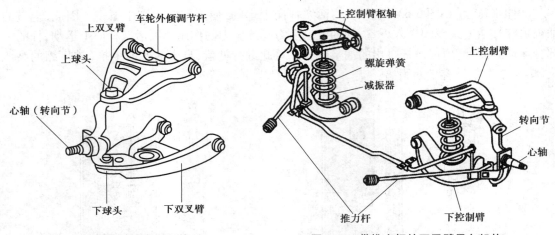

图 3.64 双叉臂式导向机构　　　　图 3.65 带推力杆的双叉臂导向机构

（4）横向稳定杆

横向稳定杆的作用是防止车身在转向等情况下发生过大的横向倾斜。轿车由于其悬架弹簧较软，所以更容易发生这种现象。为了减少这种横向倾斜，悬架中常常增设横向稳定杆。横向稳定杆用弹簧钢制成，横置在汽车前端或后端，有的汽车前端和后端都有，如图 3.66 所示。

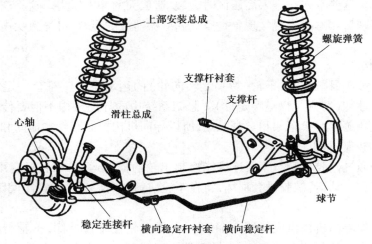

图 3.66 典型横向稳定杆结构图

横向稳定杆呈扁平的 U 形，稳定杆中部的两端自由地支承在两个橡胶套筒内，套筒固定于车架上。横向稳定杆的两侧纵向部分的末端通过横向稳定杆支座与悬架下摆臂（下控制臂）上的弹簧支座相连。

当两则悬架变形相同时，横向稳定杆不起作用。当两侧悬架变形不等时，车身相对路面横向倾斜（一侧车身降低，另一侧车身被抬高）时，车架一侧移近弹簧支座，稳定杆的同侧末端就随车架向下移动；而另一侧车架远离弹簧座，相应横向稳定杆的末端相对车架上移，横向稳定杆中部对于车架没有相对运动，而稳定杆两边的纵向部分向不同方向偏转，于是稳定杆被扭转。弹性的稳定杆产生抵抗扭转的内力矩就阻碍了悬架弹簧的变形量，减少了车身的横向倾斜和横向角振动。

3.4.3   悬架的拆装与检修

比亚迪 F3 前桥麦氏悬架,如图 3.67 所示,以其为例介绍减振器支柱总成、摆臂总成、下摆臂球头总成、稳定杆总成的拆装与检修。

(1)减振器支柱总成的拆装与检修

1)拆卸步骤

①拆卸车轮

先把车轮拆下。

②断开稳定杆拉杆

如图 3.68 所示,拧下螺母,从减振器断开稳定杆拉杆。如果球头连接跟随螺母转动,用一个内六角扳手固定球头。

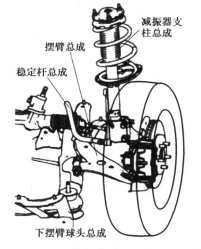

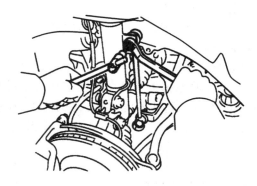

图 3.67   前桥麦氏悬架的组成　　　　　图 3.68   断开稳定杆拉杆

③拆卸前减振器支柱总成

a.松开锁紧螺母,如图 3.69 所示。除非准备把螺旋弹簧从减振器支柱总成上卸下来,否则不要松开或者拧下螺旋螺母。

b.拧下油管支架螺栓,断开软管和传感器,如图 3.70 所示。

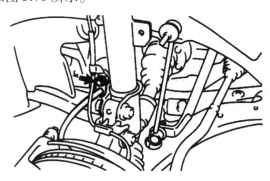

图 3.69   松开锁紧螺母　　　　　　图 3.70   拧下油管支架螺栓

c.拧下减振器支柱总成下端的两组螺栓和螺母,如图3.71所示。拧螺栓时,防止螺栓旋转并松开螺母。

d.拧下前减振器支柱总成上端的三个螺母,如图3.72所示。

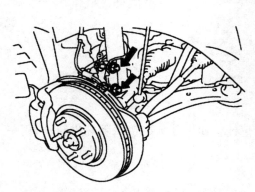

图3.71　拧下总成下端的两组螺栓和螺母　　　　图3.72　拧下总成上端的三个螺母

e.取出前减振器支柱总成。

注意:确认前轮速传感器已经从减振器上分离。

④拆卸减振器

a.固定减振器支柱总成。如图3.73所示,通过前减振器支柱总成在底部托座上的双标记螺栓的夹位夹紧,将减振器支柱总成固定在减振器拆装装置上。

b.用弹簧夹紧装置,压紧螺旋弹簧。不要使用机动扳手,不然会损坏弹簧夹紧装置。

c.从左前减振器总成上卸下锁紧螺母、安装支座总成、支撑轴承、螺旋弹簧安装上支撑、螺旋弹簧、前防尘罩、限位器。

2)检修

拆解后的减振器支柱总成的检修项目包括以下内容:

a.检查减振器有无变形、裂纹或损毁,有无泄漏情况,发现故障应更换。

b.检查活塞连杆有无损毁、不均匀磨损或变形,发现故障应更换。

c.检查减振器安装隔垫是否有裂纹,橡胶零部件是否磨损,发现故障应更换。

d.压缩拉伸减振器4次以上,然后检查其是否有异响或异常阻力,检查工作阻尼力是否正常。如有异常,应更换。

e.检查螺旋弹簧是否有裂纹、磨损或损坏,如发现故障,应更换。

3)安装步骤

①组装减振器总成

a.将前减弹簧防尘罩安装在左前减振器总成上,将缓冲块安装在活塞杆上。

b.用弹簧夹紧装置,压紧前螺旋弹簧。

c.用两个相同的弹簧夹紧装置,将螺旋弹簧安装到减振器上,使螺旋弹簧下端与弹簧下安装座沟槽配合,如图3.74所示。

d.根据图3.75所示方向,安装螺旋弹簧上缓冲垫。

e.安装图3.76所示位置,安装一个新的悬架支撑轴承。

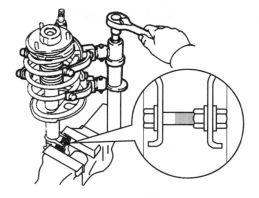

图3.73 减振器支柱总成的固定

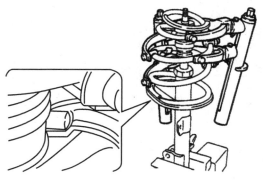

图3.74 螺旋弹簧安装到减振器上

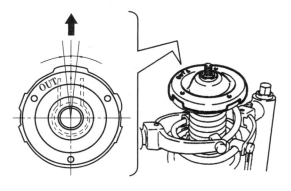

图3.75 安装螺旋弹簧上缓冲垫

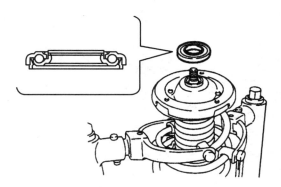

图3.76 安装悬架支撑轴承

f.按图3.77所示方向,安装左前减振器支座总成。

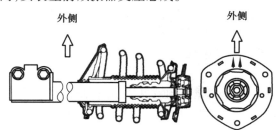

图3.77 减振器支座总成的安装

g.暂时拧紧锁紧螺母,缓慢卸下弹簧夹紧装置,以松开螺旋弹簧。

②将减振器总成安装到车上

a.按照与拆卸顺序相反的顺序安装,并按规定扭矩拧紧螺栓。

b.安装完成后,让车辆位于水平路面上,并检查车轮定位情况。

c.检查车轮传感器线束是否连接正确。

(2)摆臂总成的拆装与检修

1)拆卸步骤

①拆掉下摆臂与前下摆臂球头的安装螺栓和螺母,如图3.78所示。

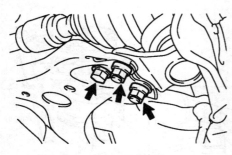

图 3.78　下摆臂与摆臂球头安装螺栓螺母的拆卸

②拆掉下摆臂与副车架前后安装螺栓,如图 3.79 箭头所示。

2)检修

①检查前下摆臂总成是否有裂纹、变形或损坏,橡胶衬套是否变形、磨损或老化,若出现损坏或者橡胶老化现象,则更换受损的前下摆臂或衬套总成,千万不能对其进行维修。

②检查悬架臂接头转动是否灵活,球节螺栓是否损坏,防尘罩是否损坏。悬架臂与悬架臂接头不要拆开,若两者之一损坏时,应整体更换悬架臂总成。

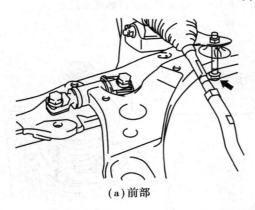
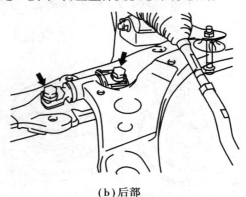

（a）前部　　　　　　　　　　　　　　　　　（b）后部

图 3.79　下摆臂与副车架安装螺栓的拆卸

3)安装步骤

按照与拆卸顺序相反的顺序安装,并按规定扭矩拧紧螺栓(下摆臂与副车架前后安装螺栓的拧紧力矩为 210 N·m,下摆臂与前下摆臂球头的安装螺栓的拧紧力矩为 120 N·m)。

(3)下摆臂球头总成的拆装与检修

1)拆卸步骤

①拆下前下摆臂与球头的安装螺栓和螺母,断开转向拉杆和球头与转向节的连接,并将转向拉杆球头与转向节分离。

a.拆掉开口销和开槽螺母。

b.使用专用工具将转向拉杆球头与转向节分离,如图 3.80 所示。

②拆掉减振器与转向节的安装螺栓和螺母,如图 3.81 所示。

③按图 3.82 所示,用橡胶锤敲击半轴端面,将转向节和前下摆臂球头销总成取出。

④拆卸球头。首先取下插销和螺母,然后使用专用工具将球头与转向节分离,如图 3.83 所示。

2)检修

如图 3.84 所示,在安装开槽螺母前,来回转动球销 5 次。使用扭矩扳手,使螺母以 3~5 s 每转的速度转动,然后读出转动过程中扭矩的值。扭矩范围为 0.98~3.43 N·m,如超出,应更换球头总成。

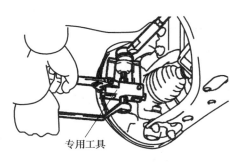

图 3.80 用专用工具分离转
向拉杆球头与转向节

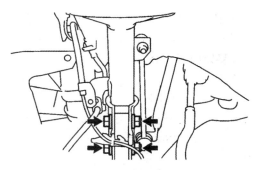

图 3.81 减振器与转向节
安装螺栓和螺母的拆卸

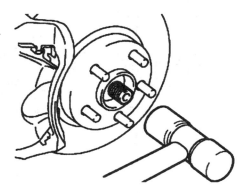

图 3.82 取出转向节和前
下摆臂球头销总成

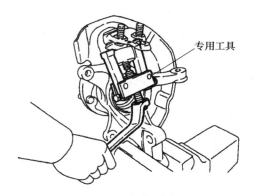

图 3.83 拆卸球头

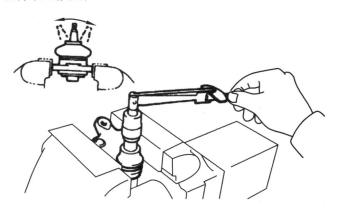

图 3.84 球头总成的扭矩检查

3)安装步骤

①将前下摆臂球头总成装到转向节上。首先安装开槽螺母,其拧紧力矩为 125 N·m(如果开槽螺母的槽没有与球头的孔对正,将开槽螺母转动 60°),其次要安装一个新的开口销。

②将转向节连带球头一起装到半轴上,安装时注意不要损坏球头防尘罩。

③安装减振器与转向节连接螺栓和螺母,拧紧力矩为 180 N·m。

④将转向拉杆球头装到转向节上。首先安装开槽螺母,拧紧力矩为 49 N·m(如果转向拉

杆球头的孔与开槽螺母的槽不对齐,将开槽螺母转动60°),其次要安装一个新的开口销。

⑤安装前下摆臂与球头连接螺栓和螺母,拧紧力矩为120 N·m。

(4)稳定杆总成的拆装与检修

1)拆卸步骤

①拆掉稳定杆拉杆与减振器的安装螺母,如图3.85所示。

②将前副车架整体拆下,并按图3.86所示拆掉前稳定杆上下支架。

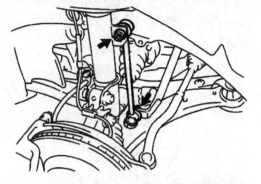

图3.85　稳定杆拉杆与减振器的安装螺母拆卸　　　图3.86　前稳定杆上下支架的拆卸

③拆除前稳定杆,并按图3.87所示箭头方向将前稳定杆从衬套中取出。

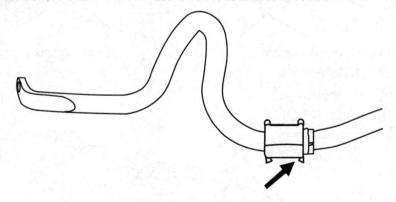

图3.87　从衬套中取出前稳定杆

2)检修

如图3.88所示,在安装螺母前,来回转动球销5次;然后使用扭矩扳手,使螺母以2~4 s每转的速度转动然后读出扭矩值。扭矩范围为0.05~1.96 N·m,若前稳定杆拉杆球头总成不符合检查要求,则更换拉杆球头。

3)安装步骤

按照与拆卸相反的顺序安装,注意在将前横向稳定杆装入衬套时,要按图3.89所示安装,并将前稳定杆连带衬套装到副车架的相对位置。

另外,前稳定杆上下支架安装螺母的拧紧力矩为20 N·m,稳定杆拉杆与减振器的安装螺母的拧紧力矩为80 N·m。

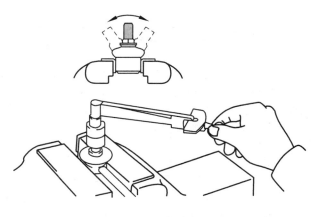

图 3.88 稳定杆球头总成的检查

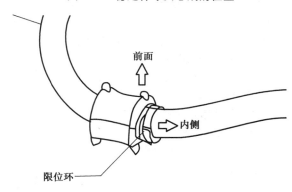

图 3.89 前稳定杆的安装

3.4.4 悬架常见故障的诊断与排除

汽车悬架常见故障主要表现为汽车行驶跑偏,相应的故障现象、原因以及诊断与排除方法见表 3.7。

表 3.7 悬架常见的故障现象、原因、诊断与排除方法

故障形式	故障现象、原因、诊断与排除方法	
行驶跑偏	故障现象	汽车不能保持居中位置行驶,不加外力情况下,汽车自动偏离直线行驶方向
	故障原因	①两前轮气压不一致 ②前钢板弹簧单边错位、折断、两边弹力不均或单边减振器失效 ③前轮左右轮毂轴承松紧度调整不一,有一边车轮制动拖滞 ④转向节臂、转向节弯曲变形 ⑤前轴、车架变形,钢板弹簧 U 形螺栓松动等使左右轴距不相等 ⑥前轮定位不准

续表

故障形式	故障现象、原因、诊断与排除方法	
行驶跑偏	故障诊断与排除方法	①检查轮胎使用情况(参见轮胎的故障诊断与排除部分的内容) ②当轮胎气压相同、轮胎直径不一致的情况下,车身有倾斜,应检查低的一边的钢板弹簧是否完好,弧度是否足够,弹力是否正确 ③汽车行驶一段里程后,用手触摸轮毂轴承和制动鼓,若烫手,说明轮毂轴承过紧或制动系拖滞 ④用皮尺测量左右轴距是否相同 ⑤若以上均良好,将汽车正直停放在平坦路面上,用仪器检测前轮外倾角
低速摆振	故障现象	①当汽车以低于 20 km/h 的车速行驶时,前轮左右摆动 ②前轮摆动的幅度会越来越大,致使整车如筛糠般抖动
	故障原因	①前轴变形,前束过小或反前束(前大后小),前轮外倾角变小 ②钢板弹簧固定松动,挠度不良,负重后压平或下弯,使主销后倾角变化 ③转向器安装螺栓松动,传动间隙过大 ④转向节臂固定处松动 ⑤纵、横拉杆连接点松动,弹簧折断或出现间隙 ⑥轮毂轴承间隙过大
	故障诊断与排除方法	①检查转向系统 　一个人转动转向盘,另一个人在车身下观察转向传动机构,如转向盘自由转动量过大则故障在转向器本身 　如转向摇臂摆动很多而前轮并不偏转,则故障在传动机构,应检查转向节臂和纵、横拉杆各球节是否松旷,必要时进行调整 　如果转向器和转向传动机构均良好,应顶起前轴,在轮胎侧面用撬棒撬动轮胎,检查轮毂轴承是否松旷,必要时进行调整和修理 ②测量前轮前束 　前束失准,与前轮外倾角匹配不合理,不能有效地消除由于前轮外倾角所引起的车轮边向前滚动边横向滑移的现象,导致低速摆振。测量结果不符合规定时应正确调整 ③检查前钢板弹簧规格是否有误,弹性是否符合规定,"U"形螺栓是否松动。这些因素都会使汽车后倾角变小,甚至失去前轮自动回正的能力而摆振
减振器故障	故障现象	①汽车行驶时,车身连续异常振抖,在不平路面振动更大 ②减振器油封或衬垫处有油液漏出 ③行驶中有噪声

续表

故障形式	故障现象、原因、诊断与排除方法	
减振器故障	故障原因	①无油或油液不足:漏油的原因是油封磨损或损坏,衬垫破裂、压碎或螺栓松动 ②阀门被污物垫起 ③阀门与阀座贴合不严而造成漏油 ④活塞与缸筒磨损 ⑤拉杆脱落或减振器臂与轴承松旷
	故障诊断与排除方法	当对减振器效用产生怀疑时,可在汽车行驶一段路程后,用手触摸减振器外壳,手感温度较高为正常;若温度很低或无温热感,则应进行维修或更换
钢板弹簧故障	故障现象	①钢板弹簧折断:车身出现倾斜现象,倾向钢板弹簧折断的一边。若前钢板弹簧折断,还会同时出现行驶跑偏的现象 ②钢板弹簧窜动:在行驶中,感觉汽车有斜扭现象,转向时,转向盘一侧重一侧轻 ③钢板弹簧销、衬套、吊耳磨损:汽车在行驶中有异响,若磨损过度,汽车行驶时易发生摆头
	故障原因	①钢板弹簧折断的原因:钢板弹簧受到汽车颠簸行驶的交变应力,因疲劳而突然发生脆性断裂;也可能是应力集中处,在极限强度下突然断裂 ②钢板弹簧窜动的原因包括钢板弹簧紧固螺丝松旷或脱扣、中心螺栓折断、钢板弹簧定位凸点磨平等 ③钢板弹簧销、衬套、吊耳磨损的原因包括:各铰接处缺乏润滑;吊耳与轴的配合过松;吊耳衬套磨损过度,没有及时更换,然后又将吊耳镶套处磨损
	故障诊断与排除方法	①对于钢板弹簧折断和销、衬套、吊耳磨损等故障,在一定程度上通过观察、听、摸,即可作出诊断 ②对于弹簧窜动,应先检查紧固螺栓的固定状况,若是没有松动或脱扣,则用手在可疑钢板弹簧间敲击。如发现窜动现象,可诊断为中心螺栓折断或定位凸点磨平

【拓展阅读】

磁流变减振器简介

磁流变液是一种由高磁导率、低磁滞性的微小软磁性颗粒和非导磁性液体混合而成的悬浮液体。如图3.90所示,在零磁场条件下,磁流变液中的磁性颗粒自由分布,对外呈现出低黏度的牛顿流体特性;而在强磁场作用下,磁性颗粒链状或柱状分布,对外呈现出高黏度、低流动性的宾汉姆流变特性。由于磁场作用下的流变是瞬间的、可逆的,而且其流变后的剪切屈服强度与磁场强度具有稳定的对应关系,因此磁流变液是一种用途广泛、性能优良的智能材料。

磁流变减振器是利用磁流变液的黏度瞬间改变进行工作的,可以根据流过每个装置中电磁线圈的电流来快速地改变液体的黏度,其结构如图3.91所示。

在未通电工况下,磁流变液很容易通过减振器的小孔,产生很小的阻尼作用。当悬架控制单元通过传感器检测出大振幅、低频振动时,来自悬架控制单元的大电流就会送到每个减振器

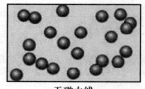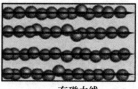

无磁力线　　　　　　　　　有磁力线

图 3.90　磁流变液流变特性图

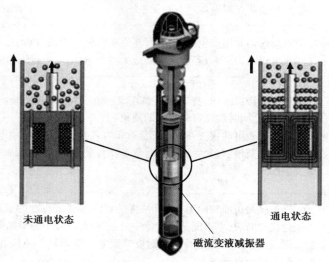

未通电状态　　　　　　　　通电状态

磁流变液减振器

图 3.91　典型横向稳定杆结构图

的电磁线圈,此时油液中的磁性微粒迅速(毫秒级反应时间)作出反应,呈纤维状,磁性液体黏度瞬间变得很大,提高了减振器的阻尼力,以抵抗大振幅的振动冲击。当悬架控制单元通过传感器检测出小振幅高频振动时,来自悬架控制单元的小电流就会送到电磁线圈,适当减小减振器的阻尼力,以隔离高频噪声振动。当传感器未检测出有明显振动,则控制单元不会给电磁线圈输送电流,减振器的减振能力同一般筒式减振器一致。磁流变减振器可用来控制加速过程中后部下沉以及制动过程的俯冲现象,也可在转弯时减小车身的侧倾。

　　磁流变液减振器目前已在部分车型应用,主要有以下特点:精确的实时控制;连续可逆变化的阻尼力;低电压、低功耗;工业级的稳定性和耐久性;简洁的机电结构;使用寿命长。

复习与思考

一、选择题(有一项或多项正确)

1.(　　)本身的刚度是可变的。

A.钢板弹簧　　　　　　B.油气弹簧　　　　　　C.扭杆弹簧　　　　　　D.气体弹簧

2.安装(　　)可使悬架的刚度成为可变的。

A.渐变刚度的钢板弹簧　　　　　　　　　　B.等螺距的螺旋弹簧

C.变螺距的螺旋弹簧　　　　　　　　　　　D.扭杆弹簧

3.轿车通常采用(　　)悬架。

A.独立　　　　　　　B.非独立　　　　　　C.平衡　　　　　　D.非平衡

4.独立悬架与(　　)车桥配合。

A.断开式　　　　　　B.整体式　　　　　　C.A,B 均可　　　　D.A,B 均不可

5.汽车用减振器广泛采用的是(　　)。

A.单向作用筒式　　　B.双向作用筒式　　　C.摆臂式　　　　　D.阻力可调式

二、判断题

1.一般载货汽车的悬架未设导向装置。　　　　　　　　　　　　　　　　(　　)

2.当悬架刚度一定时,簧载质量越大,则悬架的垂直变形越大,固有频率越高。　(　　)

3.在悬架所受的垂直载荷一定时,悬架刚度越小,则悬架的垂直变形越小,汽车的固有频率越低。　　　　　　　　　　　　　　　　　　　　　　　　　　　　　　　(　　)

4.减振器与弹性元件是串联安装的。　　　　　　　　　　　　　　　　　(　　)

5.减振器在汽车行驶中变热是不正常的。　　　　　　　　　　　　　　　(　　)

6.减振器在伸张行程时,阻力应尽可能小,以充分发挥弹性元件的缓冲作用。　(　　)

三、简答题

1.悬架由哪些部件组成? 各有什么作用?

2.简述悬架系统的功用。

3.悬架系统有哪些常见的弹性元件?

4.简述单向作用筒式减振器的工作原理。

5.横向稳定器有什么作用?

6.独立悬架和非独立悬架各有什么特点?

7.悬架系统的检修内容有哪些,又有哪些常见故障?

项目 **4**
汽车转向系统的维护与检修

【教学目标】
- 掌握转向系的基本功用、组成、分类和工作原理；
- 熟悉各种典型转向器的结构和工作原理；
- 熟悉转向操纵机构和传动机构的组成、类型和工作原理；
- 掌握机械转向系统的检查调整和故障诊断排除方法；
- 掌握动力转向系统的结构和工作原理；
- 掌握动力转向系统的检查调整和故障诊断排除方法；
- 了解电动助力转向系统和四轮转向系统的组成和工作原理。

【项目描述】

  某轿车在一次长途行车之后，转动方向盘比以前费劲很多。维修人员将发动机启动、升起车辆后，一人打转向，一人观察转向机构的运动，未发现有机构运动干涉的情况。但维修人员却发现地面上有少量油液，找到漏油点，更换相关管路和接头后，经试车，车辆转向恢复正常。

  从该案例可以看出，汽车的转向系统是机械系统与液压系统结合进行工作的。汽车能否正常转向，在很大程度上取决于机械系统和液压系统的可靠性和稳定性。在车辆高速行驶过程中如果出现转向卡滞或转向沉重的问题，后果将不堪设想。那么，汽车的转向系统是如何实现转向的？要经过哪些环节才能实现转向？为什么在正常情况下，较小的人力能转动较重的车轮？EPS 系统是什么，对汽车的转向有哪些帮助？针对这些问题，本项目将主要研究汽车转向系统的组成、基本原理、拆装方法、故障产生原因以及排除方法。

任务 4.1 转向系统的总体认识

【任务引入】

  转向系统的性能直接影响汽车的操纵稳定性，转向系统是汽车底盘的重要组成部分。

本任务是对汽车转向系统的总体介绍,要求能对转向系统的功能要求、组成结构以及工作原理有一个总体的认识,要理解车轮的偏转规律和转向系的几个基本参数,为后续内容的学习打好基础。

【任务相关知识】

4.1.1 转向系统的功用

汽车行驶时,要经常改变行驶方向,需要有一套能实现转向和回位的机构,即能够遵从驾驶员意志,将转动方向盘的动作转变为转向轮的偏转动作,并保证转向轮之间有协调的转角关系,当新的行驶方向达到要求后,使转向轮恢复直线行驶状态。汽车的转向系统就是这样的机构,其具有改变汽车行驶方向以及使汽车保持稳定直线行驶的功能,对汽车的行驶安全性以及操纵稳定性有重要的影响。

4.1.2 转向系统的分类、组成和工作原理

按转向动力来源的不同,汽车转向系统分为机械转向系统和助力转向系统。机械转向系统的动力来源是驾驶员操纵转向盘的手力,而助力转向系统的助力来源则是驾驶员手力和外部动力(主要分为发动机动力、液压力、气动压力和电机动力几种)相结合。

汽车转向系统的结构形式多样,但都由转向操纵机构、转向器和转向传动机构三大部分组成。由于助力转向系统是在机械转向系统的基础上增加了助力装置,两者的转向传动机构的组成和结构是不同的,但转向操纵机构和转向器区别不大。

转向操纵机构是驾驶员转动转向盘的操纵力传递到转向器上的机构,包括转向盘、转向轴、万向节以及转向传动轴,如图4.1所示。转向器是操纵装置和转向传动装置的中间机构,通过操纵机构接收转向盘的转动,将其变为摆动或直线往复运动,并放大转向操纵力。

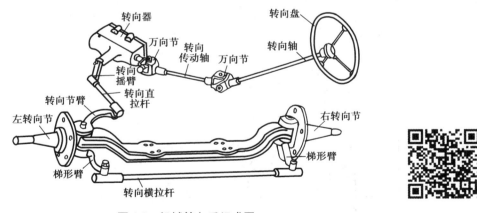

图 4.1 机械转向系组成图

转向传动机构将转向器输出的运动传给转向节,并使车轮按一定规律发生偏转的机构。机械转向系的转向传动机构包括转向摇臂、转向直拉杆、转向节臂、梯形臂和转向横拉杆,如图4.1所示;助力转向力的转向传动机构则是由转向油罐、油泵和油管等液压助力元件与转向直拉杆、转向横拉杆、转向减振器和转向节臂共同组成,如图4.2所示。

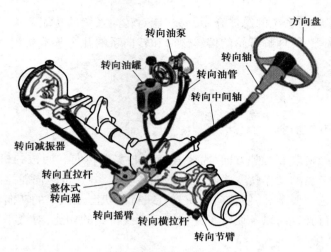

图 4.2　助力转向系组成图

汽车转向系统的工作原理以机械转向系为例进行说明。如图 4.1 所示,驾驶员转动转向盘,产生的转向力矩经过转向轴和转向传动轴被输入转向器,再通过转向器减速增矩的作用传到转向摇臂,并依次传给转向直拉杆、转向节臂和左转向节,拉动左转向轮绕主销轴线偏转。同时,由安装在转向节上的左梯形臂、右梯形臂以及与梯形臂作球铰链连接的转向横拉杆组成的转向梯形,在左转向节偏转时带动右转向节以及右转向轮绕主销轴线同向偏转相同的角度。

4.1.3　转向车轮的偏转规律

为实现汽车的正常转向行驶,转向系必须使汽车车轮转向轨迹符合一定的规律,即所有车轮都围绕一个转向中心进行转动,以保证所有车轮相对于地面作纯滚动,如图 4.3 所示,其中点 O 就是这个转向中心。

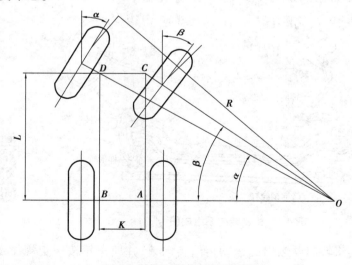

图 4.3　转向偏转规律示意图

图 4.3 中, α 为外侧转向轮转角, β 为内侧转向轮偏转角, K 为左右车轮主销中心距离(轮距), L 为汽车轴距。对具体车型来说, K 和 L 是定值,但转向中心 O 是瞬时转向中心,随驾驶

员操纵的转向轮偏转角 α 和 β 的变化而改变。在车轮未变形的条件下，β 始终大于 α，两者之间的函数关系可表示为

$$\cot \alpha = \cot \beta + \frac{K}{L} \tag{4.1}$$

从转向中心 O 到外侧转向车轮中心的距离 R 称为转弯半径，而转向盘转至极限位置时即外侧转向轮转角 α 达到最大时的转弯半径称为最小转弯半径，其表达式为

$$R_{\min} = \frac{L}{\sin \alpha_{\max}} \tag{4.2}$$

最小转弯半径是评价汽车转向能力和转向安全性能的重要指标，它越小，表明汽车调头行驶以及通过弯道半径较小路段的能力越强，即汽车的机动性能越好。外侧转向轮转角和轴距是影响最小转弯半径的主要因素。

4.1.4　转向系的参数

（1）转向系角传动比

转向盘转角的增量与转向摇臂轴转角的相应增量之比，称为转向器角传动比；转向摇臂轴转角的增量与同侧转向节转向角的相应增量之比，称为转向传动机构角传动比。转向系角传动比是转向盘转角的增量与同侧转向节转向角的相应增量之比，是转向器角传动比和转向传动机构角传动比的乘积。转向系角传动比较大时，转向操纵较轻便，会导致操纵灵敏性下降；而转向系角传动比较小时，会导致转向沉重。因此，转向系角传动比的选取需要兼顾转向的轻便性和灵敏性两个方面。

（2）转向盘的自由行程

不使转向轮偏转而转向盘所能转过的最大角度即是转向盘的自由行程，是由转向系各传动件之间的装配间隙造成的，车轮在消除这些间隙并克服传动元件的弹性变形后才发生相应转动，即在车轮转动前，转向盘有一个空转阶段。转向盘的自由行程对于缓和路面冲击和避免驾驶员因紧张造成的误操作是有利的，但过大的自由行程又会导致转向迟钝。一般汽车转向盘自由行程在 $10° \sim 15°$，超过则需调整。

（3）转向盘的总转动圈数

转向盘从一个极端位置转动另一个极端位置时所转过的转动圈数称为转向盘的总转动圈数。它与转向轮的最大转角及转向系的角传动比有关，并影响转向的操纵轻便性和灵敏性，乘用车一般不超过 4 圈，货车则不超过 6 圈。

【拓展阅读】

四轮转向系统概述

（1）四轮转向系统的发展背景

四轮转向（简称 4WS）是指汽车在转向时，4 个车轮都可相对车身主动偏转，起到转向作用，且转向机动性能得以改善。传统的两轮转向汽车在高速转向时，车身离心力会使车辆后部侧向移动，产生侧滑。如果侧滑严重，会使汽车产生横向旋转，加剧了车辆失控的危险。而在此种情况下，如果后轮与前轮同向转动，则侧滑程度将会大大削弱，从而改善了操纵稳定性。四轮转向系统的推出，正是基于增强汽车高速行驶时的操纵稳定性和改善低速行驶时的操纵

轻便性的目的,目前主要应用于部分中高档汽车。

(2)四轮转向系统的车轮偏转规律

前后轮逆向转向:如图4.4(a)所示,在低速行驶或者方向盘转角较大时,前后轮实现逆向转向,即后轮的偏转方向与前轮的偏转方向相反,且偏转角度随方向盘转角增大而在一定范围内增大。这种转向方式可改善汽车低速时的操纵轻便性,减小汽车的转弯半径,提高汽车的机动灵活性,且便于汽车掉头转弯、避障行驶、进出车库和停车场。

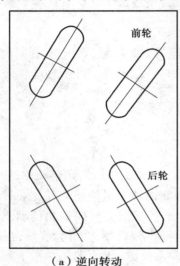

（a）逆向转动　　　　　　　　　　　　（b）同向转动

图 4.4　四轮转向系统的车轮偏转

前后轮同相位转向:如图4.4(b)所示,在中、高速行驶或方向盘转角较小时,前、后轮实现同向转向,即后轮的偏转方向与前轮的偏转方向相同,使汽车车身的横摆角速度大大减小,可减小汽车车身发生动态侧偏的倾向,保证汽车在高速超车、进出高速公路、高架引桥及立交桥时处于不足转向状态。现在,有许多四轮转向的汽车注重提高汽车高速行驶的操纵稳定性,而不过分要求汽车在低速行驶的转向机动灵活性。其工作特点是低速时汽车只采用前轮转向,只在汽车行驶速度达到一定数值后(如50 km/h),后轮才参与转向,进行同向四轮转向。

(3)四轮转向系统的优缺点

四轮转向系统的优点主要包括:转向操作的响应加快,准确性提高;转向操作的机动灵活性和行驶稳定性提高;抗侧向干扰的稳定性效果好;超车时,变换车道更容易,减小了汽车产生摆尾和侧滑的可能性。

四轮转向系统的不足主要体现在:低速转向时,汽车尾部容易碰到障碍物;实现理想控制的技术难度大;转向系统结构复杂、成本高。

复习与思考

简答题

1.简述汽车是如何实现转向的。

2.简述转向系的功用。

3.机械式转向系由几部分组成？简述其工作原理。

4.什么是转向盘的自由行程？为什么要有自由行程？它对转向有何影响？

任务4.2 机械转向系统的维护与检修

【任务引入】

案例：某轿车在行驶过程中，前轮有自动向右偏转的趋势，要想保持汽车直线行驶，手必须用力握住方向盘才行。当方向盘向右打到底时，车轮不能自动回位，必须将方向盘用力向左打，才能使车轮回正。维修人员通过检查调整转向器，重新调整前束并将前桥解体分别检查，调整转向节、工字梁，使其符合技术要求，结果故障仍然无法排除。维修人员对转向传动机构进行了彻底检查，才发现转向直拉杆有弯曲变形的情况。更换新件后，故障排除。

转向直拉杆是转向传动机构中的零件，弯曲变短后，直拉杆、转向节臂和转向垂臂之间的几何位置和传动关系将发生变化，造成转向传动关系失调，传动机构对车轮的自动回位起到阻碍作用。

本任务对机械转向系统进行了全面介绍，要求熟悉转向操纵机构、转向器和转向传动机构的功能、组成、分类和工作原理，掌握各组成机构的拆装和检修方法以及常见故障诊断和排除方法。

【任务相关知识】

4.2.1 转向操纵机构

转向盘到转向器之间的所有零部件总称为转向操纵机构，其中，万向节和传动轴是万向传动装置，在此不再专门介绍。转向操纵机构的功用包括两个方面：第一，产生转动转向器所必需的操纵力，主要由转向盘产生；第二，具有一定的调节和安全性能，主要由转向柱完成。

（1）转向盘

1）转向盘的结构

转向盘由轮圈、轮辐和轮毂组成，如图4.5所示。轮辐和轮圈由钢、铝或镁合金制成骨架，外表面通过注塑方法包裹一定形状的塑料外层或合成橡胶，以改善操纵转向盘的手感并提高驾驶时的安全性。转向盘轮毂的细牙内花键与转向轴连接，端部通过螺母轴向压紧固定。

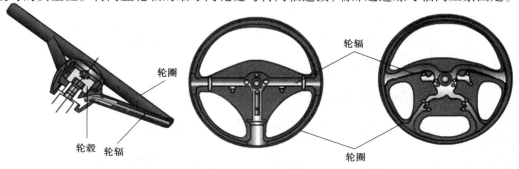

图4.5 转向盘结构图

转向盘上都装有喇叭按钮,很多轿车的转向盘上还装有车速控制开关和安全气囊。

随着汽车工业的不断发展,转向盘的功能设计也开始向智能化、人性化的方向转变。多功能方向盘应时而生,它是指在方向盘上设置一些功能键(如蓝牙、音响、车辆设置等),驾驶员可以直接在方向盘上操控车内很多的电子设备,不需要在中控台上去寻找各类按钮,大大提高行车的安全性。

2)转向盘的基本检查

①自由行程的检查

转向盘在空转阶段的位移行程称为转向盘自由行程,它对于缓和路面冲击及避免使驾驶人过度紧张是有利的,但此自由行程也不宜过大,以免过分影响转向灵敏性。汽车每行驶12 000 km 左右,就应检查转向盘的自由行程,检查方法是:

首先,启动发动机(机械转向系无须启动发动机),转动转向盘使前轮处于直线行驶位置。轻轻移动转向盘,在转向轮就要开始转动时(或感觉到阻力时),使用直尺测量转向盘外缘的移动量,一般为0~30 mm,如图4.6 所示。

如果不符合要求,应该检查转向器间隙,调整转向球头销以及转向器传动副配合间隙等。

②转向盘是否处于中间位置的检查

检查步骤如下:

a.确认转向机总成和转向盘的方向是否正确安装。

b.先对车轮定位,然后执行中间位置检查。

c.将汽车停好,车轮回位,确认转向盘处在中间位置。

d.松开外套筒锁紧螺母并左右转动纵拉杆进行微调,检查转向盘是否在中间位置。

③转向盘转向力大小的检查

检查步骤如下:

a.将车辆停放在水平干燥的地面上,将驻车制动手柄拉起,发动机点火。

b.将转向盘从中间位置转过360°,在此位置检查转向盘转向力的大小,如图4.7 所示。转向盘转向力应小于36 N。

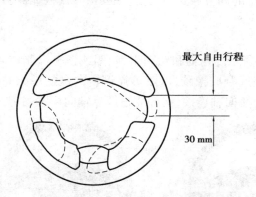

图 4.6　转向盘自由行程检查

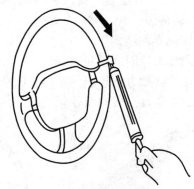

图 4.7　转向盘转向力矩测试

c.如果转向盘转向力超出规定值,则参考转向机总成中的小齿轮旋转扭矩。

(2)转向管柱

转向管柱总成是由把转向盘旋转传送到转向器的转向主轴机构和把转向主轴固定到车身上的转向柱管组成,主要包括上管柱、中间轴、万向节和轴承等零部件,如图4.8 所示。有些转向主轴直接与转向器输入轴连接,而有些则通过万向节和转向器相连。而采用万向传动装置,主要作用是补偿由于部件在车上的安装误差和安装基体(如驾驶室、车体)的变形所造成的二者轴线实际上的不重合。采用柔性万向节间接连接,还可以有效阻止路面对轮胎的冲击经过转向器传到转向盘,从而显著减轻转向盘受到的冲击和振动。

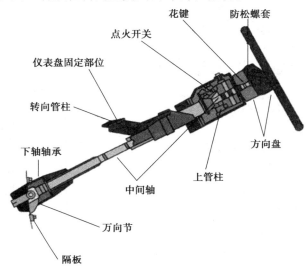

图 4.8   转向管柱总成结构图

1)吸能式转向管柱

为防止车辆正面撞击后转向管柱对驾驶员造成损伤,各国都有相应的法规要求转向操纵机构具有安全保护装置,吸能式转向管柱因此得到广泛应用。在受到较大冲击时,吸能式转向管柱主要通过以下两种方式吸收冲击能量:

①转向轴错位

如图 4.9 所示,转向轴分为上、下转向轴,中间通过柱销、塑料衬套、减振橡胶套和凸缘盘柔性连接。当汽车发生猛烈撞击后,车身和车架的变形将导致转向轴和转向盘后移。同时,驾驶员在惯性作用下,身体向前冲,致使连接上、下转向轴的柱销脱开,即转向轴发生错位,缓和了冲击,有效减轻了驾驶员的受伤程度。

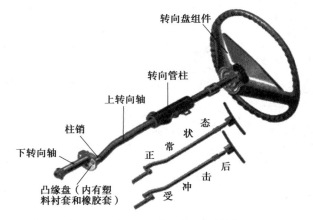

图 4.9   转向轴错位式吸能装置

②转向柱管变形

如图 4.10 所示,如果采用了网格状或波纹管式转向柱管,则当发生猛烈撞车导致人体冲撞转向盘时,网格部分或波纹管部分将被压缩产生塑性变形,吸收冲击能量,以减轻对人体的伤害。

2)位置可调式转向柱

转向柱调节的形式分为倾斜角度调节和轴向位置调节两种。如图 4.11 所示为转向轴倾斜角度调整机构。转向管柱的上段和下段分别通过倾斜调整支架和下托架与车身相连,而转

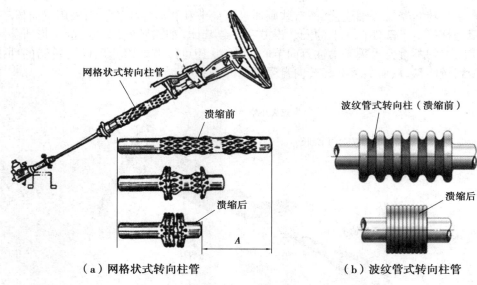

（a）网格状式转向柱管　　　　　　（b）波纹管式转向柱管

图 4.10　转向柱管变形式吸能装置

向管柱由倾斜调整支架夹持并固定。倾斜调整用锁紧螺栓穿过调整支架上的长孔和转向管柱,螺栓的左端为左旋螺纹,调整手柄即拧在该螺纹上。当向下扳动手柄时,锁紧螺栓的螺纹放松,转向管柱即可以下托架上的枢轴为中心在装有螺栓的支架长孔范围内上下移动;确定了转向管柱的合适位置后,向上扳动调整手柄,从而将转向管柱定位。

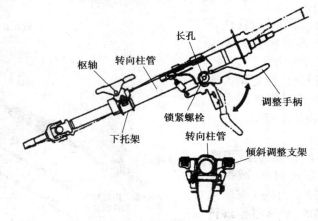

图 4.11　转向轴倾斜角度调节机构

如图 4.12 所示的是一种转向轴伸缩机构。转向轴分为上下两段,二者通过花键连接。上转向轴内调节螺栓通过楔状限位块夹紧定位。调节螺栓的一端拧有调节手柄。当需要调整转向轴的轴向位置时,先向下推调节手柄,使限位块松开,再轴向移动转向盘,调到合适的位置后,向上拉调节手柄,将上转向轴锁紧定位。

（3）转向盘与转向管柱的拆装

下面以比亚迪 F3 为例,介绍转向盘和转向管柱的拆装过程。

①将汽车停放,使车轮回正,脱开蓄电池的负极端子。

②拆下喇叭按钮总成和驾驶员安全气囊模块。

　　a.用套筒扳手或者螺丝刀松开两个螺钉,如图 4.13 所示,直至螺钉头周边卡在螺钉壳体内,拿开喇叭按钮罩壳,从转向盘中拉出喇叭按钮总成。放置喇叭按钮总成时,保证其上表面向上,不要分解喇叭按钮总成。

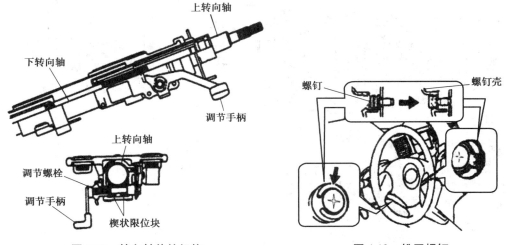

图 4.12　转向轴伸缩机构　　　　　　　　　　图 4.13　松开螺钉

　　b.从转向盘中间拆卸驾驶员安全气囊模块,其注意事项包括:拆卸时,不要拉扯安全气囊模块线束;放置安全气囊模块总成时,保证其上表面向上;不要分解安全气囊模块总成。

　　c.脱开与时针弹簧连接的线束接头,拆下转向盘固定螺栓,如图 4.14 所示。

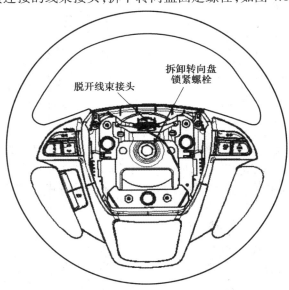

图 4.14　方向盘相关线束接头及螺栓的拆卸

　　d.在转向盘总成和转向管柱及万向节总成上做好配合标记,如图 4.15 所示。使用专用转向盘拔具,拆下转向盘总成,如图 4.16 所示。

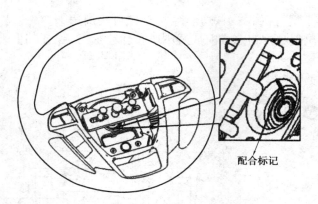

图 4.15　方向盘与转向管柱之间的配合标记　　　　图 4.16　拆下转向盘总成

e.拆下转向管柱上盖和下盖。如图 4.17 所示,拆下 3 个螺钉以及转向管柱上盖、下盖。

f.脱开地板式换挡停车锁止拉线总成。将点火开关置于 ACC 位置,推动棘爪,拉出换挡锁止拉线,如图 4.18 所示。

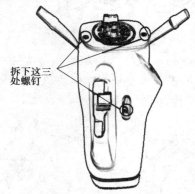

图 4.17　拆下转向管柱上盖和下盖　　　　图 4.18　脱开换挡停车锁止拉线总成

g.拆下组合开关。

●拆下组合开关连接件。组合开关靠一个金属卡与两个塑料卡与安装板连接,先用螺丝刀将金属卡从安装孔出提出,再拆下这两个塑料卡,如图 4.19 所示。

●如图 4.20 所示,先拆下左组合开关(前照灯变光开关总成),然后拆下右组合开关(刮水器开关总成)。

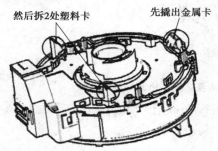
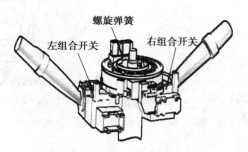

图 4.19　拆下组合开关连接件　　　　图 4.20　拆下组合开关

h.拆下 2 号转向中间轴总成。

●脱开 2 号转向中间轴总成。在滑叉和中间轴上做配合标记,松开连接螺栓,然后脱开中间轴总成。

●拆下转向管柱总成。从转向管柱总成上脱开接头和线束卡子,拆下 3 个螺栓和转向管柱总成,如图 4.21 所示。

●拆下 2 号转向中间轴总成。在主轴和中间轴上做配合标记,如图 4.22 所示,然后拆下螺栓和中间轴。

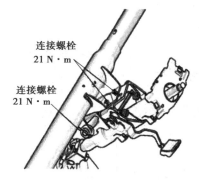

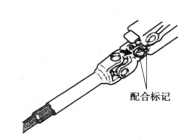

图 4.21　拆下转向管柱总成连接螺栓　　图 4.22　主轴和中间轴的配合标记

i.拆下转向管柱上开关支架。先使用中心冲子,在两个锥形螺栓上做中心标记,如图 4.23 所示,然后使用螺丝刀拆下两个螺栓和转向管栓上开关支架总成。

j.拆下点火开关锁芯总成。如图 4.24 所示,把点火开关旋转到 ACC 位置,用螺丝刀按下止动锁,拉出点火开关锁芯总成。

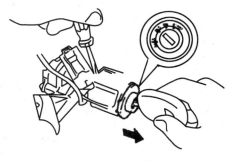

图 4.23　在锥形螺栓上做中心标记　　　　图 4.24　拆下点火开关锁芯总成

k.拆下未锁警告开关总成,从点火开关总成上脱开并拆下未锁警告开关,然后拆下点火开关总成。

③安装过程。

按照与拆卸相反的步骤安装。有以下注意事项:

a.安装完点火开关总成和未锁警告开关总成之后,应检查转向锁的动作:拔出钥匙时,转向锁机构应锁止。当把钥匙插入并旋转到 ACC 位置时,转向锁机构锁止解除。

b.安装 2 号转向中间轴总成时,要注意对齐主轴和中间轴上的配合标记以及滑叉和中间轴上的配合标记。

c.安装喇叭按钮总成时,要注意:不要使用另一辆汽车上拆下的安全气囊零件,必须使用新零件进行更换;确保喇叭按钮总成是以规定力矩进行安装的;若喇叭按钮总成掉地,或者在壳体接头上有裂纹、凹坑或其他缺陷,更换新总成;当安装喇叭按钮总成时,电线不要和其他部件有干扰。

d.安装完成后,对转向盘自由行程、转向盘是否处于中间位置以及转向力的大小做基本检查,若不符合要求,进行调整;检查安全气囊警告灯是否亮起,如亮起,应再做进一步检修。

4.2.2 转向器

(1)转向器的功能和传动效率

转向器是将转向盘的转动变为转向摇臂的摆动或齿条轴的直线往复运动,并对转向操纵力进行放大的机构。转向器一般固定在汽车车架或车身上,转向操纵力通过转向器后改变传动方向。

转向器除了要保证汽车转向轻便灵活外,还应能防止由于路面反力对转向盘产生过大的冲击,即所谓的"回弹打手"现象。为了实现这一目的,转向器应具有较高的正传动效率和适当的逆传动效率。

转向器传动效率是指转向器输出功率与输入功率之比,由转向盘输入、从转向摇臂输出的为正传动效率;反之,转向摇臂受到道路冲击而传到转向盘的则为逆传动效率。按传动效率的不同,转向器可以分为可逆式转向器和不可逆式转向器。

可逆式转向器是指正、逆传动效率都很高的转向器。这种转向器很容易将路面反力传递给转向盘,有利于转向后的转向轮自动回正。转向盘"路感"很强,但在路况较差时容易出现转向盘"打手"现象,所以主要应用于经常在良好路面上行驶的车辆。

不可逆式转向器是指逆传动效率很低的转向器,这种转向器使驾驶员难以得到路面不平度的反馈信息,转向盘的"路感"很差,而且转向轮也难以自动回正,所以很少采用。

(2)转向器的结构和工作原理

常用的转向器类型有:齿轮齿条式、蜗杆曲柄指销式和循环球式。

1)齿轮齿条式转向器

齿轮齿条式转向器主要由齿轮、齿条和转向轴组成,如图4.25所示。转向轴垂直安装在壳体中,上端通过万向传动装置与转向盘相连,下端是与轴制成一体的齿轮。

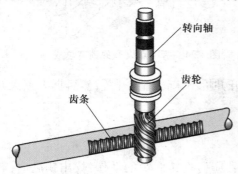

图4.25 齿轮齿条式转向器结构示意图

齿轮齿条式转向器把转向盘的旋转运动转变为横向运动。当转向盘转动时,主动齿轮的轮齿就啮合齿条的轮齿,引起齿条的运动。齿条的运动使转向横拉杆移动,带动了车轮的转动。如图4.26所示,齿轮齿条转向器右转时的工作过程为:右转转向盘时,与主动齿轮啮合的齿条向右移动,使转向横拉杆向右伸,带动车轮向右转动,实现车辆向右转向;左转向时,工作过程与此类似,只是转动方向相反。

由于具有结构简单紧凑、操控轻便灵敏、制造成本低、便于布置等优点,齿轮齿条式转向器广泛应用于轿车、微型货车和轻型货车。采用齿轮齿条式转向器可以使转向传动机构简化(不需要转向摇臂和转向直拉杆等),齿轮齿条无间隙啮合无须调整,而且逆传动效率很高。

图 4.26　齿轮齿条式转向器右转时工作过程示意图

2)循环球式转向器

循环球式转向器的主要结构包括循环球、转向螺母、转向螺杆和齿形扇,如图 4.27 所示。转向螺杆支承在两个推力球轴承上,轴承的预紧度可以调整。转向螺母松套在转向螺杆上,二者的螺纹并不直接接触,而是通过装在其内的循环钢球实现滚动摩擦。

循环球式转向器有两级传动副,第一级传动副是转向螺杆与转向螺母,转向螺母的下平面加工成齿条,与扇形齿相啮合,构成第二级传动副。它的工作过程如下:

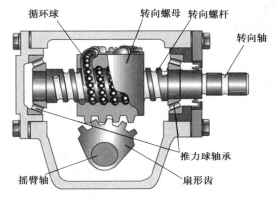

图 4.27　循环球式转向器结构和原理示意图

当转动转向盘,通过转向轴带动转向螺杆时,通过钢球将操纵力传给转向螺母,螺母并不随螺杆转动,而是沿螺杆轴向移动。转向螺母在轴向移动中,其齿条带动扇齿绕着转向摇臂轴做圆弧运动,从而使转向摇臂轴转动,带动摇臂产生摆动,进而通过转向传动机构使转向轮发生偏转,实现汽车的转向。

3)蜗杆曲柄指销式转向器

蜗杆曲柄指销式转向器的主要结构组成包括转向蜗杆、指销、摇臂轴曲柄等,如图 4.28 所示。转向蜗杆通过两个推力角接触球轴承支承在转向器壳体上,其轴承预紧度可调整。指销为锥形结构,一端与蜗杆相啮合,另一端通过圆锥滚子轴承支承于摇臂轴曲柄内端。

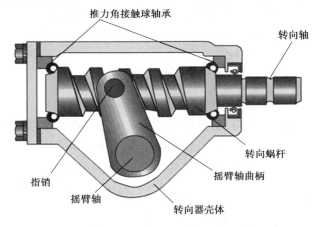

图 4.28　蜗杆曲柄指销式转向器结构和原理示意图

165

蜗杆曲柄指销式转向器的工作过程为:转向轴带动转向蜗杆(主动件)转动时,与之相啮合的指销(从动件)便绕摇臂轴轴线在蜗杆螺纹槽内做圆弧运动,同时带动摇臂摆动,以实现汽车转向。

(3)转向器的拆装与调整

下面以循环球式转向器为例来介绍转向器的拆装与调整过程。

1)循环球式转向器的拆卸过程

①在车上拆下循环球式转向器的转向垂臂、万向节叉的锁紧螺母;将转向器总成从车上拆下并卸下通气塞,放出转向器内的润滑油。

②将转向臂轴转到中间位置,再拧下侧盖的4个紧固螺栓,用软质锤轻轻敲打转向臂端头,取出侧盖和转向臂轴总成,如图4.29所示。松开转向摇臂轴紧固螺母后,在转向摇臂和摇臂轴间做好装配记号。

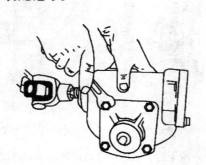
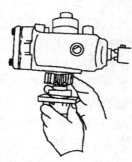

图4.29 拆下侧盖和转向臂轴总成

③拧下转向器底盖上的4个紧固螺栓,用橡胶锤轻轻敲击转向螺杆上端,拆下底盖和调整垫片,如图4.30所示。

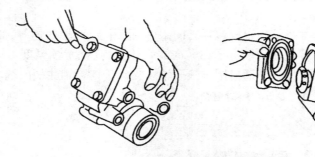

图4.30 拆下转向器底盖

④从壳体中取出转向螺杆及转向螺母总成,如图4.31所示。

⑤螺杆及螺母总成如无异常情况,尽量不要解体。必须解体时,应按图4.32中所示,先拧下3个固定导管夹的螺钉,拆下导管;再握紧螺母,慢慢转动螺杆,排出全部钢球。

2)循环球式转向器的装配与调整过程

①装复转向螺杆螺母组件。如图4.33所示,先平稳地往滚道中逐个装入钢球(所装钢球的直径和数量必须符合原厂规定,且在装钢球的过程中,转向螺杆和转向螺母不要相对运动,必要时只能稍许转动转向螺杆或用塑料棒将钢球轻冲进滚道内),然后给装满钢球的导管口涂压润滑脂以防止钢球脱出,最后用导管卡将导管固定在转向螺母上。装入钢球后,转动螺母

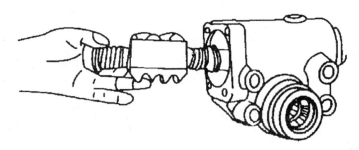

图 4.31 取出转向螺杆及转向螺母总成

（a）拧下导管夹 　　　　（b）拆下导管 　　　　（c）排出钢球

图 4.32 螺杆及螺母总成分解过程

的轴向窜动量不得大于 0.1 mm。

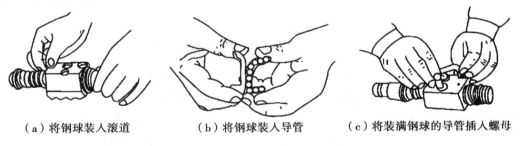

（a）将钢球装入滚道 　　（b）将钢球装入导管 　　（c）将装满钢球的导管插入螺母

图 4.33 装复转向螺杆螺母组件

②将轴承内圈压在转向螺杆的轴颈上。

③组装摇臂轴。摇臂轴承预润滑之后,将摇臂装入壳体内,并按顺序装入推力垫片、调整螺钉、垫圈和弹性挡圈。

④安装转向器上盖、下盖:

a.把轴承装入下盖承孔中。

b.安装调整垫片和下盖,从壳体孔中放入转向螺杆组件,安装下盖。装下盖之前在结合平面上涂以密封胶。

c.把轴承外圈和转向螺杆油封压入上盖,并装入上盖调整垫片和上盖。

d.通过增减下盖调整垫片或用下盖上的调整螺塞调整转向螺杆的轴承预紧度。

⑤安装转向器侧盖:

a.给油封涂密封胶后,油封唇口向内,均匀地将油封压入壳体上承孔内。

b.将转向螺母移至中间位置(转向器总圈数的 1/2),使扇形齿的中间齿与转向螺母的中

167

间齿相啮合,装入摇臂轴组件。

c.侧盖密封垫涂以密封胶,再安装、紧固。

⑥调整转向器啮合间隙:

a.使转向器的传动副处于中间位置(车辆直线行驶位置)。

b.通过调整螺钉调整转向器传动副的啮合间隙,在直线位置上应呈无间隙啮合。

⑦安装摇臂时,应注意将摇臂与摇臂轴二者的装配记号对正,应特别注意摇臂固定螺母确实做到紧固、锁止可靠。

⑧按原厂规定加注润滑油。

4.2.3 转向传动机构

从转向器到转向轮之间的所有传动杆件总称为转向传动机构。转向传动机构的功用是将转向器输出的运动传到转向桥两侧的转向节,使转向轮偏转,并使两转向轮偏转角按一定关系变化,以保证汽车转向时车轮与地面的相对滑动尽可能小。它允许有一些挠性运动,以适应车轮和悬架的运动。转向传动机构的组成和布置因转向器结构形式、安装位置及悬架类型而异。

转向轮采用独立悬架时,为了满足转向轮独立运动的需要,转向桥是断开式的,转向传动机构中的转向梯形也必须断开。与独立悬架配用的多数是齿轮齿条式转向器,其形式有两端输出式和中间输出式两种。

(1)两端输出式转向器

转向器齿条本身就是转向传动机构的一部分,转向横拉杆的内端通过球头销与齿条铰接,外端通过螺纹与连接转向节的球头销总成相连,如图 4.34 所示。

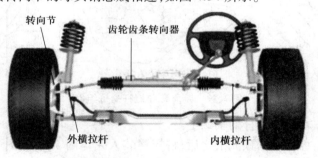

图 4.34 两端输出式转向传动机构图

转向横拉杆由横拉杆体与装配在两端的横拉杆接头组成。横拉杆体用钢管或钢钎制成,它的两端切有正、反螺纹,一端为右旋,另一端为左旋,与横拉杆接头旋装连接。两端接头结构相同,如图 4.35 所示。由于横拉杆体不能绕自身轴线转动,为调整前束,在横拉杆体与球头销之间装有调节螺栓,螺栓两端的螺纹旋向相反,并各旋装一个锁紧螺母。当需要调前束时,先拧松两端的锁紧螺母,然后转动调节螺栓,达到合理的前束值时,再将锁紧螺母锁紧。

(2)中间输出式转向器

如图 4.36 所示,转向横拉杆的内端通过内、外托架和螺栓与转向器齿条的一端相连,外端通过球头销与转向节铰接。其前束调整的方法与两端输出式的相同。

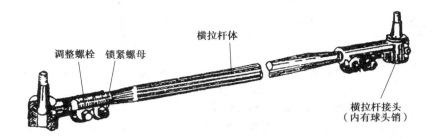

图 4.35   转向横拉杆总成结构图

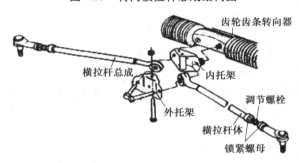

图 4.36   中间输出式转向传动机构图

4.2.4   机械转向系统常见故障的诊断和排除

机械转向系统常见故障主要包括转向沉重、转向不灵敏和转向轮抖动,相应的故障现象、原因以及诊断与排除方法见表 4.1。

表 4.1   机械转向系统常见的故障现象、原因、诊断与排除方法

故障形式	故障现象、原因、诊断与排除方法	
转向沉重	故障现象	①汽车行驶中,驾驶员向左、右转动转向盘时,感到沉重费力,无回正感 ②汽车低速转弯行驶和调头时,转动转向盘感到非常沉重
	故障原因	转向沉重的根本原因是转向轮气压不足或定位不准,转向系传动链中出现配合过紧或卡滞而引起摩擦阻力增大。具体原因主要有: ①转向轮故障:转向轮胎气压不足;转向轮本身定位不准或车轴、车架变形造成转向轮定位失准 ②转向器故障:转向器主动部分轴承调整过紧或从动部分与衬套配合太紧;转向摇臂与衬套配合间隙过小;转向器缺油或无油;转向器壳体变形 ③转向操纵机构故障:转向管柱转向轴弯曲或套管凹瘪造成互相碰擦 ④转向传动机构故障:转向纵、横拉杆球头连接处调整过紧或缺油 ⑤转向节故障:转向节主销与转向节衬套配合过紧或缺油;转向节止推轴承缺油

169

续表

故障形式	故障现象、原因、诊断与排除	
转向沉重	故障诊断与排除方法	①检查汽车是否超载、前部是否过载,若是,采取措施减载;检查前轮胎气压是否过低,若是,应充至规定气压 ②支起前桥,用手转动转向盘试验。若感到转向盘轻便,说明前轴或车架变形、前轮定位失准,应检查校准;若转向仍感沉重,说明故障在转向器或转向传动机械,与前桥和车桥无关 ③拆下转向摇臂,转动转向盘试验 (a)若感觉转向轻便,说明故障在转向传动机构;用手左右扳动前轮试验,检查转向节主销与衬套配合情况,若扳动车轮比较费力,说明转向节主销润滑不良或配合间隙过小,应加注润滑脂或调整配合间隙 (b)检查转向节止推轴承,若轴承缺油或损坏,应更换 (c)检查转向拉杆各球头的润滑和松紧度情况。若拉杆球头过紧,应加注润滑脂或调整拉杆球头的松紧度。若转向仍然沉重,说明故障在转向器,应检查转向器内润滑油量和质量:若润滑油量过低,应添加至规定位置;若润滑油变质,应更换润滑油 (d)检查转向器自由行程,若过小,说明转向器啮合转动副啮合间隙过小,应调整;转动转向盘,察听转向轴与套管是否有碰擦声,若有,说明转向轴或套管变形,应校直 若上述检查结果均正常,应拆检转向器,检查内部的轴承、衬套、啮合副齿有无损坏或严重磨损等情况,并根据检查情况更换相应零部件
转向不灵敏	故障现象	汽车保持直线行驶位置时,转向盘转动的游动角度太大。具体表现为汽车转向时感觉转向盘松旷量很大,需用较大的幅度转动转向盘,而在直线行驶时又感到行驶方向不稳定
	故障原因	转向不灵敏的根本原因是转向系传动链中一处或多处的配合因装配不当、磨损等原因造成松旷。具体原因主要有: ①转向器主、从动啮合部位间隙过大或主、从动部位轴承松旷 ②转向盘与转向轴连接部位松旷 ③纵、横拉杆球头连接部位松旷 ④纵、横拉杆臂与转向节连接松旷 ⑤转向节主销与衬套磨损后松旷
	故障诊断与排除方法	重点是判断故障是转向器本身还是由转向拉杆、转向轴或转向节磨损等原因造成的。检查故障时,先架起汽车转向轮,再左右转动转向盘。当用力转向时,转向拉杆才同步转动,说明拉杆连接处的磨损量过大;若转向拉杆不动,则说明转向器齿轮的磨损量过大

故障形式	故障现象、原因、诊断与排除方法	
转向轮抖动	故障现象	汽车在某低速范围内或某高速范围内行驶时,出现转向轮各自围绕自身主销进行角振动的现象。尤其是高速时,转向轮摆振严重,握转向盘的手有麻木感,甚至在驾驶室可看到汽车车头晃动
	故障原因	转向轮抖动的根本原因是转向轮定位不准,转向系连接部件之间出现松旷,旋转部件转动不平衡。具体原因主要有: ①转向轮故障:转向轮旋转质量不平衡或转向轮轮毂轴承松旷;两转向轮的定位不准 ②转向轮所在车轴悬挂故障:减振器失效或左右两边减振器效能不一;钢板弹簧 U 形螺栓松动或钢板销与衬套配合松旷;左右两悬挂的高度或刚度不一;转向系与悬挂的运动发生干涉 ③转向器故障:转向器主、从动部分啮合间隙或轴承间隙太大;转向器垂臂与其轴配合松旷或纵、横拉杆球头连接松旷;转向器在车架上的连接松动,应予紧固
	故障诊断与排除方法	①外观检查: a.检查各个车轮胎压是否过低。若过低,应充气至规定值 b.检查前驱动桥、转向器及转向传动机构是否松动。若松动,应紧固 c.检查前减振器是否漏油。若漏油或失效,应更换新件 d.检查左右悬架弹簧是否折断或弹力减弱。若是,应更换新件 e.检查悬挂弹簧是否固定可靠。若松动,应紧固 ②支起驱动桥,用三角架塞住非驱动轮,启动发动机并逐步使汽车换入高速挡,使驱动轮达到车身摆振的车速。若此时车身和转向盘出现抖动,说明传动轴严重弯曲或松旷,转向轮动不平衡或偏摆量大(前驱动);若此时车身和转向盘不抖动,说明故障为车架、车桥变形或前轮定位不准 ③检查前轮是否偏摆: a.支起前桥,在前轮轮辋边上放一划针,慢慢转动车轮,察看轮辋是否偏摆过大,若是,应更换新件 b.拆下前轮,在车轮动平衡仪上检查前轮的动平衡情况。若不平衡量过大,应加装平衡块,使之平衡 c.若上述检查结果均正常,应检查车架、车桥是否变形,并用前轮定位仪检查调整前轮定位

【拓展阅读】

电动转向调整机构和转向锁定机构简介

(1)电动式转向柱调整机构

　　为满足驾驶员的舒适驾驶要求,转向操纵机构应可以调节。一些汽车装设了可调节式转向柱,可进行倾斜角度或轴向位置的调节,使驾驶员根据不同的驾驶姿势和身形进行转向盘的调节。电动式转向柱调整机构的工作原理:用电动方式进行转向柱的轴向调整和倾斜调整,其各机构都使用电机,机构运动由电机推动螺杆移动来完成,电机由安装在转向管柱盖板上的开关操纵。

转向柱的轴向调整:带有减速器的电机和螺杆与箱式摇臂是固定在一起的,带有转向柱管的导板盒与调整座是固定在一起的。螺杆拧在调整座的内螺纹内。螺杆的旋转运动转换成带有导板盒和转向柱管的轴向运动,如图 4.37 所示。电机内有一个霍尔传感器,该传感器会测定出电机转动的圈数,控制单元由此就可计算出转向柱当前的位置。

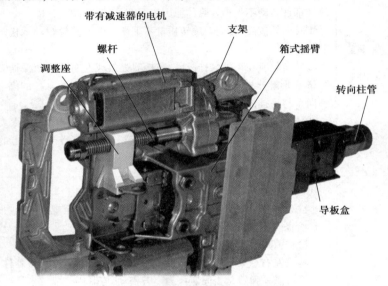

图 4.37 电动式转向柱轴向调整机构

转向柱的倾斜调整:带有导板盒和转向柱管的箱式摇臂是支承在支架内且可转动的。带有柔性轴、螺杆和减速器的电机与箱式摇臂是固定在一起的。支架内装有一个螺纹套,螺杆就拧在该套内。螺杆的转动会使得螺纹套在垂直方向运动。带有导板盒和转向柱管的箱式摇臂就会绕共同的旋转中心转动。螺杆的另一端与一个圆柱齿轮固定在一起,这个转动通过一条齿形皮带传到转向柱另一面的一根螺杆上,在这面使用相同的部件来进行调整,如图 4.38 所示。

这种两面支承可以大大提高转向柱的连接刚度。电机内有一个霍尔传感器,该传感器会测定出电机转动的圈数,控制单元由此就可计算出转向柱当前的位置。

(2)转向锁定机构

转向锁定机构属于防盗系统的组成部分,当拔出点火钥匙后,会将转向主轴锁定到转向管柱上,禁止转向盘转动。

转向锁定机构的主要组成包括:带有圆锥形外花键的锁止轮通过一个滑动摩擦联轴节与转向柱管相连;带有圆锥形内花键的锁止滑块支承在导板盒内,可以纵向移动。电机通过蜗杆来驱动圆柱齿轮。换向杠杆支承在转向柱锁总成内,可纵向移动,并通过拉杆与锁止滑块相连,如图 4.39 所示。

转向锁定机构的工作原理:电机开始工作时就会带动圆柱齿轮转动,圆柱齿轮的侧面呈斜

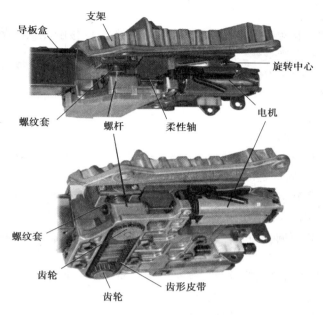

图 4.38 电动式转向柱倾斜调整机构

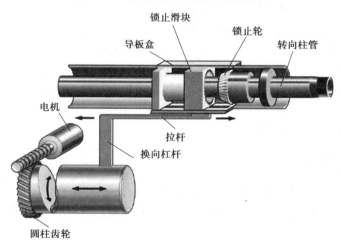

图 4.39 电动转向柱锁工作原理图

面状。换向杠杆就在这个斜面上运动,且可根据圆柱齿轮和斜面的位置纵向移动。换向杠杆的运动会直接传给锁止滑块。当锁止滑块和锁止轮啮合在一起时,转向柱就被机械锁定了。

复习与思考

一、选择题(有一项或多项正确)

1.机械转向系的构成包括( )。

A.转向操纵机构　　　　B.转向器　　　　C.转向传动机构　　　　D.转向梯形

2.转弯半径是指由转向中心到（　　　）。

A.内转向轮与地面接触点间的距离　　　B.外转向轮与地面接触点间的距离

C.内转向轮之间的距离　　　　　　　　D.外转向轮之间的距离

3.转向梯形理想表达式中的 B 是指（　　　）。

A.轮距　　　　　　　　　　　　　　　B.两侧主销轴线与地面相交点间的距离

C.转向横拉杆的长度　　　　　　　　　D.轴距

4.循环球式转向器中的转向螺母可以（　　　）。

A.转动　　　　　B.轴向移动　　　　　C.A,B 均可　　　　　　D.A,B 均不可

5.采用齿轮、齿条式转向器时,不需（　　　）,所以结构简单。

A.转向节臂　　　B.转向摇臂　　　　　C.转向直拉杆　　　　　D.转向横拉杆

6.配用的转向传动机构主要包括（　　　）。

A.转向摇臂　　　B.转向主拉杆　　　　C.转向节臂　　　　　　D.转向梯形

二、判断题

1.汽车转向时,内转向轮的偏转角应当小于外转向轮的偏转角。　　　　　（　　）

2.汽车的转弯半径越小,则汽车的转向机动性能越好。　　　　　　　　　（　　）

3.汽车的轴距越小,则转向机动性能越好。　　　　　　　　　　　　　　（　　）

4.转向系的角传动比越大,则转向越轻便、越灵敏。　　　　　　　　　　（　　）

5.可逆式转向器的自动回正能力稍逊于极限可逆式转向器。　　　　　　（　　）

6.循环球式转向器中的转向螺母既是第一级传动副的主动件,又是第二级传动副的从动件。　　　　　　　　　　　　　　　　　　　　　　　　　　　　　　　（　　）

7.循环球式转向器中的螺杆—螺母传动副的螺纹是直接接触的。　　　　（　　）

三、简答题

1.转向操纵机构的组成有哪些?

2.简述安全式转向柱的形式及基本工作原理。

3.转向柱的调节有哪些内容?

4.在汽车转向系中,怎样同时满足转向灵敏和转向轻便的要求?

5.什么是可逆式转向器和不可逆式转向器? 它们各有何优缺点? 各适用于哪类汽车?

6.转向传动机构的功用是什么?

任务4.3　助力转向系统的结构与维修

【任务引入】

案例:某轿车在行驶中发现转向盘逐步沉重,操纵十分吃力。维修人员首先检查转向系机械部件各连接杆件以及球销、转向器、转向管柱有无变形、过紧等情况,然后检查转向助力系统的液压泵传动带张紧情况,均正常。维修人员又启动发动机怠速运转,来回转动转向盘,使油液温度升至 80 ℃,检查储液罐油液,稍有缺失,且有气泡和混浊现象,说明转向助力系统内混有空气。细查通往储液罐的回油管接头后,发现有油液漏渗,空气从此处窜入转向助力系统

中。维修人员紧固了回油管接头,并进行了补液和排气的操作,故障排除。

该案例车型装备的是传统的机械液压式助力转向系统,靠发动机驱动助力泵提供转向动力,并由液压系统执行转向动作。液压系统出现漏液或混入空气,将严重影响汽车的正常转向。

本任务对助力转向系统进行介绍,要求重点掌握机械液压助力转向系统的组成、工作原理、拆装与检修以及常见的故障诊断与排除,了解电动助力转向系统的工作原理和组成结构。

【任务相关知识】

助力转向系统是在转向过程中,借助于外部动力,将转向意图传递给转向传动机构,以实现汽车转向的装置。外部动力主要包括发动机输出动力和电机输出动力两种,据此可将助力转向系统分为机械液压助力转向系统和电动助力转向系统。

4.3.1　机械液压助力转向系统

机械液压助力转向系统是将发动机输出的部分机械能转化为压力能(主要是液压能),对转向传动机构或转向器中某一传动件施加辅助作用力的转向系统。

(1)组成结构

以大众某车型的机械液压助力转向系统为例,其结构组成主要包括:转向助力泵(附流量控制阀,图中未标出)、助力油罐、转向器阀体总成(未标出动力缸)、液力转向冷却器、管道和软管等,如图 4.40 所示。

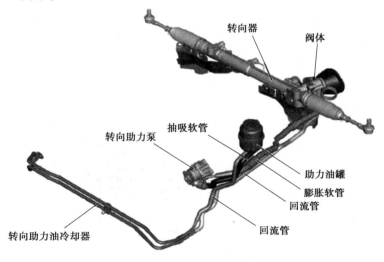

图 4.40　液压助力转向系统的组成结构

1)转向助力泵

转向助力泵是转向助力的动力来源,通常是由发动机曲轴带动的皮带驱动,给转向器的动力缸提供液压力,泵出的油液与发动机的速度成正比例关系,传递给转向器动力缸的油液通过流量控制阀来调节其流量。

转向助力泵有叶片泵、滑动叶片泵、齿轮泵及滚子泵等多种类型,其中,叶片泵有广泛的应用。

如图 4.41 所示,叶片式转向助力泵有 6~10 片旋转的叶片,油液被强制通过旋转的叶片产生油压。叶片泵有一个外径带槽的转子,叶片装配到转子槽里。固定的内表面为椭圆形的泵环,叶片的外侧边与环的内表面接触。转子转动时,叶片在各自槽中来回滑动,并与泵环内表面保持接触,转子、泵环和任何两个相邻叶片形成泵腔。

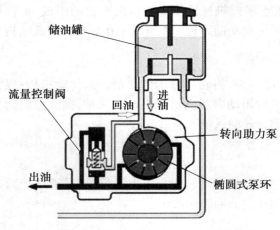

图 4.41 叶片式转向助力泵工作原理示意图

叶片式转向助力泵的工作原理如下:当转子旋转时,由于泵环是椭圆形,因此每一泵腔容积不断地变化;叶片运动通过环的"长轴"部分时,容积增大,通过进油口吸入来自储油罐的低压油液。当叶片运动通过环的"短轴"部分时,容积减少,减小后的容积使压力增加,迫使油液排出高压油液,流向转向器动力缸,为助力转向提供所需的液压力。为了避免液压泵运转不平衡(产生噪声和振动),通常采用平衡式设计,即泵转子每旋转一周,泵腔吸入和排放油液两次,因此作用在转子上的液压作用力是大小相等、方向相反的,使液压泵平稳地运转。

转向助力油泵由发动机驱动,其输出流量随发动机转速而变化,会导致泵油量的不稳定。在助力泵中设置流量控制阀,可以控制从油泵流向转向器动力缸的油量,并使其保持恒定。流量控制阀的结构及工作原理如图 4.42 所示,泵压力出口和泵吸入口分别与图中油泵的出油通道和进油通道相通,输出端与油泵出油通道相通。

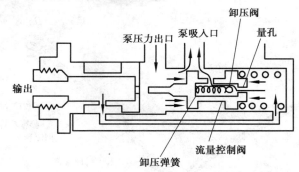

图 4.42 流量控制阀和卸压阀的工作原理示意图

在发动机低转速时,转向系统能够容易地控制液压泵提供的液压液体容积,在高转速时,由于液压泵吸入和排放更大容积的液体,流量急剧增加,软管和转向器阀总成中的流动阻力也随之增加,导致整个系统产生高背压。当压力达到较高的一定值后,油压克服流量控制阀阀芯后部弹簧力而使阀芯后移,直到泵吸入口打开,此时部分油液通过此口流回油泵。

当车轮转到极限位置时,转向器动力缸内油液基本不流动,将导致转向油泵排放一侧压力迅速而持续上升,可能会导致液压系统零部件的损坏,为此设置了卸压阀。卸压阀由卸压弹簧和钢球组成,当油泵压力持续增大,最终顶开卸压阀内的钢球,阀后的高压油液迅速流过钢球,经由流量控制阀体的侧面小孔,流入泵吸入口并流回油泵,从而限制了系统过高的油压。

2)储油罐

储油罐位于转向助力泵附近,用于储存液力转向油。它可以直接安装到泵体上,也可以分开安装。储油罐盖上有液位指示,用于检查液位。如果储油罐中的油液低于标准液位,泵就会吸入空气,导致操作失灵。机油罐内装有精细滤清器,它可以有效地滤掉液压系统内的污物和磨屑,因此可大大减轻部件的磨损,尤其是泵、转向阀和活塞油封的磨损。

3)转向器阀体总成

转向器阀体总成主要用来控制液体进入相应的转向器动力缸腔室,图4.43所示即为齿轮齿条式转向器阀体总成。动力缸为常见的双向作用式动力缸,通过活塞分隔成高压和低压两个腔室。齿轮齿条式转向器与传统的机械式齿轮齿条式转向器结构与工作原理相同。转动滑阀是单独一个元件,通过螺栓安装在转向机壳体上。

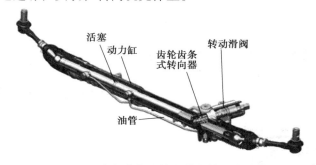

图 4.43　齿轮齿条式转向器阀体总成结构

如图4.44所示,转动滑阀内的扭杆通过一个万向节直接与转向柱轴直接相连,扭杆的上端通过销子与转动滑阀刚性相连,扭杆的下端用销子连在齿条小齿轮和导向衬套上。驾驶人做出的转向动作会在扭杆上产生作用力,于是扭杆发生扭转,转动滑阀与扭杆一同相对于导向衬套转动,这使得转动滑阀和导向衬套上的槽和过渡孔的相对位置发生变化。因此,某些转向助力油道就打开,某些转向助力油道就关闭,这取决于转动滑阀和导向衬套之间的转角变化。

4)转向冷却器

有些系统中使用金属的管道或者一种小型的辐射散热类型的冷却器。被液力转向油泵压缩的油液在转向器动力缸中吸收热量后,流过冷却器,在冷却器中释放热量。当冷却器用于液力转向系统时,安装在回油侧,转向器动力缸与储油罐之间的冷却器如图4.45所示。

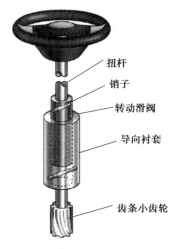

图 4.44　转动滑阀结构示意图

(2)工作原理

1)中间位置

如果转向盘上没有转向作用力,即车辆直线行驶时,转阀将油泵泵出的油与转向油罐相连,油路系统处于低压状态,动力缸 R 腔和 L 腔的液压力处于平衡状态,如图4.46所示。

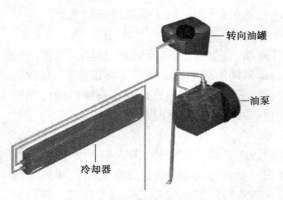

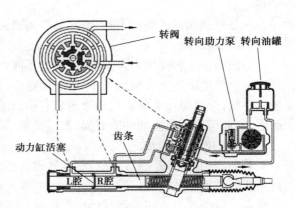

图 4.45　转向冷却器示意图　　　　　图 4.46　转向盘位于中间位置时的液压助力转向系统

2）车轮左转弯

如果驾驶人向左转动转向盘,那么扭杆和转阀就会跟着扭转。发生扭转的原因是轮胎和路面会对车轮转动形成阻力。由于这个扭转,从压力管到右工作缸的一个转向助力油道就打开了,左工作缸与通往转向助力油罐的回油管相连,如图 4.47 所示。在压力差作用下,动力缸活塞被推向左侧,而转阀的扭转运动也一直进行,直至活塞受力和驾驶人的转向力之和增大到足以转动车轮为止。

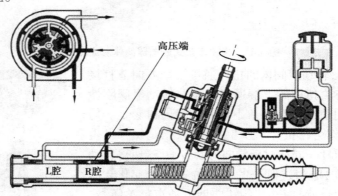

图 4.47　转向盘左转时液压助力系统工作原理图

车轮右转向时的助力作用与此同理。

（3）液压助力转向系统的拆装

下面以比亚迪 F3 的液压助力转向系统为例,介绍转向管路系统、转向油泵及动力转向器的拆装与检修过程。

1）转向管路系统的拆装

比亚迪 F3 的液压助力转向系统的管路组成如图 4.48 所示。如转向出现故障,应检查油管各个部分是否漏油,若漏油必须更换;检查所有管夹是否老化或变形,如有必要,更换新管夹。

管路的拆卸过程如下:

①放转向液。用举升机将汽车举起,将回油管软管环箍松开,下面用一个容器接住转向

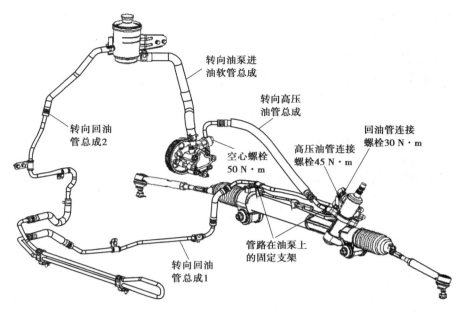

图 4.48　液压助力转向系统管路系统组成

液,注意避免油液溅到身上,然后左右打转向盘到极限,来回多次,将转向液从液压系统中完全排出。

②高压油管的拆卸。降下举升机,拆下高压油管与转向泵连接的空心螺栓;将车举起,拆下管路在油缸上的固定支架,然后拆下高压油管与转向器连接螺转,取下高压油管。

③回油管的拆卸。拆下回油管与副车架的连接螺栓,用扳手拆下回油管与转向器的连接螺栓,拆下回油管,然后降车,取下回油管与转向油罐的连接环箍。

④转向泵进油软管的拆卸。若进油软管两端用的是蜗杆环箍则用十字起松开环箍。

更换安装过程如下:

①将车举起,将回油管和高压油管准确地摆放到安装位置,拧紧相应的螺栓,各个接口紧固件的力矩要求如图 4.48 所示。

②注意油管的走向,确保油管与周围件没有干涉。

③给动力转向油罐加注转向液,直至规定油面,最后检查是否有泄漏。

2)转向油泵的拆装

油泵的连接结构如图 4.49 所示,其拆卸过程如下:

①排空转向油罐中的转向液,从泵皮带轮上拆下传动皮带。

②用几条维修用布将自动张紧装置、交流发电机和空气压缩机盖住,从油泵上断开转向泵进油软管和高压油管,然后塞住管口。注意不要让油液溅到车体或零件上。

③将 14 号短套筒装上大棘轮放进泵的一个

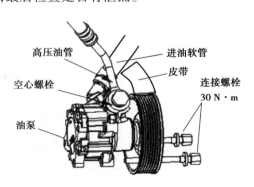

图 4.49　油泵的拆卸

179

皮带轮孔拆解油泵下安装点螺栓,使其螺纹完全旋出。保持棘轮放在皮带轮孔中旋转棘轮至上安装点。

④将上安装点螺栓螺纹部分全部旋出后,用手将螺栓向外抽出一部分,保证螺栓不会被支架挡住,然后连带套筒和棘轮一起将泵从支架处拆下。

转向油泵不能分解,只能由厂家更换或修理。转向油泵的安装过程与拆卸过程相反,注意事项:

第一,在安装上安装点螺栓时,先用手拧进一部分,然后旋入下安装点螺栓,再用140套筒和棘轮打紧后拧入。

第二,注意调整传动皮带至合适的松紧度,然后打紧螺栓和螺母到规定力矩。

3)动力转向器的拆装与检修

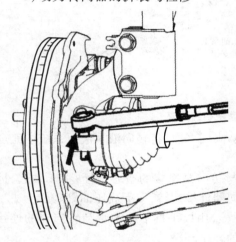

图4.50 转向横拉杆与转向节的分离

拆卸过程如下:

①放掉转向液。

②拆下与转向油泵连接的高压油管,拧下空心螺栓,拆下连接于发动机上的2个软管支架。

③断开转向器与转向管柱下万向节的连接。

④拆除横向稳定杆与副车架的安装螺栓。

⑤拆除转向横拉杆与转向节的连接。如图4.50所示,拆掉转向横拉杆的开口销和开槽螺母后,用专用工具将转向横拉杆球头与转向节分离(如果没有专用工具的话,可以用锤子敲转向节位置,将球头拔出,注意不要碰到球头销处螺纹)。

⑥拆除转向器与副车架的安装螺栓。将稳定杆抬起,用棘轮和套筒从螺栓头处打下,该处螺母用开口扳手固定,防止跟转。

⑦如图4.51所示,将转向器在A方向上抬后从车身与副车架之间旋转一定角度后沿B方向抽出。

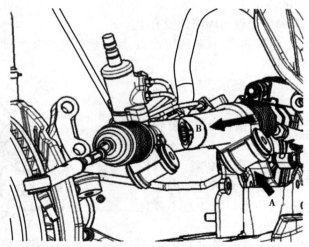

图4.51 将转向器从副车架上拆下

转向器除外拉杆及防尘罩外,本体部分不可进行分解和维修,需返厂维修或经厂家更换。

(4)液压助力转向系统的检修

1)转向器内、外横拉杆总成的检修

①快速摆动 10 次转向拉杆。

②将转向横拉杆一端头朝下,使用弹簧秤测量摆动阻力,并与标准值(0.5~4.0 mm)比较:测量值超过标准值时,更换转向横拉杆;测量值低于标准值时,检查球形接头是否松动以及是否有异响。如果摇动顺畅,则判断为可以继续使用。如果有松动或有异响,则应更换转向横拉杆。

2)转向横拉杆防尘罩的检查

①用手指用力压防尘罩,检查在防尘罩上是否有龟裂或者损伤,如有,则要更换转向外横拉杆接头总成。

②更换时注意查看转向器内部是否进入水或杂质,若有,需要更换转向器总成。若无,直接更换防尘罩即可。

3)转向器的检查

在下列情况下可判定动力转向器总成出现问题,需要更换转向器。

①将车辆升起后发现转向器总成有漏油现象。

②转向过程中转向器有异响发生。

③转向器自由间隙过大,严重磨损。

④转向器本体上有裂纹产生。

⑤转向器内部进入泥水及其他杂质。

安装过程与拆卸过程相反。但要注意使用沼剂和毛刷,清洗拆卸下来的阀体装置、管路和转向器端部的油污和灰尘,用压缩空气吹干之后再进行安装。

(5)有伺服功能的液压助力转向系统的工作原理

在狭窄的街道上行驶或者驻车时,要求施加很小的力度在转向盘上就可以带来较大的车辆转角;而车辆加速行驶时,转向助力逐步降低,以确保增加车辆稳定性和平顺性。

为实现上述车速感应式转向助力功能,在机械液压助力转向系统的基础上增加了控制液体流量的电磁阀、车速传感器以及转向控制单元,转向控制单元根据车速信号控制电磁阀,而电磁阀则可根据当前车况精确地控制由转向器液压机构施加的力度,从而实现了助力作用随车速变化而变化的功能。这就是有伺服功能的液压助力转向系统。

有伺服功能的液压助力转向系统的工作原理如下:

如图 4.52 所示,与转阀相连的反作用活塞通过滚珠支承在与导向衬套相连的定心件上,受到来自转阀的液压力的驱动。

在未操纵转向盘时(也就是扭杆没有发生扭转),滚珠都在一个截球形导轨内,这时转阀液压油会注入反作用活塞上部的腔内。该液压力越大,驾驶人操纵转向盘所需的操纵扭矩就越大。

调节这个压力大小的执行元件就是伺服控制电磁阀,该电磁阀是由伺服控制单元来控制的,而伺服控制单元的输入信号来自 EPS 控制单元的车速信号。该电磁阀的开口横截面越大,阀上的压降就越小,那么反作用于活塞上部腔内的压力就越大。这样就可以根据车速来采用不同的特性曲线去控制转向盘上的操纵扭矩和转向系统内的液压力。

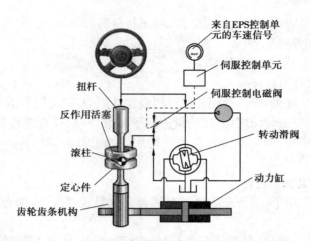

图 4.52 有伺服功能的液压助力转向系统的工作原理

4.3.2 电动助力转向系统

电动助力转向系统(简称 ESP)利用直流电动机提供转向动力,取代了液压能,减少了发动机动力消耗。它的显著特点是转向助力特性与转向速度和车速密切相关,即车速越低,转向速度越高,助力性能越强。根据助力机构的不同,电动助力转向系统可以分为电动液压助力式和电机直接助力式两种。

(1)电动液压助力转向系统

电动液压助力转向系统的结构如图 4.53 所示,其液压泵(齿轮泵)通过电动机驱动,与发动机在机械上毫无关系,助力效果只与转向盘角速度和行驶速度有关,是典型的可变助力转向系统。该系统除了能够读取速度传感器信息的电子控制单元来控制机械阀上的电磁阀机构外,液压泵要采用电动机驱动。通过电流控制电磁阀开度,可以改变助力油液的流量,使得油液推动助力活塞的力量被改变,从而实现助力力度的调节。控制单元根据车速传感器的信号对电磁阀开度进行控制,从而达到助力力度随速可变的目的。而这种系统的转向执行机构、液压泵等部件仍为常用部件,只是控制方式改变了而已。

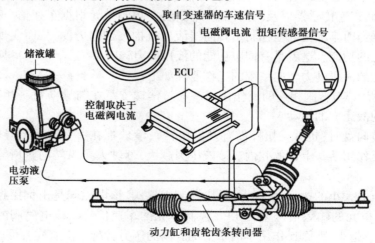

图 4.53 电动液压助力转向系统结构和原理示意图

其特点是由 ECU 提供供油特性,汽车低速行驶时助力作用大,驾驶员操纵轻便灵活;汽车高速行驶时转向系统的助力作用减弱,驾驶员的操纵力增大,具有明显的"路感",既保证了转向操纵的舒适性和灵活性,又提高了高速行驶中转向的稳定性和安全感。

(2)电机助力转向系统

1)组成和类别

电动助力转向系统(EPS)是一项采用现代控制方法的高新技术,目前在车辆上的应用已越来越广泛,其结构组成如图 4.54 所示。它采用直流电动机带动减速机构进行助力,引入了转矩传感器和车速传感器,控制 ECU 根据方向盘的转矩传感器信号进行助力控制,转矩越大,助力越强;同时根据车速信号进行控制,车速越高,助力越弱,增加路感。

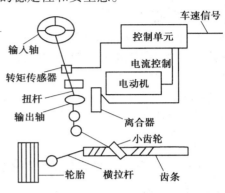

图 4.54　电机助力转向系统的组成

根据电动机的助力位置不同,电动助力系统可分为转向轴助力式、齿轮助力式和齿条助力式三种,如图 4.55 所示。

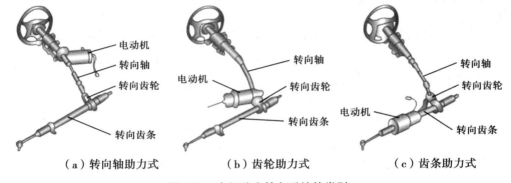

（a）转向轴助力式　　　（b）齿轮助力式　　　（c）齿条助力式

图 4.55　电机助力转向系统的类别

2)工作原理

当操纵转向盘时,装在转向盘轴上的转矩传感器(亦称转向传感器)不断测出转向轴上的转矩,并由此产生一个电压信号。该信号与车速信号同时输入电子控制器,控制器中的微处理器根据这些输入信号进行运算处理,确定助力转矩的大小和转向,即选定电动机的电流和转向,调整转向的辅助助力。电动机的转矩由电磁离合器通过减速机构减速增扭后,加在汽车的转向机构上,使之得到一个与工况相适应的转向作用力。

汽车处于启动或者低速行驶状态时,操纵转向盘转向,装在转向柱上的转矩传感器不断检测作用于转向柱扭杆上的扭矩,并将此信号与车速信号同时输入电子控制器,处理器对输入信号进行运算处理,确定助力扭矩的大小和方向,从而控制电动机的电流和转向,电动机经离合器及减速机构将转矩传递给牵引前轮转向的横拉杆,最终起到为驾驶人员提供辅助转向力的功效。当车速超过一定的临界值或者出现故障时,为保持汽车高速时的操控稳定性,电动助力转向系统退出助力工作模式,转向系统转入手动转向模式。不转向的情况下,电动机不工作。

3）电动助力转向系统的优点

与传统液压动力转向相比，它具有以下优点：

①电动机和减速机构安装在转向柱或在转向系内，所占空间小，零部件结构简单、安装方便，维护费用低。

②以电动机为动力，不需要转向油泵、油管及控制阀等液压元件，也不会耗用发动机的功率和发生液压油泄漏和损耗，电动机只在需要时才启动，耗用电能较少，提高了汽车经济性。

③低速停车入库时转向助力器对转向力的降低非常显著。

④更好地吸收道路上的任何颠簸并能灵敏反映路面信息，改善汽车的转向特性，灵敏度高。

4.3.3 动力转向系统常见故障的诊断和排除

动力转向系统的常见故障主要包括：转向沉重，转向噪声和两侧转向力不等，相应的故障现象、原因以及诊断与排除方法见表4.2。

表4.2 动力转向系统常见的故障现象、原因、诊断与排除方法

故障形式	故障现象、原因、诊断与排除方法	
转向沉重	故障现象	汽车转弯行驶时，转向沉重，液压助力作用有短暂的丧失现象
	故障原因	转向沉重故障一般由液压转向助力系统失效或助力不足引起。具体原因主要有： ①转向油泵传动带损坏或打滑 ②转向油罐内油量不足或规格不对 ③油路堵塞或不畅；油路中有泄漏现象；油路中有空气 ④控制调节阀失效，使输出压力过低
	故障诊断与排除方法	①检查转向油泵驱动部分的情况：用手下压驱动皮带，若下压量过小，说明驱动皮带过紧，需调整。在发动机怠速运转时突然提高发动机转速，检查驱动皮带有无打滑现象。如有，说明驱动皮带过松或磨损过甚，应调整松紧度或更换皮带 ②检查转向油液的液面高度：若处于"MIN"线以下，应加注至规定位置 ③检查转向油液储液罐内的滤清器：若发现滤网过脏，应清洗；若发现滤网破裂，应更换 ④检查油路中是否有空气。先怠速运转发动机，来回转动几次转向盘，观察转向油液的状况。若发现有泡沫或油液混浊现象，说明有空气混入，应排除 ⑤分别检查转向油泵的进油管是否破裂、各管路接头是否松动，转向油泵轴上密封环是否损坏，若有，应调整和更换新件

续表

故障形式	故障现象、原因、诊断与排除方法	
转向噪声	故障现象	汽车转向时,转向系出现过大的噪声
	故障原因	发动机启动后,转向助力泵的溢流阀中出现液流噪声是正常的,但噪声过大甚至影响转向性能时,该噪声应视为故障。具体原因主要有: ①转向泵损坏或磨损严重,传动带打滑 ②油路中渗入空气 ③管道不畅或漏油
	故障诊断 与排除方法	分别检查转向油泵的驱动情况以及有无松动情况,转向油液的油量多少,油路是否堵塞、泄漏以及混入空气的情况,检查方法和故障排除方法与转向沉重故障的相同 如上述检查结果都正常,应拆检转向油泵,查看其叶片和泵体是否有划痕,并根据拆检情况更换零件
两侧转向 力不等	故障现象	汽车行驶时,向左和向右的转向操纵力不相等
	故障原因	①转向控制阀阀芯偏离中间位置,或与阀体槽肩的缝隙大小不一致 ②控制阀内有污物阻塞,使左右转动助力不同 ③液压系统动力缸某一侧油腔渗入空气 ④油路漏损
	故障诊断 与排除方法	这种故障常是油液变脏产生的,应按规定更换新油后再进行检查: ①如果更换新油后故障没有消除,应对液压系统进行排气操作并检查系统有无油液泄漏的情况。若出现泄漏,应更换相应部位的零部件 ②如果故障仍不能排除,则可能是转向控制阀阀芯偏离中间位置造成的,可通过改变阀体位置的方式进行调整。如果调整后仍不见好转,应更换控制阀

【拓展阅读】

线控转向系统简介

(1)线控转向系统的发展概况

汽车转向系统从最初的机械式转向系统发展到液压助力转向系统、电动助力转向系统,新一代的转向系统将是线控转向系统(简称SBW)。早在20世纪60年代,线控转向系统的概念就被提出,但限于当时电子技术和计算机技术的落后,未能被深入研究。到了20世纪90年代,随着电子计算机技术的飞速发展,线控转向系统开始受到关注,越来越多的科研院所和高校开始进行了全面而深入的研究和开发。

线控转向系统是在电动助力转向系统的基础上发展而来的,二者都是用电机作为执行器,但线控转向系统取消了传统转向系统中转向盘与转向车轮之间的机械连接,可以自由设计转向系统的角传递特性和力传递特性,对提高"人-车-路"闭环系统的操纵稳定性、乘坐舒适性和主动安全性具有重要意义。

(2)线控转向系统的组成和工作原理

线控转向系统的主要组成部分包括转向传感器、电控单元、转矩反馈电机、激励器和车轮转角传感器等,如图 4.56 所示。

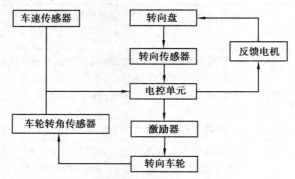

图 4.56　线控转向系统工作原理示意图

　　不同类型的线控转向系统,工作原理是一致的:当驾驶员转动方向盘时,转向传感器测出施加在转向盘上的转角信号,并通过总线传递给中央控制单元,中央控制单元据此可辨识出驾驶员的转向意图,并发出控制信号给激励器,实现车轮的转向;与此同时,通过车轮转角传感器可实时测出转向车轮上受到的转向阻力矩,并通过电控单元反馈给转向盘下方的电机,使之产生一个合适的反力矩,使驾驶员获得满意的操纵力感。当系统出现故障时,电控单元中的故障容错模块将自动启动容错控制,保证汽车的基本转向功能,使汽车仍能沿着驾驶员的转向意图进行行驶。

　　(3)线控转向系统的优点和局限性

　　线控转向系统的优点主要集中在以下几点:

　　第一,线控转向系统没有转向柱,在设计车辆时不需在发动机舱中为之留出相应的安装空间,提高了发动机舱的空间利用率。

　　第二,当车辆发生碰撞时,可降低驾驶员受伤的危险性。

　　第三,从功能上来说,线控转向系统可以提高车辆的操纵性和舒适性。线控转向系统可以在必要时(如有侧风干扰、车辆出现侧滑等)迅速地修正转向车轮,保证车辆的稳定性,而且不干扰驾驶员的转向操纵。在线控转向系统中,路面信息经过处理后,有害的干扰被过滤掉,对驾驶员有用的信息被保留下来,传递到转向盘上,驾驶员可以获得更加良好的转向"手感"。

　　线控转向系统的局限性主要体现在可靠性问题上:由于线控转向系统中转向盘和转向车轮之间没有直接的机械连接,当电控系统出现故障时,车辆将无法保证转向功能,处于失控状态。但系统设计中"冗余设计"的理念,如传感器的冗余、电机的冗余等,使线控转向系统的可靠性得到显著提高。

复习与思考

一、选择题(有一项或多项正确)

1.在动力转向系中,转向所需的能源来源于(　　　)。

A.驾驶员的体能　　　　　　B.发动机动力　　　　　C.A,B 均有　　　　　　　D.A,B 均没有

2.属于动力转向加力装置的有(　　　)

A.转向油泵　　　　　B.机械转向器　　　　C.转向控制阀　　　　D.转向动力缸

3.转向助力泵泵出的油液与发动机的速度的关系是(　　　)。

A.正比例关系　　　　B.反比例关系　　　　C.没有关系　　　　D.都有可能

4. 根据电动机的助力位置不同,电动助力系统分为(　　　)类型。

A.转向轴助力式　　　B.齿条助力式　　　　C.转向盘助力式　　　D.齿轮助力式

二、判断题

1.动力转向系是在机械转向系的基础上加设一套转向加力装置而形成的。　　　　(　　)

2.采用动力转向系的汽车,当转向加力装置失效时,汽车也就无法转向了。　　　　(　　)

3.当动力转向系统发生故障或失效时,应保证通过人力能够进行转向操纵。　　　(　　)

4.转向液压泵的作用是将发动机产生的机械能转变为驱动转向动力缸工作的液压能,再由转向动力缸驱动转向车轮。　　　　(　　)

5.EPS系统是利用直流电动机作为动力源,电子控制单元根据转向参数和车速等信号,控制电动机扭矩的大小和方向。　　　　(　　)

三、简答题

1.简述机械液压助力转向系统的组成和工作原理。

2.简述叶片式助力泵的结构和工作原理。

3.简述流量控制阀的工作原理。

4.简述有伺服功能的液压助力转向系统的工作原理。

5.简述电机助力转向系统的组成、分类和工作原理。

项目 **5**
汽车制动系统的维护与检修

〜〜〜〜〜〜〜〜〜〜〜〜〜〜〜〜〜〜〜〜〜〜〜〜〜〜〜〜〜〜〜〜〜〜〜〜〜〜〜

【教学目标】

- 掌握制动系的基本功用、组成和分类；
- 熟悉和掌握盘式制动器和鼓式制动器的结构和工作原理；
- 掌握车轮制动器的拆装、检测和调整方法；
- 熟悉和掌握制动传动装置的结构和工作原理；
- 熟悉和掌握制动系统常见的故障诊断和排除方法；
- 熟悉防抱死制动系统的结构、工作原理和检修方法。

【项目描述】

　　一位车主开车在经过一段长下坡路时,感觉车速过快就踩了刹车,但车速却没有明显下降。幸好当时路上无其他车辆,他在拉起手刹后,车子才渐渐停了下来,所幸未出现严重事故。

　　从该案例中可以看出,汽车的技术性能能否充分发挥是与汽车的制动性能有直接关系的,尤其是汽车行驶的安全性在很大程度上取决于汽车制动系统工作的可靠性和稳定性。行车过程中如果出现制动失灵等故障,后果将不堪设想。那么汽车的制动系统是如何制动的?要经过哪些环节才能实现制动?为什么会失灵?ABS系统又是什么,对我们的驾驶安全有哪些帮助?针对这些问题,本项目将主要研究汽车制动系统的组成、基本原理、拆装方法、故障产生原因以及排除方法。

任务 5.1　制动系统的总体认识

【任务引入】

　　汽车制动系统是汽车上用以使外界(主要是路面)在汽车的某些部分(主要是车轮)施加一定的力,对其产生一定程度的强制制动作用的专门装置,也是保障汽车行驶安全的核心装置。

本任务是对汽车制动系统的总体介绍,要求能对它的功用要求、组成结构以及基本工作原理有一个总体的认识,为后续内容的学习打好基础。

【任务相关知识】

5.1.1　制动系统的功用要求、组成和分类

(1)制动系统的功用要求

制动系统的主要功用包括三个方面:第一,降低汽车行驶速度,使汽车在平坦路面和下坡行驶时均保持稳定;第二,使行驶过程中的汽车停止运行;第三,使在平坦路面或坡道停驶的汽车均能停驻原地不动。

为满足上述功用要求,且保障汽车安全,制动系须满足以下四个方面的要求:

第一,操纵轻便。避免因操纵迟缓带来的制动不安全问题。

第二,制动平稳。即制动力矩不仅能迅速产生,同时也要快速而彻底地解除。

第三,良好的制动效能以及制动效能的恒定性。良好的制动效能是指制动距离和制动时间短,制动力足够大但要避免车轮的抱死。制动效能的恒定性主要是指制动系统在高温和水润滑条件下不失效。

第四,制动稳定性好。即制动时保持汽车原有行驶方向的稳定性,即不跑偏、不甩尾、不侧滑。

(2)制动系统的基本组成

汽车制动系统的基本组成如图 5.1 所示,主要包括:

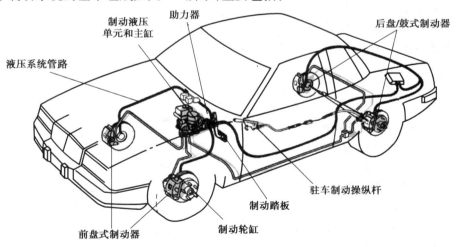

图 5.1　制动系统组成示意图

①供能装置:包括供给、调节制动所需能量以及改善传能介质状态的各种部件。其中,产生制动能量的部分称为制动能源。人的手和脚皆也可作为制动能源。

②制动器:产生制动摩擦力矩、阻碍车轮转动的部件,是执行驾驶员制动意图的关键部件,如图 5.1 中前、后盘式和鼓式制动器。

③传动装置:包括将制动能量传输到制动器的各个部件,如图 5.1 中制动液压单元、制动主缸、制动轮缸和助力器等。

④控制装置:包括产生制动动作和控制制动效果的各种部件,如图 5.1 中制动踏板和驻车制动操纵杆以及各种制动压力调节装置等。

完善的制动系统还包括制动盘磨损极限警告装置、系统压力保护装置以及在常规制动系统中增加了一套制动力调节装置的 ABS 防止车轮抱死装置(ABS 在现代汽车上已基本成为标准配置)。

(3)制动系统的分类

制动系统的分类方式多样,主要按以下三种方式进行分类:

第一,制动系统按功用可分为行车制动系统(又称脚制动系统)、驻车制动系统(又称手动系统)以及应急和辅助制动系统。

行车制动系统是用以使行驶中的汽车降低速度甚至停车的制动系统;

驻车制动系统是用以使已停驶的汽车驻留原地不动的制动系统;

应急制动系统是在行车制动系失效的情况下,可使汽车仍能实现减速或停车的装置;

辅助制动系统是在行车过程特别是下长坡时,可辅助降低车速并保持车速稳定的制动控制系统。

其中,行车制动系统和驻车制动系统是每一辆汽车都必须具备的,是汽车最基本的两套独立的制动装置。

第二,制动系统按操纵能源可分为人力制动系统、动力制动系统和伺服制动系统:以人力作为唯一制动动力源的制动系统称为人力制动系统;由发动机的动力转换为气压或液压形式的动能进行制动的制动系统称为动力制动系统;兼用人力和发动机动力进行制动的制动系统称为伺服制动系统或助力制动系统。

第三,制动系统按能量传输方式可分为机械式、液压式、气压式和电磁式等,同时采用两种以上传能方式的制动系统称为组合式制动系统。

5.1.2 制动系统的工作原理

常规制动系统的具体工作原理可用图 5.2 所示的一种简单液压鼓式制动系统示意图来说明。图中,制动鼓固定在车轮上并随之一同旋转,与制动鼓的内圆有一定间隙处安装了弧形制动蹄,制动蹄的一端由支承销(图中未画出)支撑,令一端连接制动轮缸,制动蹄的外圆面装有非金属摩擦片。制动总泵、制动轮缸和相关管路组成液压控制系统,驾驶员可通过制动踏板驱动制动主缸中的活塞。

汽车正常行驶,制动系统未工作时,制动蹄上的非金属摩擦片外圆与制动鼓内圆保持一定的间隙,制动鼓和车轮自由旋转。

需要汽车减速或停驶时,驾驶员踩下制动踏板,驱动制动主缸活塞,使主缸内

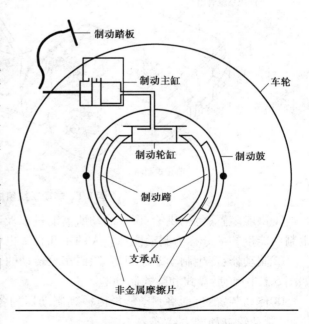

图 5.2　制动系统工作原理示意图

的液压油流入制动轮缸,通过制动轮缸内的活塞推动制动蹄绕制动蹄下端支承点转动,上端向两侧分开,摩擦片压紧在制动鼓内圆面。不旋转的制动蹄就对随车轮旋转的制动鼓产生一个摩擦力矩,与车轮旋转方向相反。摩擦力矩通过车轮传至地面后,由于车轮与地面的附着作用,就对地面作用一个向前的切向力,同时地面对车轮产生一个向后的反作用力,即地面制动力。放开制动踏板后,制动蹄在复位弹簧的作用下重回原位,制动作用消失。

事实上,制动车轮需要的力要远大于脚对制动踏板所施加的力,因此需要制动系统对踏板力的放大作用,放大的方式主要有杠杆作用和液压放大这两种。从粗糙路面制动迅速以及湿滑路面制动易打滑的生活经验来看,地面制动力的产生不仅与摩擦力矩有关,还取决于车轮与地面的附着状况。

【拓展阅读】

汽车制动系统的未来发展趋势——线控制动系统

线控制动系统(BBW),目前分为两种:一种为电液制动系统(EHB);另一种为电子机械制动系统(EMB)。EHB是电子与液压系统相结合所形成的多用途、多形式的制动系统,它由电子系统提供柔性控制,液压系统提供动力,系统如图5.3所示;而EMB则将传统制动系统中的液压油或空气等传力介质完全由电制动取代,系统如图5.4所示,是未来制动控制系统的发展方向。

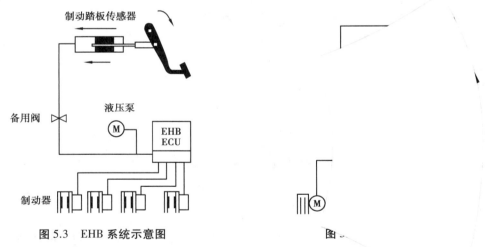

图5.3　EHB系统示意图　　　　　　　　　　图

EHB系统是电子与液压系统相结合所形成的多用途、多形式制动系统。　　　　系统提供柔性控制,液压系统作为备用系统提供动力,以确保当系统的电子部分出现故障时,还能保证系统的制动能力。在EHB系统中,制动踏板和制动器之间的液压连接是断开的。带有踏车板感觉模拟器和电子传感器的电子踏板模块代替了传统的制动踏板。驾驶员的意图通过"线"传递到液压单元——整合的电子控制单元(ECU),车轮的制动与传统的制动一样。

EMB系统去除了油压系统,由电机产生制动力,其值受电子控制器的控制。EMB系统的电子控制器根据电子踏板模块传感器的位移和速度信号,并且结合车速等其他传感器信号,向车轮制动模块的电机发出信号,控制其电流和转子转角,进而产生所需的制动力,达到制动目的。在EMB系统中,常规制动系统中的液压系统(制动主缸、真空助力装置、液压管路等)均被电子机械系统所代替,而液压盘和鼓式制动器的调节器则被电机驱动装置所代替。汽车

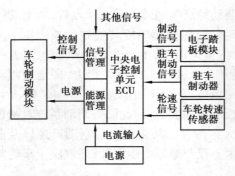

图 5.5 EMB 系统控制框架示意图

EMB 系统主要由车轮制动模块、中央电子控制单元和电子踏板模块等组成,其控制框架如图 5.5 所示。

相对传统的液压制动系统,EMB 系统具有以下几个方面的优点:

①机械连接少,没有制动管路,结构简洁,体积小。

②载荷传递平稳、柔和,制动性能稳定。

③采用机械和电气连接,信号传递迅速,反应灵敏,"路感"好。

④传动效率高,节省能源。

⑤电子智能控制功能强大,可以通过修改 ECU 中的软件,配置相关的参数来改进制动性能,易于实现 ABS、TCS、ESP、ACC 等功能。

⑥模块式结构更加整体化,装配简单,维修方便。

⑦利于环保,没有液压制动管路和制动液,不存在液压油泄漏的问题,系统没有不可回收的部件,对环境几乎没有污染。

复习与思考

简答题

1.简述汽车制动系的功用和重要性。

2.对照实车说明制动系统的组成结构和工作原理。

任务 5.2　常规液压制动系统的结构和检修

【任务引入】

案例:某轿车在行驶过程中,紧急制动时将制动踏板踩到底,但制动作用很迟缓,制动距离很长。维修人员确认该车采用了双管路液压驱动制动系统,前轮采用浮钳式盘式制动器,后轮采用鼓式制动器,并根据故障症状分析认为:制动时整体效能下降且制动时车辆不跑偏,说明故障不是单个轮制动效能下降引起的,而是整个制动系统效能下降引起的。维修人员首先做了制动液量和有无漏油等常规检查,而后踩踏制动踏板来验证制动效果,初步判定为制动管路内有空气。但经过反复放气的操作,制动效果依然没有改善,进一步判定故障出在制动总泵。拆下总泵并分解,发现总泵内的密封圈出现多处裂纹,老化严重。由于市场内总泵密封圈多为副厂件,为了保证质量,维修人员更换了一个制动总泵,并将系统内的制动液全部更换,故障由此排除。

常规制动系统包括制动器和制动传动装置,其中制动传动装置为液压驱动系统,如果出现混入空气或漏油的情况,将直接影响制动系统的制动效果,因此对零部件的加工精度和密封装置的可靠性要求非常高。

本任务是对常规制动系统进行全面介绍,要求掌握盘式制动器、鼓式制动器以及驻车制动器的结构、工作原理、检修调整方法以及常见故障诊断和排除,熟悉制动传动装置的分类、组成、工作原理、检修方法以及常见故障诊断,理解真空助力器的结构和工作原理。

【任务相关知识】

5.2.1　车轮制动器结构、原理与检修

(1)盘式制动器

1)结构和工作原理

盘式制动器分为钳盘式和全盘式两种。其中,钳盘式制动器的主要零部件包括制动盘、卡钳(包括制动轮缸)和刹车片(也称盘式制动器摩擦片)等,如图 5.6 所示。汽车制动时,制动轮缸内的活塞在液体压力作用下向制动盘方向移动,并压紧制动盘,使它与刹车片接触产生摩擦力,车轮最终停止转动。

①制动盘

制动盘固装在车轮轮毂上,是钳盘式制动系统中的旋转部件,由铸铁或复合材料制成,盘面两侧加工出摩擦面。制动盘分为整体式或通风式。整体式制动盘是由两侧有摩擦表面的金属整体组成,质量较轻,结构简单,造价低,制造容易;通风式制动盘在两个制动表面之间铸有冷却叶片,在车轮转动时,叶片的旋转增加了空气循环,可有效地冷却制动器,但它比整体式制动盘更大、更重。一些高性能的运动型汽车的整体式制动盘,在其摩擦表面有钻孔,即钻孔式制动盘,如图 5.7 所示。这种制动盘不是为了进行冷却,而是为了减少制动盘表面的水和热气,以防止水衰退和热衰退。钻孔的制动盘质量很轻,寿命也很短,主要用在赛车和高性能汽车上。

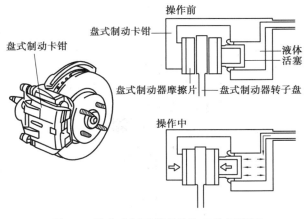

图 5.6　钳盘式制动器结构和工作示意图

图 5.7　钻孔式制动盘

②卡钳

卡钳是钳盘式制动器的固定元件,把由制动总泵通过制动管路传递过来的液压力变换为机械作用力,推动刹车片挤压在制动盘上实现制动作用。卡钳有两种结构形式:固定式和浮动式。

a.固定式卡钳。固定式卡钳是用螺栓固定安装在其支承件上的,既不能旋转,也不能沿制动盘轴线移动。固定钳盘式制动器实施制动时,液压力使活塞向制动盘移动,使刹车片与制动盘接触,在刹车片和制动盘之间产生摩擦力使车轮停止转动。在钳体内制动盘的内、外两侧有两组活塞,以便分别将两侧摩擦片压向制动盘。刹车片用定位销安装,如图5.8所示。

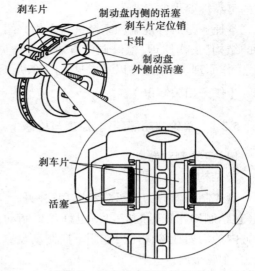

图5.8 固定式卡钳结构组成

为了使各个活塞能在相同的时刻对制动盘施加同样的作用力,卡钳必须被精确地安装在制动盘中心面的上方,保证各个活塞移动相同的距离到达制动盘。

b.浮动式卡钳。浮动式卡钳的制动钳支架固装在转向节上,制动钳体可通过导向销相对制动钳支架轴向移动。未制动时,刹车片(即活动制动快与固定制动块)与制动盘保持一定间隙,且无压紧产生摩擦力的趋势,如图5.9(a)所示。

当实施制动时,如图5.9(b)所示,液压力使活塞伸出,推动刹车片(活动制动块),压向制动盘的内侧表面。制动盘反作用于活塞上的压力使卡钳沿着导轨,并相对活塞向内侧移动。卡钳的移动对外侧的刹车片(固定制动块)施加了压力,使得刹车片压向制动盘外侧表面上。于是两侧的刹车片都压向制动盘的表面,逐渐增大的制动摩擦力使车轮停止转动。

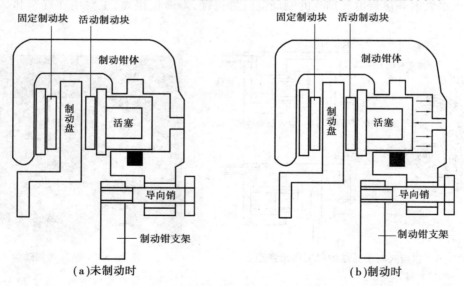

图5.9 浮动式卡钳结构和工作原理示意图

钳盘式制动器也因卡钳结构的不同分为定钳盘式和浮钳盘式制动器两种。其中,定钳盘式制动器由于有油缸多、油道复杂、制动液易受热汽化以及故障率高等缺点,现已基本被浮钳钳盘式制动器取代。

③刹车片

刹车片位于卡钳和制动盘之间,是由表面带摩擦材料的钢板制成。它位于盘式制动器的制动盘两侧,卡钳的内侧。踩下制动踏板后,刹车片被迫压紧在制动盘的表面,依靠摩擦力制动汽车。

刹车片摩擦材料的选择依据主要有摩擦面积、表面粗糙度、磨损率、安全隐患等,而且其选用的摩擦材料一般来说比制动蹄的摩擦材料硬,这是因为刹车片的接触面小,需要承受更大的压力。

刹车片的边缘通常是斜面倒角结构,这是为了减小制动时的噪声。

为了进一步提高制动安全性,当前许多盘式制动器上都安装了刹车片磨损报警装置,用以提醒驾驶员刹车片已达到磨损极限,需要更换。

全盘式制动器的固定元件的金属背板和刹车片都做成圆盘形,制动盘的全部工作面可同时与刹车片接触摩擦,因此其散热效果很差,但制动效能强,主要应用于重型车辆。

2)拆装

①支起汽车,拆下轮胎,从刹车主缸储液罐中吸出一半制动液,防止溢出。

②用撬棍撬动摩擦片(如图 5.10 所示),把制动钳活塞压回位,拆下两个导向销紧固螺栓(如图 5.11 所示),取下制动钳壳体。

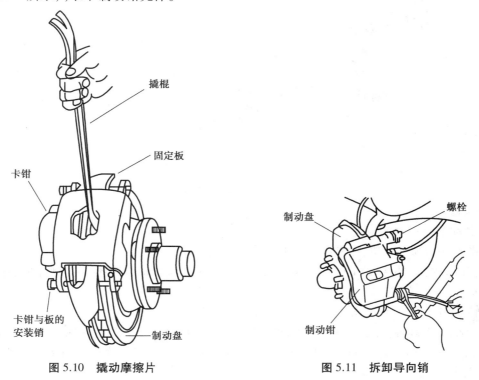

图 5.10　撬动摩擦片　　　　　　　图 5.11　拆卸导向销

③拆下摩擦片和制动钳支架,拆下制动盘固定螺栓,取下制动盘,并对盘式制动器进行分解,如图 5.12 所示。

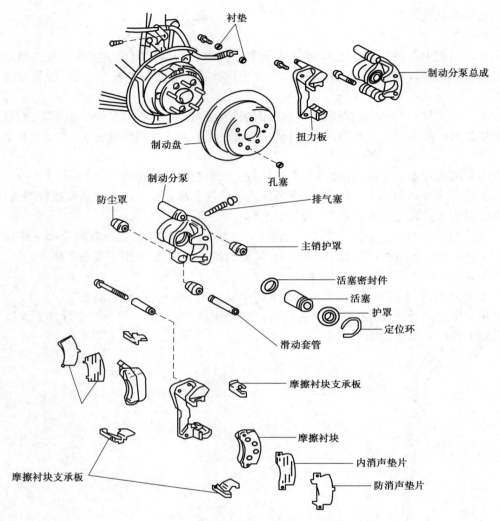

图 5.12　盘式制动器分解示意图

3)检修

①制动盘跳动量的检查

a.将制动盘固定到位,在悬挂支柱上安装千分表和固定支座。

b.在距离制动外缘 10 mm 的位置安装千分表,使其与制动盘摩擦面接触并成 90°,如图 5.13所示。

c.转动制动盘,直到百分表读数达到最小,然后将百分表归零。

d.慢慢旋转制动盘,直到百分表上读数达到最大,标记并记录端面跳动量。制动盘新品标准跳动值为 0.025 mm,如果制动盘端面跳动值超过规格,应检查车桥轮毂的跳动。若车桥轮毂跳动正常,则更换制动盘。

e.轮毂跳动的检查:慢慢地转动轮毂检查跳动。如果超出了规定的范围,确保轴承间隙正常的情形下更换制动毂。

②制动盘厚度的检测

使用千分尺，在距制动盘外缘 15 mm 处按间隔 45°的 8 个位置处测量制动盘的厚度，如图 5.14 所示。如果变化值达到或超过 0.01 mm，或者制动盘的厚度已经小于规定的最小值，则制动盘需要进行表面修整或更换。

③制动块厚度的检测

如图 5.15 所示。若制动块已拆下，可直接用游标卡尺测量。制动块摩擦片的厚度为 14 mm（不包括底板），使用极限为 7 mm。若车轮未拆下，对于外侧的摩擦片，可通过轮辐上的检视孔用手电筒目测检查。对于内侧摩擦片，可利用反光镜进行目测。

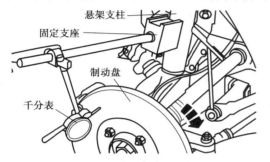

图 5.13　制动盘跳动量的检查

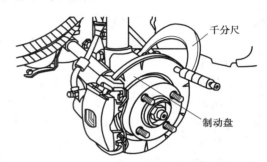

图 5.14　制动盘厚度的检查

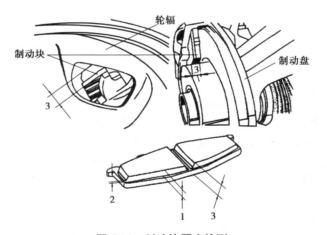

图 5.15　制动块厚度检测

1—制动块摩擦片厚度；2—摩擦片磨损极限厚度；3—制动块总厚度

④制动器间隙的调整

在汽车制动过程中，制动盘和制动块均有不同程度的磨损，造成制动器的间隙增大，活塞的自由行程增加，制动器起作用的时刻滞后，制动效果下降。因此，制动器的间隙应随时调整。

采用密封圈结构可实现制动间隙的自动调整，如图 5.16 所示，其工作过程如下：

矩形密封圈嵌在制动轮缸的矩形槽内，密封圈内圆与活塞外圆配合较紧，制动时活塞被压向制动盘，密封圈发生了弹性变形；解除制动时，密封圈要恢复原状，于是将活塞拉回原位。当制动盘与制动块磨损后，制动器的制动间隙增大，若间隙大于活塞的设置行程 δ 时，活塞在制动液压力的作用下克服密封圈的摩擦阻力而继续前移，直到实现完全制动为止。

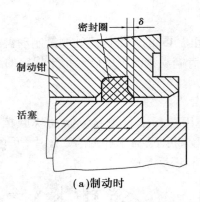
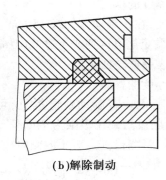

(a)制动时   (b)解除制动

图5.16　盘式制动器间隙调整

4)装配

①在安装制动钳时,要先把活塞压回位。

用制动液清洗缸套、活塞,更换新的密封件。检查缸套、活塞是否有明显的磨损、损伤,如有,应予更换。在密封圈、活塞、防尘罩、导向销表面涂一层锂-皂基乙二醇黄油,然后装入制动分泵。

②装入制动分泵。装好摩擦衬块,再装好制动分泵。

③装配后的调整。安装后,停车时用力将制动器踏板踩到底数次,以便使制动摩擦片正确就位,而且安装完成后要对制动系统进行排气操作。

(2)鼓式制动器

1)结构与工作原理

简单鼓式制动器的主要零部件包括:制动蹄、制动鼓、制动轮缸、回位弹簧等,如图5.17所示。

鼓式制动器的工作过程如下:制动蹄和回位弹簧位于固定的制动器底板上,在实施制动之前,回位弹簧使制动蹄脱离制动鼓。制动时,制动主缸传送到轮缸的制动液压力使制动蹄片张开压紧在旋转的制动鼓上,制动蹄片与鼓之间产生的摩擦力使制动鼓减速,安装在制动鼓上的车轮随着减速直至停止转动。当解除制动时,轮缸上的制动液压力消失,回位弹簧力拉动制动蹄片离开制动鼓内表面返回原位。

①制动蹄

制动蹄是鼓式制动器的固定元件,主要由铸铁或轻合金烧铸而成,部分采用钢板冲压后焊接而成,截面呈 T 形,起直接制动作用的摩擦片用铆接或粘接的方式固定于制动蹄。

如图 5.18 所示,当制动液压力施加到轮缸上时,轮缸活塞以大小相等、方向相反的力推动两侧的制动蹄片,使制动蹄绕下端支承销转动,分别压向制动鼓内圆表面。前蹄摩擦力绕支承销产生的力矩与该蹄张开力绕支承销产生的力矩同向,使前蹄对制动鼓的压紧力增大,产生增势作用,称为领蹄。后蹄摩擦力有使后蹄离开制动鼓的趋向,使制动蹄对制动鼓的压紧力减小,产生减势作用,称为从蹄。汽车倒车时,由于制动鼓的倒转,使得后蹄产生增势作用,前蹄形成减势作用,因而汽车前进和倒车的制动力相同。

可以看出,在车轮旋转方向上,支承点在轮缸促动点前方的制动蹄会在摩擦力的作用下沿旋转方向贴紧制动鼓,即起到增势作用。相反,制动蹄片要受到制动鼓的排斥而起减势作用。一般增势蹄的制动力矩为减势蹄的制动力矩的2~2.5倍。而增势作用和减势作用使得制动蹄对制动鼓施加的法向力不相等,会使得轮毂轴承承受附加载荷,这种制动器称为简单非平衡式制动器。

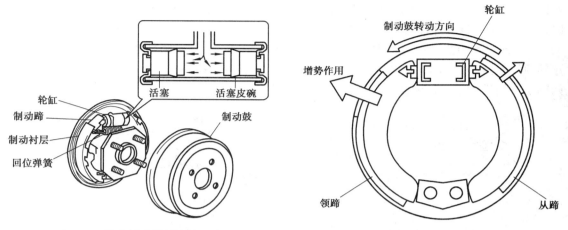

图 5.17　鼓式制动器的结构组成　　　　图 5.18　鼓式制动器的领、从蹄作用示意图

　　根据制动蹄在制动时对制动鼓的作用力的关系,鼓式制动器还可分为单向平衡式、双向平衡式、单向自增力式和双向自增力式 4 种。

　　a.单向平衡式。单向平衡式制动器结构如图 5.19 所示。这种制动器的结构特点是两个制动蹄各用一个单活塞的轮缸,且两套制动蹄、制动轮缸、支承点等在制动底板上的布置是中心对称的。当汽车在前进方向制动时,如图 5.19(a)所示,两蹄都有增势作用,提高了前进制动时的制动效能,而且由于两轮缸缸内油压相等使得两蹄的磨损趋于相等;当汽车在倒车方向制动时,如图 5.19(b)所示,两蹄都有减势作用,导致倒车制动效能降低。

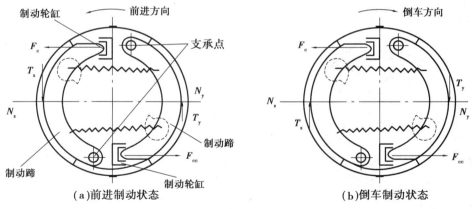

图 5.19　单向平衡式制动器结构和工作原理示意图

　　b.双向平衡式。双向平衡式制动器结构如图 5.20 所示,制动底板上的制动蹄、制动轮缸、回位弹簧都是成对的对称布置,而且是既按轴对称又按中心对称布置。两制动蹄的两端采用浮式支承,既是支承点,又是张开力的作用点,支承点和张开力的作用点可随制动鼓的旋转方向不同而相互转换,使汽车前进或倒车制动时均可得到相同且较高的制动效能。

　　汽车前进时,两个制动轮缸两端的活塞在液压力的作用下均张开,将两个制动蹄压靠在制动鼓上。在摩擦力矩的作用下,两蹄开始绕车轮中心并沿着车轮旋转方向转动,将两轮缸活塞的 a 端支座推回,直至顶靠在轮缸端面,成为刚性接触,两制动蹄便以 a 端支座为支承点工作在助势条件下。当汽车倒车制动时,两轮缸的 b 端支座便成为支承点,两制动蹄同样为增势蹄,产生与前进制动时效能完全一样的制动效果。

c.单向自增力式。单向自增力式制动器结构如图 5.21 所示。两制动蹄的下端分别浮支在浮动顶杆的两端。制动器只在上方有一个支承销,只有左制动蹄有一个轮缸。不制动时,左右两蹄上端均借助于回位弹簧的作用拉靠在支承销上。

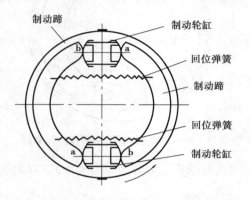

图 5.20 双向平衡式制动器结构图

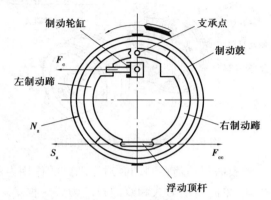

图 5.21 单向自增力式制动器

汽车前进制动时,轮缸将液压力加于左制动蹄上,使其上端离开支承销,整个制动蹄绕浮动顶杆左端支承点旋转,并压靠在制动鼓上。因此左制动蹄是起增势作用的,而由于摩擦力的作用,左制动蹄通过浮动顶杆促动制动蹄,以右制动蹄的上端为支点,并推动右制动蹄压紧在制动鼓上,进一步加大了制动力。此时左右两蹄均为增势蹄,制动效能较高。但当倒车时,左制动蹄为减势蹄,压紧在制动鼓上的力矩减小,使右制动蹄不起作用,制动效果变差。

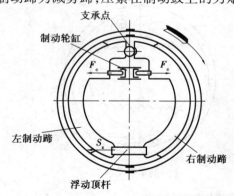

图 5.22 双向自增力式制动器

d.双向自增力式。双向自增力式制动器的结构如图 5.22 所示,它不同于单向自增力式制动器,主要是采用双活塞式轮缸,可向两蹄同时施加相等的促动张力。前进制动时,左右两制动蹄在促动力 F_c 的作用下均张开,压向制动鼓,两蹄的上端均离开支承销,带动两蹄沿旋转方向转过一个不大的角度,直到左蹄又顶靠到支承销上为止。此时,右蹄为起增势作用的领蹄,但其支承为浮动的推杆,制动鼓作用在右蹄的摩擦力和法向力的一部分对浮动推杆形成一个推力 S_z,推杆又将此推力传到左蹄的下端,并与促动力 F_c 共同作用,进一步压紧制动鼓,左蹄也因此形成增势作用。倒车制动时的作用过程与此相反,但与前进制动时具有同等的自增力作用。

②制动鼓

制动鼓是鼓式制动器的旋转件,制动时与制动蹄上的摩擦片相接触并产生摩擦力。除应具有作为构件所需要的强度和刚度外,还应有尽可能高而稳定的摩擦系数,以及适当的耐磨性、耐热性、散热性等。

按材料选择和制造方式的不同,制动鼓可分为整体铸造式、钢板与铸铁组合式以及轻合金与铸铁组合式。其中,整体铸造式制动鼓是一体式铁铸体,具有非常好的摩擦特性,其加工容易,吸热和散热效果很好,但质量大,过热易破裂,多用于中、重型汽车;钢板与铸铁组合以及轻合金与铸铁组合式制动器均有质量轻、成本低的优点,但此种制动鼓吸热和散热的能力较弱,抗制动衰退的能力较差。

相比于盘式制动器,鼓式制动器的优点包括:制动效能强;可以与简单的驻车制动机构结合在一起;比盘式制动器的噪声要小;可以实现自增力。但其缺点也比较明显,如散热性能差、抗衰退能力较低;制动稳定性差;制动器间隙调整困难。

2)拆卸

①拆下制动鼓。支起汽车,拆下轮胎,撬下润滑脂盖,取下开口销和锁止环,旋下螺母,再取下止推垫圈和滚子轴承内圈。调整制动调整螺钉,使制动蹄外径缩小后,再取下制动鼓。

②对拆下制动鼓后的制动器进行分解,如图 5.23 所示。

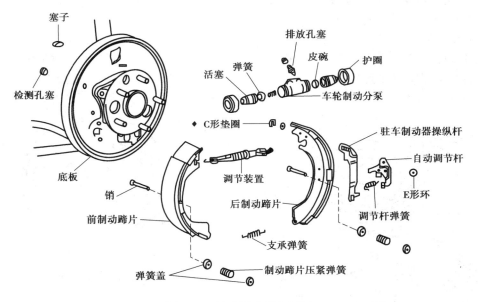

图 5.23　鼓式制动器分解图

a.先从驻车制动拉杆上摘下驻车制动器钢索,再用钳子压下弹簧盖,转动 90°之后,取下定位销、弹簧盖和制动蹄片压紧弹簧,然后从制动底板上取下制动蹄片总成。

b.依次拆下复位弹簧、楔形调整板的拉簧,从前制动蹄上摘下定位弹簧,取下推杆和楔形调整板。

c.旋下螺栓,从制动底板上取下制动分泵。

3)检修

①制动蹄衬片厚度的检查。如图 5.24 所示,用游标卡尺测量制动蹄片的厚度,标准值为 5 mm,使用极限为 2.5 mm。其铆钉与摩擦片的表面深度不得小于 1 mm,以免铆钉头刮伤制动鼓内表面。在未拆下车轮时,后制动蹄摩擦片的厚度可从制动底板的观察孔中检查。

②制动鼓内孔磨损及尺寸的检查。如图 5.25 所示,首先检查制动鼓内孔有无烧损、刮痕

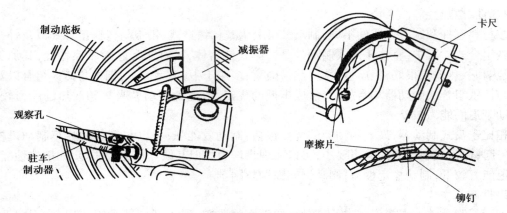

图 5.24　制动蹄衬片厚度的检查

和凹陷,若不能修磨应更换新件。检查制动鼓内孔尺寸及圆度误差时,用游标卡尺检查内孔孔径,标准值为 180 mm,使用极限为 181 mm;用不圆度测量工具测量制动鼓内孔的圆度误差,使用极限为 0.03 mm,若超过极限,应更换新件。

　　③制动蹄衬片与制动鼓接触面积的检查。如图 5.26 所示,将制动鼓衬片表面打磨干净后,靠在制动鼓上,检查两者的接触面积,应不小于 60%,否则应继续打磨衬片的表面。

　　④后制动器定位弹簧及复位弹簧的检查。如图 5.27 所示,若后制动器定位弹簧、上复位弹簧、下复位弹簧和楔形调整板拉簧的自由长度增长率达 5%,则应更换新弹簧。

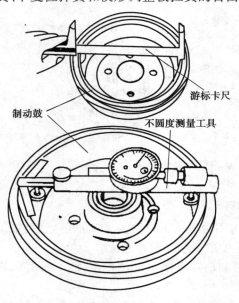

图 5.25　制动鼓内孔磨损及尺寸的检查

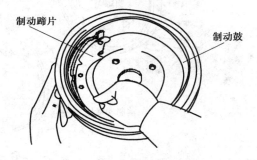

图 5.26　制动蹄衬片与制动鼓接触面积的检查

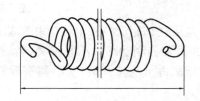

图 5.27　制动器定位弹簧及复位弹簧的检查

　　4)安装

　　①装上制动分泵。在制动分泵活塞、皮碗上涂一层锂-皂基乙二醇黄油,组装制动分泵。将制动分泵安装在底板上并连接好制动油管。

　　②制动蹄片及其相关零部件的安装。在底板与制动蹄片的接触面上以及调紧装置螺栓的

螺纹和尾端涂抹高温黄油,如图 5.28 所示。将调整装置装至后制动蹄片上,装上后制动蹄片(同时装好驻车制动装置),然后装上前制动蹄片,装好支承弹簧。

③制动蹄片的调整及制动鼓的安装:

a.如图 5.29 所示,将后制动蹄的手制动器操纵杆前后拉动,检验调整装置应能回转(即回位),否则应检验后制动蹄的安装是否正确;然后将调整装置的长度尽可能调至最短,装上制动鼓。

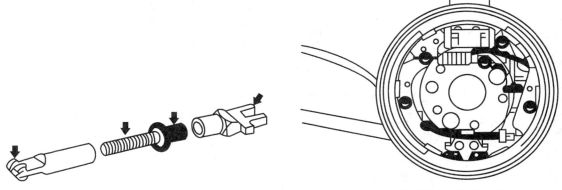

图 5.28　制动调整装置涂抹黄油的位置　　　　图 5.29　调整装置自动回转的检查

b.制动蹄片与制动鼓间隙的调整。用螺丝刀从调节孔调节调整螺栓,使制动鼓用手不能转动,再用螺丝刀慢慢放松至制动鼓可用手转动但有点阻力为宜。

(3)驻车制动装置的结构、原理

1)分类

驻车制动器又称手制动器,其功用是防止汽车停放后移动,便于在坡道上起步,并可在行车制动器失效后临时使用,配合行车制动器进行紧急制动。

按结构形式分,驻车制动器主要有蹄盘式、蹄鼓式和带鼓式三种。

按安装位置分,驻车制动器分为中央制动器和车轮制动器。中央制动器装在后驱动桥输入轴前端,其制动力矩作用在传动轴上;车轮制动器采用驻车制动与行车制动共用一套制动器总成的方式,只是传动结构是独立的。

2)典型驻车制动器的结构和工作原理

下面以某中央驻车制动器为例,来说明驻车制动器的结构和工作原理。

图 5.30 所示为凸轮轴式鼓式中央制动器,其结构与凸轮轴式车轮制动器类似。制动底板通过底板支座用螺栓固定在变速器第二轴轴承盖上,制动鼓通过螺栓与变速器第二轴后端的凸缘盘紧固在一起。两制动蹄下端通过偏心支承销(支承点)支承于制动底板,制动蹄上端装有滚轮,滚轮在回位弹簧的作用下紧靠在凸轮两侧。制动凸轮轴通过支座支撑在制动底板上部,其外端通过细花键与摆臂的一端连接,摆臂的另一端与穿过压紧弹簧的拉杆相连。拉杆再通过摇臂、传动杆与驻车制动杆相连。驻车制动杆上装有锁止棘爪,在驻车制动器工作时,嵌入齿扇上的棘齿。解除驻车制动效果时,棘爪要脱离棘齿。

该驻车制动器的工作过程如下:将驻车制动杆上拉,制动杆下端向前摆动,则传动杆带动摇臂顺时针转动,拉杆被下拉,并带动摆臂顺时针转动,凸轮轴随之转动,凸轮则使制动蹄以支

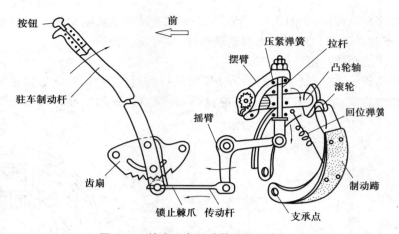

图 5.30　鼓式驻车制动器结构示意图

承点为中心向外张开,压靠到制动鼓内圆,产生制动效果。制动杆拉到制动位置时,棘爪锁止。

3)驻车制动操纵机构的类别

驻车操纵机构因其对可靠性的要求较高,一般都采用机械式的操纵机构。驻车制动器的操纵机构的形式主要有 3 种,如图 5.31 所示。

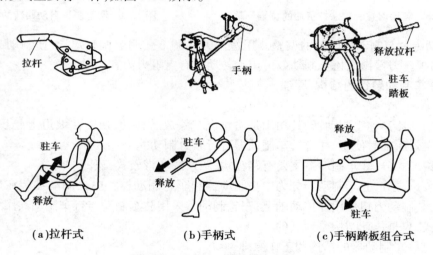

（a)拉杆式　　　　　　（b)手柄式　　　　（c)手柄踏板组合式

图 5.31　驻车制动器的操纵机构

拉杆式操纵机构主要在轿车和商用车辆中使用;手柄式操纵机构主要在一些商用车辆中使用;手柄踏板组合式操纵机构主要在一些高档车辆中使用,用踏板实现驻车,由手柄释放。

（4)驻车制动装置的检修

1)驻车制动的检查和调整

①检查内容

a.用约 300 N 的力拉动驻车制动杆,以获得完全的驻车制动。驻车制动杆应在规定的拉起高度 B 内锁紧,如图 5.32 所示。

b.制动杆规定的锁定齿数为 12～14 齿,如果驻车制动杆齿数不符合技术要求,则调整驻车制动器。

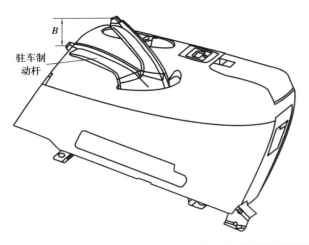
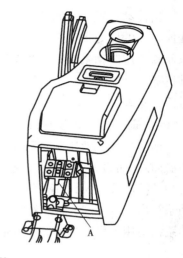

图 5.32　驻车制动装置的检查和调整

②调整项目

在维护后轮制动器之后,松开驻车制动器调节螺母 A(见图 5.32),启动发动机,并踏下制动踏板 5~8 次,以便在调节驻车制动器之前调整好自调式驻车制动器间隙。

a.举升车辆后部,确认车辆支承稳固。

b.拆下副仪表台后盖。

c.将驻车制动手柄上拉一个齿数(可听见"咔嗒"一声)。

d.拧紧调节螺母 A,直至当转动后轮时,驻车制动器轻微拖滞为止。

e.完全放开驻车制动手柄,在转动后轮时,检查驻车制动器是否拖滞,如是则需重新调整。

f.确保在驻车制动手柄被完全拉上时,获得完全的驻车制动。

g.重新装上控制台盖。

2)驻车制动开关的检测

检测过程如下:

①拆除控制台,从开关 B 处断开驻车制动开关插接器 A,如图 5.33 所示。

②检查正极端子和车身接地之间的导通性。驻车制动杆升起时,应导通;制动杆压下时,应该不导通。否则,驻车制动开关有故障。

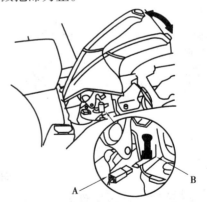

图 5.33　驻车制动开关的检测

5.2.2　液压制动传动装置结构、原理与检修

以液压能作为能量传输方式的液压式制动系统是最常见的行车制动系统,广泛应用于各种乘用车和商用车,现以液压制动系统为例介绍行车制动系统的相关知识。

按传动装置的不同,液压制动系统可分为单回路和双回路两种类型。单回路液压系统中任何一处的压力损失都会造成制动能力的完全丧失,因此出于安全的考虑,汽车上基本都采用双回路液压制动系统。当某个液压回路有液压损失时,双回路液压制动系统还能使汽车继续维持部分有效的制动。双回路液压制动系统有两种类型的液压管路布置方式:前后分布式和对角分布式。

(1)前后分布式液压制动系统

前后分布式液压制动系统,如图 5.34 所示,从制动主缸的一个出口直接通向两后轮制动器的回路,而另外一个出口通向两前轮制动器回路。在这种前后分布式液压制动系统中,由于后制动液压管路长,功率损耗大,因此后轮制动系统承担较小部分的制动效能。若前轮液压制动系统出现故障,则汽车只能产生小于 50% 的制动效能。为均衡前后制动力分配比例,该制动系统适用于发动机前置后驱的汽车。

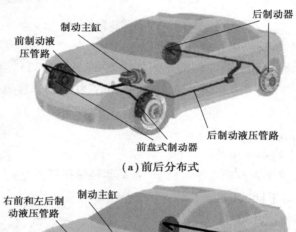

(a)前后分布式

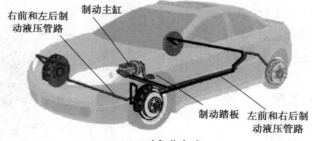

(b)对角分布式

图 5.34　双回路液压制动系统

(2)对角分布式液压制动系统

在对角分布式液压制动系统中,制动管路对角分布,如图 5.35 所示,一个出口连接左前和右后制动器回路中,另外一个出口则连接在右前和左后制动器回路中。在制动过程中,任一个对角管路出现故障,整车仍有 50% 的制动效能,且前后制动力分配比例保持不变,有利于提高制动方向稳定性,适用于发动机前置前驱的汽车。

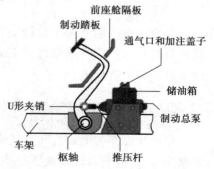

图 5.35　地板式制动踏板示意图

5.2.3　制动踏板

（1）结构

制动踏板与制动主缸相连，是制动系统传动装置的第一个零部件。驾驶员踩下制动踏板时，制动灯开关将后制动灯点亮，同时作用力以机械的方式传送到踏板连杆。制动踏板总成起杠杆臂的作用，向制动主缸活塞施加放大的作用力，使液压油流动，并以液压力的形式传给制动系统各个制动轮缸，使制动轮缸活塞推动制动器的摩擦片紧压在制动鼓或盘上，产生制动作用。

制动踏板主要有两种结构形式：第一种为地板式制动踏板，如图 5.35 所示，该制动踏板是穿过地板安装在车架上的，适用于大型车辆；第二种适用于大多数中、小型车辆的吊悬式制动踏板，如图 5.36 所示，该制动踏板安装在一个支座上，而支座被固定在座舱内隔板的内侧。

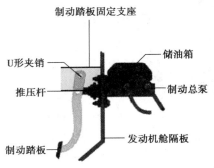

图 5.36　吊悬式制动踏板示意图

（2）调整

1）制动踏板高度的测量与调整

测量过程：如图 5.37 所示，首先逆时针转动制动踏板灯开关 A，直到其不再与制动踏板接触。然后卷起地毯等覆盖物，在绝缘件切口处测量至踏板垫左侧的踏板高度 B。比亚迪 F3 车辆的标准踏板高度（移开地毯）为：手动变速器车型是 155 mm，自动变速器车型是 160 mm。

调整过程：如图 5.38 所示，松开推杆锁紧螺母 A，用钳子将推杆旋入或旋出，以达到相对于地板的标准踏板高度。调解完毕，紧固锁紧螺母。注意：推杆压下时不要调整踏板高度。

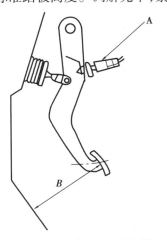

图 5.37　制动踏板高度测量

图 5.38　制动踏板高度调整

2）制动踏板开关间隙的调整

如图 5.39 所示，旋松螺母 C，旋转制动灯开关使 A、B 之间有 1~2 mm 的间隙，然后锁紧螺母 C，确认松开踏板后制动指示灯熄灭。

3）制动踏板自由行程的调整

制动踏板自由行程是为保证不发生制动拖滞,彻底解除制动而设置的。

自由行程的测量过程如下:

①关掉发动机,踩下制动踏板几次,以便解除制动助力器。

②如图 5.40 所示,用手推动踏板,以检测踏板 B 处的自由行程 A,其标准值为 1~5 mm。

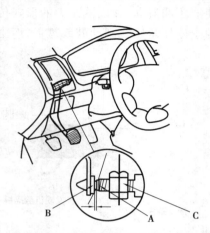

图 5.39　制动踏板开关间隙的调整

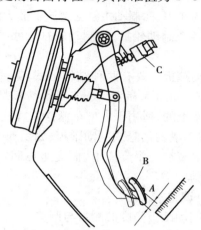

图 5.40　制动踏板自由行程的测量和调整

如果踏板自由行程不符合技术要求,可通过调整制动踏板位置开关 C 来调整踏板自由行程。有些车型是通过调整制动主缸推杆位置的方法来调整踏板自由行程的。

5.2.4　制动总泵

(1)结构与工作原理

制动总泵用于把来自制动踏板和助力器的机械作用力变换为液压作用力,推动被压缩的油液通过制动系统流到各个车轮的制动轮缸,进而作用于制动器,产生制动作用。为提高汽车行驶安全性,现代汽车均采用由双腔式制动总泵组成的双回路制动系。

双腔式制动总泵由储油箱、工作腔、活塞、回位弹簧和压杆等组成。储油箱在总泵顶部,里面装有一定量的制动液。储油箱盖设有通气孔,防止液位下降造成真空,影响制动液的流动。储油箱由一块隔板分成前、后两部分,保证一条油路泄漏发生故障时,另一条油路仍能保持一定的制动作用来停住车辆。储油箱上安装有制动液面传感器,当储油箱里的油液面低于最低液面以下时,它就会通过制动警示灯向驾驶人发出警告。

总泵壳体内有一个工作腔,有两组回位弹簧、活塞和皮碗,一前一后装在工作腔里,如图5.41所示。在储油箱和工作腔之间钻有两个孔(补偿孔与进油孔)。双腔总泵的两个活塞,一前一后装在工作腔里。驾驶人踩制动踏板时,两个活塞都被推动,各从不同的储油箱取液,并各自使两个回路的制动分泵动作。

双腔式制动总泵的工作过程如下:

未制动时,如图 5.41 所示,1 号和 2 号活塞的活塞皮碗定位在进油孔口与补偿孔口之间,总泵与储油箱之间形成一个通道。2 号回位弹簧力把 2 号活塞推向右边,由一个止动螺栓限位。1 号回位弹簧力作用在 1 号和 2 号活塞之间,由于 1 号回位弹簧力较小,只能使 1 号活塞回位到右边，而不能推动 2 号活塞向前移动。

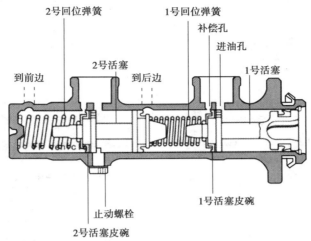

图 5.41　不踩制动踏板时双腔制动总泵示意图

　　当驾驶人踩下制动踏板时，如图 5.42 所示，1 号活塞推动皮碗前移封闭补偿孔，后腔液压力升高。该液压力通过出油口作用在后轮制动管路（或右前和左后制动管路），同时此液压力推动 2 号活塞前移。2 号活塞在后腔液压力的作用下也推动皮碗前移封闭补偿孔，前腔压力也随之提高，前腔液压力通过出油口作用在前轮制动管路（或左前和右后制动管路）。当继续踩下制动踏板时，前、后工作腔的液压力继续升高，使前、后轮制动器制动。

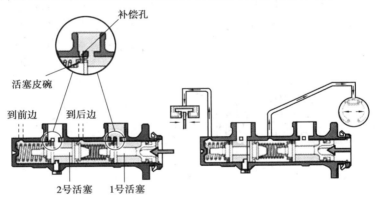

图 5.42　踩下制动踏板时双腔制动总泵的工作状态

　　当松开制动踏板时，由液压力和回位弹簧力把活塞迅速返回到原位上，制动管路中的高压制动液流回制动总泵，解除制动，如图 5.43 所示。当迅速松开制动踏板时，活塞迅速复位。由于制动油液的黏性和管路阻力的影响，制动液不能及时流回总泵，总泵内部的液压力会暂时下降（形成真空）。此时，储油箱里的制动液通过进油口从活塞顶部上的一些小孔流入总泵工作腔，这时若再次迅速踩下制动踏板，会明显感觉踏板抬高了。

　　当后腔制动管路发生泄漏时，则在踩下制动踏板时，1 号活塞前移，因后工作腔不能建立液压力，不能推动 2 号活塞。但在后腔 1 号活塞压缩回位弹簧直接抵触并推动 2 号活塞前移时，前腔才建立起液压力，使之与前腔连接的两制动器产生制动作用，如图 5.44 所示。

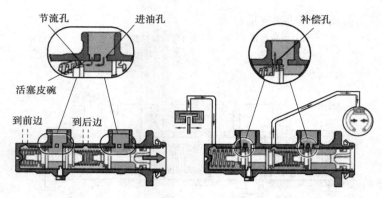

图 5.43　松开制动踏板时双腔制动总泵工作状态

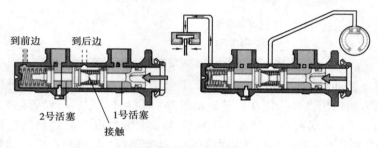

图 5.44　后腔泄漏时双腔制动总泵工作状态

当前腔制动管路发生泄漏时,则在踩下制动踏板时,1 号活塞前移,后腔建立的液压力推动 2 号活塞前移。由于前腔未产生液压力,2 号活塞迅速前移,直到顶到隔板为止,这时后腔才能建立起较高的制动液压力,使得与后腔连接的两制动器产生制动作用,如图 5.45 所示。

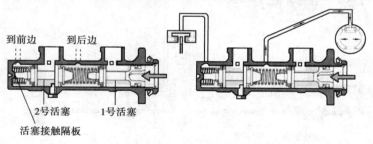

图 5.45　前腔泄漏时双腔制动总泵工作状态

(2)检修项目

检修过程如下:

①查储液罐是否破损,如出现破损应更换。

②如图 5.46 所示,检查泵体内孔和活塞表面,其表面不得有划伤和腐蚀;用百分表检查泵体内孔的直径,用千分尺检查活塞的外径,并计算出内孔与活塞之间的间隙值,其标准值为 0~0.106 mm,使用极限为 0.15 mm,超过极限应更换新件。

③检查制动主缸皮碗、密封圈是否老化、损坏与磨损,否则应更换新件。

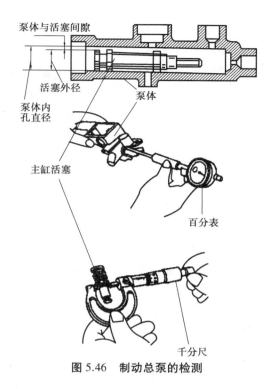

图 5.46　制动总泵的检测

5.2.5　制动轮缸

（1）结构与工作原理

制动轮缸的作用是将制动主缸传来的液压力转变为推动制动蹄张开的推力,常见的制动轮缸类型有单活塞式和双活塞式两种。其中,单活塞式制动轮缸多用于单向增势平衡式车轮制动器,目前趋于淘汰;双活塞式应用较广泛,既可用于简单非平衡式制动器,又可用于双向平衡式制动器及双向自增力式制动器。

双活塞式制动轮缸主要由缸体、活塞、皮碗、弹簧、顶块和放气阀组成,如图 5.47 所示。制动轮缸位于两制动蹄之间,缸体通常固装在制动底板上。缸体内装两个金属活塞,密封皮碗的刃口方向朝内,并由弹簧压靠在活塞上与其同步运动。

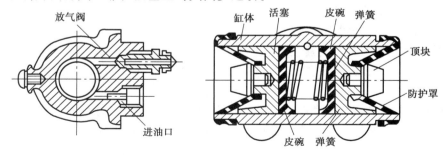

图 5.47　双活塞式制动轮缸

如图 5.48 所示,制动时,液压油自进油口进入,制动轮缸的活塞向两侧外移,其外端固装的顶块与制动蹄一端相抵紧。制动结束后,液压力消失制动蹄回位弹簧使活塞回位。在缸体的一端装有防护罩,可防止尘土及泥土的侵入。缸体上方装有放气阀,放气阀中部有螺纹,尾部有密封锥面,旋紧压靠在阀座上,与密封锥面相连的圆柱面两侧有径向孔,与液压油道相通,也与阀中心的轴向孔道相通,以便放出液压系统中的空气。

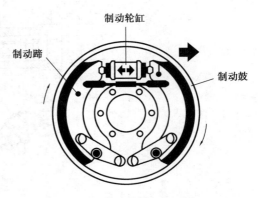

图 5.48　制动轮缸的工作

(2)检修

制动轮缸分解后,用清洗液清洗轮缸零件。清洗后,检查制动轮缸内孔与活塞外圆表面的烧蚀、刮伤和磨损情况。如果轮缸内孔有轻微刮伤或腐蚀,可用细砂布磨光。磨光后的缸内孔应用清洗液清洗后,用无润滑油的压缩空气吹干。然后测出轮缸内孔孔径、活塞外圆直径,并计算出内孔与活塞的间隙值,其标准值为 0.04~0.106 mm,使用极限为 0.15 mm。

5.2.6　液压制动系统的检修

(1)制动液压系统的检测

1)制动液液位计

如图 5.49 所示,浮标在下值和上值时,检查制动液位计端子之间的导通性。将储液暗中的制动液全部排出,浮标下沉,端子间应导通;将储液罐注满制动液,使液面达到"MAX"(最高液位)标线 A,浮标上浮端子间应断开。

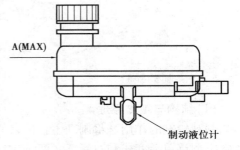

图 5.49　制动液位计检测

2)制动软管及管路

检测的内容包括:

①检查制动软管是否损坏、老化、泄漏、相互干扰及扭曲。

②检查制动管路是否损坏、锈蚀及泄漏,还要检查制动管路是否被碰弯。

③检查软管和管路接头和连接处是否出现泄漏,必要时重新紧固。

④检直制动总泵和 ABS 液压调节装置是否破损或泄漏。

(2)制动系统的排气

制动系统放气的操作过程如下:

①启动发动机,使其处于怠速运转。

②将软管一头接在放气螺塞上,另一头插在一个盛有部分制动液的容器中,如图 5.50 所示。

③一人坐于驾驶室内,连续踩下制动踏板,直到踩不下去为止,并且保持不动。

④另一人将放气螺塞拧松一下,此时,制动液连同空气一起从软管喷入瓶中,然后尽快将放气螺塞拧紧。

⑤在排出制动液的同时,踏板高度会逐渐降低,在未拧紧放气螺塞之前,切不可将踏板抢起,以免空气再次侵入。

⑥每个轮缸应反复放气几次,直至将空气完全放出(制动液中无气泡)为止,要按照右后、

左后、右前、左前的先后顺序逐个放气。

　　⑦在放气过程中,应及时向储液室内添加制动液,保持液面的规定高度。

　　制动系统放气的其他注意事项如下:

　　①排出的制动液不可再用。

　　②须使用纯正的 DOT3 制动液。使用非规定制动液可能会造成腐蚀,并缩短系统使用寿命。

　　③请勿让制动液溅洒在车辆上,否则会损坏油漆。如果制动液已经溅洒在漆层上,要立即用清水清洗。

　　④在开始进行排气时,制动总泵储液罐的液位必须处于最大液位标志处(上液位),每个制动钳在放气之后都必须检查。

　　⑤按要求补足制动液。

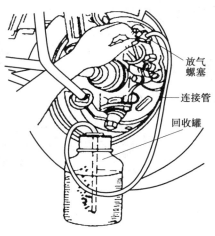

图 5.50　制动系统的放气

5.2.7　制动助力器

　　在普通的液压制动系统中,加装真空加力装置,可以减轻驾驶人制动用力,协助踏板力共同推动总泵活塞,提高制动液压力。真空加力装置可分为增压式和助力式两种。增压式是通过增压器将制动主缸的液压进一步增加,增压器装在制动主缸之后;助力式是通过真空助力器帮助制动踏板对制动主缸产生推力,真空助力器装在踏板与主缸之间。

　　真空助力器是利用发动机进气管的真空(负压)与大气压之间的压差来增加对制动总泵的输入作用力,可使驾驶人施加较小的制动踏板力,在总泵活塞上得到较大的推力。这种装置与总泵安装在一起,使制动较简单、紧凑,广泛用于小型汽车上,如图 5.51 所示。

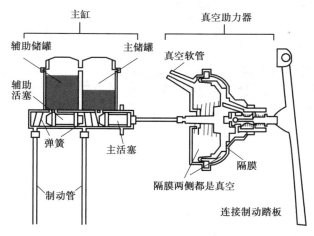

图 5.51　真空助力器与制动总泵

(1)真空助力器的组成

　　如图 5.52 所示为真空助力器的结构示意图。该真空助力器与制动总泵固定在车身前围,通过空气阀推杆与制动踏板连接。工作气室由 A 腔和 B 腔组成,中间装有膜片。A 腔通过真空口与发动机进气歧管相连;B 腔有空气阀与空气阀推杆固接。

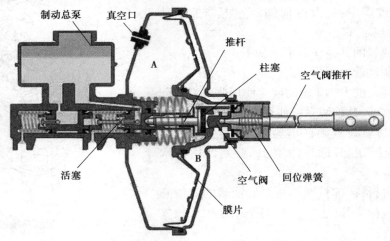

图 5.52　真空助力器结构示意图(未制动状态)

(2)真空助力器的工作原理

不制动时,回位弹簧将空气阀推杆和空气阀活塞后推到极限位置,空气阀关闭,空气不能进入助力器,膜片前、后室(A、B 室)两侧相通,且都处于真空状态,如图 5.52 所示。

制动时,驾驶人踩下制动踏板,连接踏板的空气阀推杆推动空气阀向前移动,空气阀关闭了膜片后室的真空口,并打开了大气口,允许空气进入后室。此时,膜片前室仍保持真空状态,前、后室的压力差使膜片和活塞向前移动,助力器推动总泵活塞将制动液送入分泵,从而获得较大的制动液压力。助力器的助力作用取决于膜片前、后室之间的压力差,如图 5.53 所示。

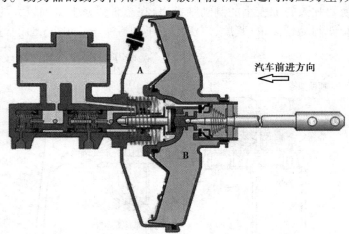

图 5.53　真空助力器工作状态

制动踏板停在某一位置时,空气阀柱塞和推杆停在某个位置上;真空阀和空气阀同时关闭,膜片前、后室处于平衡状态,此时总泵和分泵中液压力保持不变。松开踏板,在弹簧力作用下,控制阀活塞和总泵推杆一起后移到右边初始位置。在回位中,空气阀关闭,真空阀开启,助力器膜片前、后室又相通,助力作用消失。

（3）真空助力器的检测

①在真空助力器和真空罐之间加装一单向阀，单向阀方向由真空助力器朝向真空罐。在真空助力器与单向阀之间安装真空表，如图 5.54 所示。

②启动发动机，通过油门踏板来调节发动机速度，使真空表读数显示在 40.0~66.7 kPa 范围内，然后关掉发动机。

③读取真空表的读数，如果 30 s 后真空读数下降值等于或大于 2.7 kPa，则检查以下部件是否泄漏：真空软管、管路；密封件；真空助力器；制动总泵。

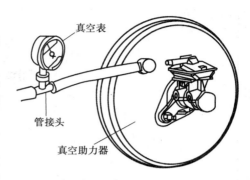

图 5.54　真空助力器的检测

若真空助力器本身故障，不要试图分解它，而要将制动助力器作为一个总成更换。

5.2.8　常规制动系统常见的故障诊断与排除

（1）常规液压行车制动系统常见的故障诊断与排除

常规液压行车制动系统的常见故障主要包括制动不灵、制动失效、制动拖滞、制动跑偏、制动噪声以及制动踏板发软或发硬，相应的故障现象、原因以及诊断与排除方法见表 5.1。

表 5.1　常规液压行车制动系统常见的故障现象、原因、诊断与排除方法

故障形式	故障现象、原因、诊断与排除方法	
制动不灵	故障现象	①汽车行驶中制动时，驾驶员感到减速度小 ②汽车紧急制动时，制动距离长
	故障原因	具体原因主要有： ①制动管路中有空气，或制动油管凹瘪，软管老化、发胀，内孔不畅通或管路内壁积垢太厚 ②储液罐制动液不足或变质 ③制动主缸、制动轮缸的皮碗、活塞、缸壁磨损其 ④制动主缸、制动轮缸、管路或管接头漏油 ⑤制动鼓磨损过其，或制动间隙调整不当 ⑥制动主缸出油阀、回油阀不密封或活塞回位弹簧预紧力太小，或进油孔、补偿孔、储液罐通气孔、活塞前贯通小孔堵塞 ⑦制动主缸或制动轮缸皮碗老化、发粘、发胀 ⑧制动器摩擦片（制动盘）与制动鼓（制动钳）的接触面积太小，制动蹄摩擦片质量欠佳或使用中表面硬化、烧焦、油污，铆钉头外露 ⑨真空助力器效能不佳或失效 ⑩制动踏板自由行程太大

215

续表

故障形式		故障现象、原因、诊断与排除方法
制动不灵	故障诊断与排除方法	踩动制动踏板作制动试验,根据踩制动踏板时的感觉检查相应的部位: ①若一脚踩下制动踏板,踏板到底且无反力,连续几次踩制动踏板都能踩到底,且感觉阻力很小。此时应检查储液室中制动液液面高度是否符合要求,若液面低于"MIN"线,说明制动液液面太低,也要检查制动踏板连动机构有无松脱 ②连续几脚踩制动踏板时,踏板高度仍过低,并且在第一脚制动后,感到总泵活塞未回位,踩下制动踏板即有制动主缸与活塞碰击响声,则应检查主缸的活塞回位弹簧是否过软,主缸的皮碗是否破裂 ③连续踩踏几次制动踏板时,踏板高度低而软,则应检查制动主缸的进油孔或储液室的通气孔是否堵塞 ④一脚踩下制动踏板时,踏板高度过低,而连续几脚踩下制动踏板时,踏板高度稍有增高并有弹性感,则应检查液压系统管路内是否存有气体 ⑤一脚踩下制动踏板时,踏板高度较低,而连续几脚踩下制动踏板时,踏板高度随之增高且制动效能好转,则应检查制动踏板的自由行程及制动器的间隙 ⑥维持制动踏板高度时,若缓慢或迅速下降,则应检查制动管路是否破裂、管接头是否密封不良,主缸、轮缸皮碗或皮圈密封是否良好 ⑦安装真空助力器的车辆,踩下制动踏板时,若踏板高度适当但太硬,且制动不灵,则应检查助力器的工作情况,并检查制动系油管是否有老化、凹瘪、制动液浓度太大等现象 ⑧踩制动踏板时,若踏板有向上反弹、顶脚的感觉,且制动力不足,则应检查增压器的辅助缸活塞磨损是否过度,辅助缸活塞、皮碗是否密封不良,辅助缸单向球阀是否密封不良 ⑨路试车辆时,观察各车轮的制动情况。若个别车轮制动不良,则应检查该车轮的制动软管是否老化,摩擦片与制动鼓间的间隙是否不当,摩擦片是否有硬化、油污、钉子外露现象;制动鼓内臂是否磨损成沟槽;摩擦片与制动鼓的接触面积是否过小
制动失效	故障现象	汽车行驶时,踩下制动踏板车辆不减速,即使连续踩几脚制动踏板也无明显作用
	故障原因	①制动主缸内无制动液 ②制动主缸、制动轮缸皮碗严重破裂 ③制动软管、金属管断裂或接头处严重泄漏 ④制动踏板至制动主缸的连接脱开

故障形式	故障现象、原因、诊断与排除方法	
制动失效	故障诊断与排除方法	踩动制动踏板,根据踩制动踏板时的不同感觉检查相关部位: ①若制动踏板与制动主缸无连接感,说明制动踏板至制动主缸的连接松脱,应检查修复 ②踩下制动踏板时,若感到很轻或稍有阻力感,则应检查主缸储液室内制动液是否充足。若无液或严重缺液,应添加至规定位置。添加后再次踩下制动踏板,若仍没有阻力感,则应检查制动主缸至制动轮缸的制动软管或金属管有无断裂漏油 ③踩下制动踏板时,虽然感到有一定的阻力,但踏板位置保持不住,明显下沉,则应检查制动主缸的推杆防尘套处是否有制动液泄漏。若有,说明制动主缸皮碗破裂;若车轮制动鼓边缘有大量制动液,则应检查制动轮缸皮碗是否磨损严重
制动拖滞	故障现象	在行车制动中,当抬起制动踏板后,全部或个别车轮的制动作用不能完全立即解除,以致影响车辆重新起步、加速行驶或滑行
	故障原因	①制动踏板无自由行程 ②踏板回位弹簧脱落、拉断、拉力不足或踏板轴锈蚀、卡住而回位困难 ③制动主缸皮碗发胀、发粘或活塞回位弹簧拉断、预紧力太小,造成回位不畅 ④制动主缸补偿孔被污物堵塞 ⑤制动蹄回位弹簧脱落、拉断、拉力太小而回位不畅 ⑥制动器制动间隙太小 ⑦制动油管凹瘪、堵塞或制动液太脏、太稠而使回油困难
	故障诊断与排除方法	支起汽车,在未踩制动踏板的情况下,用手转动车轮。若某一车轮转不动,说明该轮制动器拖滞;若全部车轮转不动,说明全部车轮制动器拖滞。具体方法如下: ①个别车轮制动器拖滞的情况下,应旋松该轮制动轮缸的放气螺钉,若制动液急速喷出,随即车轮能正常旋转,则说明该轮制动管路堵塞,轮缸未能回油,应更换新件;若车轮仍转不动,则拆下车轮,解体检查制动器 ②全部车轮制动器拖滞的情况下,应首先检查制动踏板自由行程是否符合要求,若过小,则应调整;然后检查制动踏板的回位情况,用力将制动踏板踩到底并迅速抬起,若踏板回位缓慢,说明制动踏板回位弹簧失效或踏板轴发卡,应更换或修复;再检查制动主缸的工作情况,打开制动液储液室盖,由一人连续踩制动踏板,另一人观察制动主缸的回油情况:若不回油,说明制动主缸回油孔堵塞,应清洗、疏通;若回油缓慢,说明制动液过脏或变质,应更换新制动液
制动跑偏	故障现象	①汽车行驶制动时,行驶方向发生偏斜 ②紧急制动时,方向急转或车辆甩后

续表

故障形式	故障现象、原因、诊断与排除方法	
制动跑偏	故障原因	制动跑偏的根本原因是左右车轮的制动力不等。行驶系和转向系中一些零件的技术状况不良时，也会造成制动跑偏。具体原因如下： 　　①左右车轮轮胎气压、花纹或磨损程度不一致；左右车轮轮毂轴承松紧不一、个别轴承破损 　　②左右车轮的制动蹄摩擦衬片材料不一或新旧程度不一；左右车轮制动蹄摩擦片与制动鼓的接触面积、位置不一样或制动间隙不等；左右车轮制动鼓的厚度、直径、工作中的变形程度和工作面的粗糙度不一；单边制动蹄与支承销配合过紧或锈蚀 　　③左右车轮轮缸的技术状况不一，造成起作用时间或张力大小不相等；单边制动管路凹瘪、阻塞或漏油；单边制动管路或轮缸内有气阻 　　④一侧悬架弹簧折断或弹力过低；一侧减振器漏油或失效；车架、车桥在水平平面内弯曲、车架两边的轴距不等 　　⑤前轮定位失准；转向传动机构松旷
	故障诊断与排除方法	①车辆正常行驶时亦有跑偏现象，首先，应作以下外观检查：检查左右车轮轮胎气压、花纹和磨损程度是否一致；检查各减振器是否漏油或失效；检查悬架弹簧是否折断或弹力是否一致。然后支起车轮，用手转动和轴向推拉车轮轮胎。若一侧车轮有松旷或过紧感觉，应重新调整轴承的预紧度；若转动车轮有发卡或异响，应检查该轮轮毂轴承是否破损或毁坏 　　②对汽车进行路试。制动后，若汽车向一侧跑偏，则另一侧的车轮制动不良。首先对该车轮制动器进行放气，若无制动液喷出，说明该轮制动管路堵塞，应予以更换。若放出的制动液中有空气，说明该轮制动管路中混入空气，应予以排放。观察该轮制动器间隙，若制动器间隙过大，说明制动蹄摩擦片磨损严重或制动自调装置失效，应更换新件 　　③上述检查结果如都正常，应拆检该轮制动器。检查制动盘或制动鼓是否磨损过甚或有沟槽，若磨损过甚，应更换。若有严重沟槽，应车削或镗削修复；检查制动蹄摩擦片是否有油污或水湿及磨损过甚，若有油污或水湿，应查明原因并清理。若摩擦片磨损过甚，应更换；检查制动轮缸或制动钳活塞，若有漏油或发卡现象，应更换新件 　　④制动时，若汽车出现忽左忽右跑偏现象，则应检查前轮定位是否符合要求，若前轮定位不正确，应调整；检查转向传动机构是否松旷，若是，应紧固、调整或更换新件
制动噪声	故障现象	正常行驶时和制动时均出现异常响声

续表

故障形式	故障现象、原因、诊断与排除方法	
制动噪声	故障原因	盘式制动器产生异响的原因有： ①制动盘和制动钳之间出现震颤噪声或尖叫声,多因旋转元件抛光不良,修削加工粗糙,表面刮擦受损或钳体部位毛刺造成 ②制动盘过度磨损会导致金属刮削声 鼓式制动器产生异响的原因有： ①摩擦声或金属刮削声多是由鼓式制动器内摩擦片的过度磨损,制动蹄或鼓调整不当或变形引起的 ②制动器工作时出现尖叫声多是由制动鼓和摩擦片磨损或刮伤,摩擦片油污打滑,回位弹簧轻度失效等引起的 ③机械撞击声的出现多是由制动器元件松动、脱落或装配不良所造成
	故障诊断与排除方法	①修复盘式制动器旋转元件可采用不定向涡流式抛光法重新抛光其表面,利用特种型号制动盘或在制动盘背后装上垫块和复合材料也可以消除或降低噪声。制动盘磨损超过规定限度,应给予更换 ②鼓式制动器的制动蹄和制动鼓出现过度磨损或变形时,应及时更换新件,以减少和消除噪声。制动器元件松动、脱落或装配不良时,应停车检修,将相应元件装配回位并固定好

（2）驻车制动系统常见的故障诊断与排除

驻车制动系统的常见故障主要包括驻车制动效能不良和驻车制动拉杆不能定位两种,相应的故障现象、原因以及诊断与排除方法见表 5.2。

表 5.2　驻车制动系统常见的故障现象、原因、诊断与排除方法

故障形式	故障现象、原因、诊断与排除方法	
驻车制动效能不良	故障现象	完全拉起拉杆,汽车仍能溜动
	故障原因	具体原因主要有： ①拉杆的工作行程过大,应予调整 ②后制动摩擦片或制动鼓有油污,应予清洁 ③拉索连接部分松旷或因阻滞而运动不畅,应予调整或清洁等
	故障诊断与排除方法	检查驻车制动拉杆的工作行程。如果正常,故障一般由后制动摩擦片或制动鼓有油污,后制动摩擦片烧蚀引起;如果不正常,故障一般由驻车制动工作行程调整过大,驻车制动拉索连接部分松旷或因阻滞而运动不畅引起

续表

故障形式	故障现象、原因、诊断与排除方法	
驻车制动拉杆不能定位	故障现象	拉起拉杆至某一位置,放手后拉杆又回到初始位置;或拉杆不能拉起
	故障原因	①棘爪弹簧失效或折断,应予更换 ②棘爪与齿板轮齿磨损过甚而滑牙,应予更换 ③棘爪或拉杆变形卡滞,应予校正或更换 ④棘爪或齿板等处铆钉脱落,应予修理等
	故障诊断与排除方法	反复按放驻车制动拉杆,观察拉杆能否复位。如果能,故障一般由棘爪弹簧失效或折断,棘爪与齿板轮齿磨损过甚而滑牙引起;如果不能,故障一般由棘爪或拉杆变形卡滞,棘爪或齿板等处铆钉脱落引起

【拓展阅读】

大众汽车电子驻车制动系统简介

(1)大众汽车电子驻车制动系统的组成

电子机械驻车制动系统(EPB:Electrical Park Brake)是指将行车过程中的临时性制动和停车后的长时性制动功能整合在一起,并且由电子控制方式实现停车制动的技术。

大众汽车电子驻车制动系统由信号输入元件、电控单元以及电控执行机构组成,如图5.55所示。

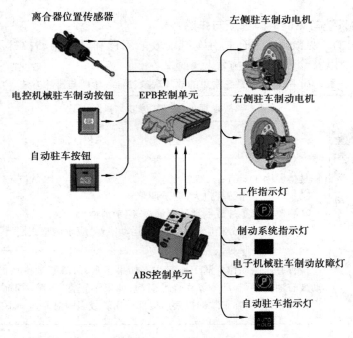

图5.55　大众汽车电子驻车制动系统组成示意图

1）信号输入元件

信号输入元件包含离合器位置传感器、电控机械驻车制动按钮和自动驻车按钮。

离合器位置传感器的主要作用是监测离合器踏板的动作，其信号可用于：启动发动机；关闭巡航控制系统；短暂地减少燃油喷射量，并在换挡过程中防止发动机振动；电控机械驻车制动的"动态起步辅助"功能。

电控机械驻车制动按钮用来启动和关闭电控机械驻车制动，位于换挡杆后中央通道的左侧。按钮实物如图 5.56 所示。

自动驻车按钮可用来启动和关闭自动驻车功能。该按钮位于换挡杆后中央通道左侧电控机械驻车按钮后，实物如图 5.57 所示。

图 5.56　电控驻车制动按钮　　　　　　图 5.57　自动驻车按钮

2）电控单元

电控机械驻车制动系统的所有控制和诊断任务都由控制单元进行。该单元有两个处理器，并通过一条专用的 CAN 数据总线与 ABS 控制单元相连接。电控机械驻车制动控制单元中集成了一个传感器单元，它由横向加速度传感器、纵向加速度传感器以及偏转率传感器组成。来自传感器单元的信号被应用于电控机械驻车制动和 ESP 控制功能。

3）电控执行机构

电子驻车制动系统的主要执行机构是制动钳集成了电机、多级齿轮机构和丝杆传动装置的盘式制动器，结构如图 5.58 所示。它将启动驻车制动的指令通过电机和机械传动机构转化为所需的力，使制动摩擦片与制动盘接触，产生制动作用。

图 5.58　电子驻车制动系统执行制动器结构图

组合仪表和相应按钮上的指示灯显示电子驻车制动系统的状态，各种指示灯实物如图 5.59所示。

电子驻车制动指示灯　　　　制动系统指示灯　　　　电子驻车制动故障指示灯　　　　自动驻车指示灯

图 5.59　电子驻车制动系统指示灯

电子驻车制动指示灯位于电控机械驻车制动按钮上。当提起该按钮时,指示灯亮起,并启动驻车制动。

制动系统指示灯位于组合仪表上。当启动驻车制动时,该指示灯亮起。

电子驻车制动故障指示灯位于组合仪表上。如果制动系统发生故障,该信号灯亮起。

自动驻车指示灯位于自动驻车按钮上。当按下按钮时,指示灯亮起,并启动自动驻车功能。

(2)大众汽车电子驻车制动系统的功能及工作过程

1)驻车制动功能

需要驻车时,按一下驻车制动开关即可,只要车速低于 7 km/h,无论点火开关是否接通都可以接通电子驻车制动系统;如需要解除驻车制动,只有在点火开关接通的情况下才可以用以下两种方式断开电子驻车制动系统:

①脚踩制动踏板,同时按下驻车制动开关。

②当驾驶员系上安全带、关上车门并启动发动机后,将挡杆挂入挡位,放松离合器踏板并踩下加速踏板使车辆起步时,电子驻车制动系统会自动断开。这时,电子驻车制动系统控制单元会根据车辆倾斜角度和发动机转矩来计算出何时断开系统,同时驻车制动指示灯熄灭。

驻车制动功能工作流程如下:

①驾驶员按下驻车制动开关,把信号输入电子驻车制动系统控制单元。

②电子驻车制动系统控制单元通过专用 CAN 数据总线与 ABS 控制单元互通信息并确定车速低于 7 km/h。

③电子驻车制动系统启动两个后车轮制动器电机,电控机械式制动过程完成。

④驾驶人再次按下驻车制动开关并同时踩动制动踏板,后轮驻车制动器松开或电子驻车制动系统控制单元满足一定条件后自动松开。

2)坡道起步辅助功能

在电子驻车制动系统接通的情况下,坡道起步辅助功能可确保车辆在倾斜道路上启动时车轮不会向前或向后猛冲,只有在侧车门关闭、安全带已经系上以及发动机已经启动的情况下,该功能才能起效。

坡道起步辅助功能工作流程如下:

①车辆静止,电子驻车制动系统为接通状态。驾驶员启动车辆,选择第 1 挡并且踩下加速踏板。

②电子驻车制动系统控制单元分析车辆倾斜角度、发动机转矩、加速踏板位置、离合器操纵或选择的前进挡等参数,计算出斜坡输出转矩。

③如果车辆输入转矩大于由控制单元计算出的斜坡输出转矩,电子驻车制动系统启动两

个后车轮制动器制动电机。

④后车轮驻车制动器电控机械式制动解除。车辆起步,且起步过程中车轮不会向后滚动。

3)动态紧急制动功能

当汽车行驶时制动踏板失灵或锁住时,可以通过电子驻车制动统的动态紧急制动功能强行制动车辆。车速超过 7 km/h 时,通过建立液压制动压力,可以在所有 4 个车轮上实现动态紧急制动。ABS/ESP 系统根据行驶状况调节制动过程。这样就确保了制动期间车辆的稳定性。车辆成功制动且静止后,必须解除驻车制动。

动态紧急制动功能工作流程如下:

①驾驶员按下驻车制动开关。

②电子驻车制动系统控制单元通过专用 CAN 数据总线与 ABS 控制单元互通信息并获悉车速是否超过 7 km/h。

③ABS 控制单元启动液压泵,并在液压管路中建立液压制动压力,液压管路与 4 个车轮制动器连接,车辆被制动。

④松开驻车制动开关或操纵加速踏板,电子驻车制动系统控制单元将解除车辆驻车制动。

4)自动驻车功能

自动驻车(AUTO HOLD)功能是一个辅助功能,它在车辆静止和起步过程中辅助驾驶员驻车。只有驾驶人侧车门关闭、安全带已经系上、发动机已启动以及中控台上的 AUTO HOLD 开关按钮被按下等条件满足时,自动驻车功能才可被激活。

每次重新启动发动机时,都必须通过按 AUTO HOLD 开关来重新激活该功能。

只要车辆停止,自动驻车功能能够确保车辆自动驻车,即无须再踩住制动踏板,就能实施驻车。而当车辆再次起步时,自动驻车功能则会根据发动机转矩、加速踏板位置、离合器操纵的信号自动解除驻车。这里所需要的制动压力是由 ABS(带 ESP 功能)控制单元来控制的,车辆总是首先通过 4 个液压车轮制动器进行制动。

自动驻车功能工作流程如下:

①自动驻车功能接通。车辆静止,并且通过 4 个车轮制动器液压制动。根据车辆倾斜度,ABS 控制单元计算出必要的液压压力并进行调整。

②3 min 后,制动方式由液压式转换成了电控机械式。ABS 控制单元将计算出的制动转矩传递给电子驻车制动系统控制单元。

③电子驻车制动系统控制单元启动两个后轮制动器制动电动机,使制动方式转为电控机械式,同时制动压力自动降低。

④车辆需要起步时,电子驻车制动系统控制单元会根据发动机转矩、加速踏板位置、离合器操纵的信号自动解除驻车。

复习与思考

一、选择题(有一项或多项正确)

1.汽车制动时,制动力的大小取决于(　　)。

A.汽车的载质量　　　　　　　　　　　　　　B.制动力矩

C.车速　　　　　　　　　　　　　　　　　　D.轮胎与地面的附着条件

2.我国国家标准规定任何一辆汽车都必须具有(　　　)。

A.行车制动系　　　　B.驻车制动系　　　　C.第二制动系　　　　D.辅助制动系

3.领从蹄式制动器一定是(　　　)。

A.等促动力制动器　　　　　　　　　　　　B.不等促动力制动器

C.非平衡式制动器　　　　　　　　　　　　D.以上三个都不对

4.(　　　)制动器是平衡式制动器。

A.领从蹄式　　　　B.双领蹄式　　　　C.双向双领蹄式　　　　D.双从蹄式

5.汽车制动时,制动力 F_B 与车轮和地面之间的附着力 F_A 的关系为(　　　)。

A.$F_B < F_A$　　　　B.$F_B > F_A$　　　　C.$F_B \leq F_A$　　　　D.$F_B \geq F_A$

6.汽车制动时,当车轮制动力等于车轮与地面之间的附着力时,则车轮(　　　)。

A.纯滚动　　　　B.纯滑移　　　　C.边滚边滑　　　　D.不动

7.在汽车制动过程中,当车轮抱死滑移时,路面对车轮的侧向力(　　　)。

A.大于零　　　　B.小于零　　　　C.等于零　　　　D.不一定

8.在汽车制动过程中,如果只是前轮制动到抱死滑移而后轮还在滚动,则汽车可能(　　　)。

A.失去转向性能　　　　B.甩尾　　　　C.正常转向　　　　D.调头

9.在结构形式、几何尺寸和摩擦副的摩擦系数一定时,制动器的制动力矩取决于(　　　)。

A.促动管路内的压力　　　　　　　　　　　B.车轮与地面间的附着力

C.轮胎的胎压　　　　　　　　　　　　　　D.车轮与地面间的摩擦力

二、判断题

1.制动力一定是外力。　　　　　　　　　　　　　　　　　　　　　　(　　　)

2.等促动力的领从蹄式制动器一定是简单非平衡式制动器。　　　　　　(　　　)

3.无论制动鼓正向还是反向旋转时,领从蹄式制动器的前蹄都是领蹄,后蹄都是从蹄。
　　　　　　　　　　　　　　　　　　　　　　　　　　　　　　　　(　　　)

4.在动力制动系中,驾驶员的肌体不仅作为控制能源,还作为部分制动能源。　(　　　)

5.只要增大制动管路内的制动压力,就可加大制动器的制动力矩,从制动力就可随之增大。
　　　　　　　　　　　　　　　　　　　　　　　　　　　　　　　　(　　　)

6.汽车制动的最佳状态是出现完全抱死的滑移现象。　　　　　　　　　(　　　)

7.液压制动主缸的补偿孔堵塞,会造成制动不灵。　　　　　　　　　　(　　　)

三、简答题

1.何谓汽车制动? 试以简图说明制动力是如何产生的。

2.盘式制动器与鼓式制动器比较,有哪些优缺点?

3.何谓制动踏板自由行程? 它超出规定范围将产生什么后果?

4.钳盘式制动器分成哪几类? 它们各自的特点是什么?

任务 5.3　防抱死制动系统的结构原理与检测

【任务引入】

案例：某排量为 2.6L 的轿车出现仪表板上的制动灯常闪亮的故障。制动灯对制动系统的主要监控对象是制动液液面、前轮制动摩擦中的磨损情况等。但维修人员检查发现该车制动液并不缺少，且摩擦片磨损也未超标。试验发现，此车如果在原地不动着车，则制动灯不闪烁，但车辆行驶一段距离后，制动灯便会闪动，并且伴有 ABS 故障指示灯点亮的现象。维修人员用汽车电脑解码器检测仪检测发现为左前轮转速传感器故障，并且为偶发性故障。为排除此故障，将左前轮转速传感器拆下来，发现有大量灰尘覆盖在左前轮转速传感器上面。将左前轮转速传感器上的灰尘擦干净后，重新装上车，进行行车试验，故障排除。

进一步分析可知，由于左前轮转速传感器沾上了泥土，该车在行驶后因无左前轮转速传感器传来的转速信号，故制动防抱死系统不起作用，并用制动报警灯闪烁来提醒驾驶员制动系统有故障，需要进行维修。此例故障告诫我们，在车辆的维护过程中，对各传感器一定要小心，要按维护规范进行操作，避免引起人为的故障和更严重的事故。

本任务对防抱死制动系统进行全面介绍，要求掌握 ABS 的分类、组成、工作原理、控制过程以及常见故障诊断与排除。

【任务相关知识】

5.3.1　防抱死制动系统概述

目前，防抱死制动系统（ABS, Anti-lock Braking System）在大多数车辆上已经是标准配置了，其主要作用是防止车轮制动抱死，它可以像经验丰富的驾驶人员一样，根据轮胎和路面之间的摩擦情况和车轮的运动状况自动进行制动力的调整，避免车轮在汽车制动过程中抱死而失去方向控制能力，实现最佳的制动效果。

在紧急制动过程中，为防止出现车轮抱死引起的侧滑甩尾和失去转向能力的现象，最有效的措施是反复踩下和释放制动踏板。但是，在紧急制动过程中，没有充足的时间这样做。防抱死制动系统用计算机测定制动过程中四个轮胎的制动情况，并能自动地调节制动力的大小，帮助车辆减少停车制动距离（注意：在松软的雪地上，制动距离会有所增加），同时又能防止车辆产生滑移，使驾驶人对车辆进行更好的控制，可以将注意力完全集中在汽车的操纵上。

防抱死制动系统可以为驾驶员提供以下功能：第一，在车轮打滑状态下，能增强方向稳定性控制；第二，在紧急制动时，使汽车沿驾驶人操纵的方向行驶，增强方向控制；第三，在紧急制动时，在尽可能短的距离内使汽车减速，增强制动作用。

5.3.2　ABS 系统的控制方式及布置形式

（1）控制方式

汽车在行驶过程中，各车轮与路面之间的附着系数有时不一样，这可能是由于各轮胎充气压力相差较大、载荷分布很不均匀，或同一段路面的路面质量不一样所造成的。不同的附着系数使两边车轮的制动力不一样,那么制动力大小的调节也不一样。ABS 系统根据制动力调节方式的不同,采用单独控制和非单独控制这两种控制方式。

1)单独控制

根据各个车轮制动所需的制动力采用单独控制,可以产生较好的制动效果。汽车采用单独控制时,每个车轮都有自身的监测和控制系统。在各种道路条件下,每个车轮都尽量处于最佳制动状态。

2)非单独控制

有两个或两个以上车轮的制动力一同进行控制的,称为非单独控制。当汽车前桥或后桥的左右两个车轮与地面之间的附着系数不一样时,附着系数较小的一侧车轮容易抱死,而只靠另一边车轮制动则整车制动力不足。当两个车轮一起控制时,为了不让车轮抱死,采用由路面附着系数小的一侧车轮的运动状态来控制制动力的方式称为低选控制。反之,采用由路面附着系数大的一侧车轮的运动状态来控制制动力的方式称为高选控制。

(2)传感器布置形式和控制通道数量

ABS 传感器布置形式和控制通道数量,通常用 4/3 或 4/4 系统来描述,第一个数字为轮速传感器数目,第 2 个数字表示控制通道数。例如,"4/3"系统即代表 4 个轮速传感器/3 个控制通道。汽车上常有的 ABS 传感器布置形式和控制通道数量为 4/4、4/3 和 3/3 这三种。

1)4/4 系统

此为四传感器四通道控制系统,是如今汽车上最流行和最有效的通道系统,已得到广泛采用。这种控制系统具有 4 个轮速传感器和 4 个控制通道,对各个车轮进行独立控制,如图 5.60 所示。

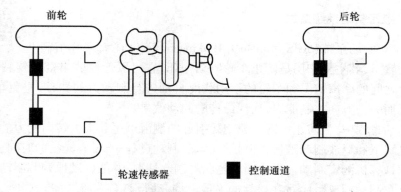

图 5.60　四传感器四通道控制系统示意图

该控制系统的制动距离和操纵性最好,但在不对称路面上制动时的方向稳定性较差,其原因是此时同一轴上左右车轮的制动力不同,使汽车产生较大的偏转力矩而产生制动跑偏。

2)4/3 系统

此为四传感器三通道控制系统,也可称为前轮独立、后轮低选的控制方式,左、右前轮各一个控制通道,后桥左、右轮共用一个控制通道,如图 5.61 所示。

该系统适用于制动管路前后布置形式的后轮驱动汽车。这种控制方式由于采用了后轮低选控制原则,在汽车的高速行驶过程中可以防止后轮先抱死而有效地提高制动时的方向稳定性,但制动效能稍差。

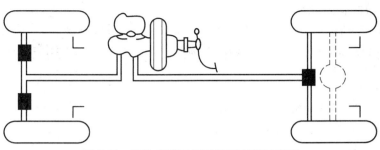

图 5.61　四传感器三通道控制系统示意图

3) 3/3 系统

此为三传感器三通道控制系统,也可称为前轮独立、后轮低选的控制方式。前轮各有一个轮速传感器,独立控制。而后轮轮速则由装于差速器上的一个测速传感器检测,按低选择的控制方式用一根制动管路对后轮进行制动控制,如图 5.62 所示。

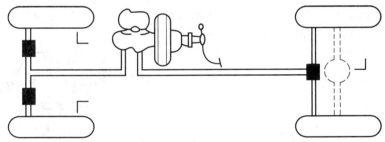

图 5.62　三传感器三通道控制系统示意图

该系统适用于制动管路前后布置后轮驱动的汽车,其性能与方式四传感器三通道相近。

5.3.3　ABS 系统的组成结构及其原理

一般来说,带有 ABS 的汽车制动系统由基本制动系统和制动力调节系统两部分组成,前者是由制动总泵、制动分泵和制动管路等构成的普通制动系统,用来实现汽车的常规制动;后者是由 ABS 系统输入元件、控制单元以及输出执行机构等组成的制动压力调节控制系统。前者已在常规制动系部分讲述,不再介绍。

ABS 制动力调节系统主要由传感器、控制单元和执行器组成,其相互关系如图 5.63 所示。

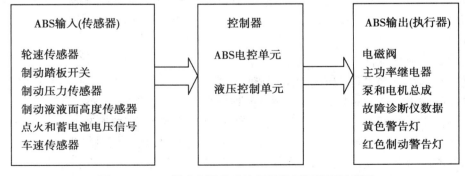

图 5.63　ABS 制动力调节系统组成及相互关系示意图

(1) ABS 系统的输入元件

电控单元有各种输入信号,控制单元运用内部的程序来处理这些输入信号然后输出控制指令,实现制动防抱死功能。其中,车速传感器信号、点火和蓄电池电压信号通过 CAN 总线与其他电控单元实现信息共享。

1) 轮速传感器

轮速传感器作用是检测车轮的速度,并将速度信号输入 ABS 的电控单元。目前,ABS 系统的轮速传感器主要有电磁式和霍尔式两种。

①电磁感应式轮速传感器

电磁式轮速传感器是一种通过磁通量的变化产生感应电压的装置,主要由感应头和齿圈两部分组成。齿圈一般安装在轮毂和轴座上。后轮驱动车辆的齿圈也可安装在差速器或传动轴上。齿圈随轮毂或传动轴一起转动。传感头通过固定在车身上的支架安装在齿圈附近。

感应头由电缆、永磁体、外壳、感应线圈、极轴、齿圈组成。极轴同永磁体相连,感应线圈套在极轴的外面。极轴头部结构有凿式和柱式两种,如图 5.64 所示。对于不同形状极轴的传感头,一般相对于齿圈的安装方式也不同。凿式极轴轮速传感头通常径向垂直于齿圈安装,柱式极轴,安装时则须将轴向垂直于齿圈。

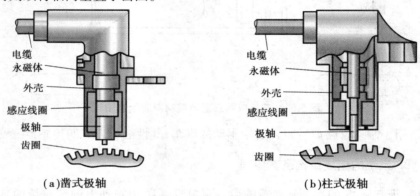

（a）凿式极轴　　　　　　　　　　（b）柱式极轴

图 5.64　电磁感应式轮速传感器结构示意图

齿圈旋转时,齿顶和齿隙交替对向极轴,当齿顶对向极轴时,磁路的磁隙最小,因此磁阻也最小,通过感应线圈的磁通量最大;当齿隙对向极轴时,磁路的磁隙最大,磁阻也最大,通过感应线圈的磁通量最小。所以在齿圈旋转过程中,感应线圈内部的磁通量交替变化从而产生感应电动势,形成一个交流正弦波信号,此信号通过感应线圈内部的电缆输入 ABS 电控单元。当齿圈的转速发生变化时,感应电动势的频率也随之变化。ABS 电控单元即通过检测感应电动势的频率变化来检测车轮速度。

②霍尔式轮速传感器

霍尔式轮速传感器也是由传感头和齿圈组成,传感头由永磁体、霍尔元件和电子电路组成。永磁体的磁力线通过霍尔元件和齿圈,齿圈相当于一个集磁器。

当齿圈位于图 5.65(a)所示位置时,穿过霍尔元件的磁力线分散,磁场相对较弱;而当齿圈位于图 5.65(b)所示位置时,穿过霍尔元件的磁力线集中,磁场相对较强。齿圈转动时,穿过霍尔元件的磁力线密度发生变化,从而引起霍尔电压的变化,霍尔元件将输出一个毫伏级的准正弦波电压,然后再由电子电路转换成标准的脉冲电压。

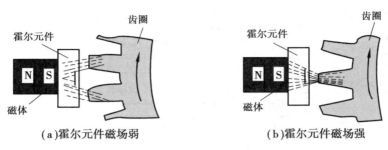

图 5.65　霍尔式轮速传感器原理示意图

目前,霍尔式传感器正在被广泛应用,因为它们更加精确,受电信号干扰较少,信号强度在任何车速时都相同,导线也不需要绞缠。

2)制动踏板开关

制动踏板开关是 ABS 电控单元的输入信号之一,用来启动对车轮速度的监控;使自动变速器中的变矩器锁止离合器脱开,或解除巡航控制;同时也使制动灯点亮。除了这个制动踏板开关之外,有些车还使用了一个制动踏板位置传感器。

制动踏板踩下后,制动踏板开关就闭合,电压信号被送到 ABS 电控单元、发动机控制模块(ECM)和后刹车灯送到 ECM 的信号在必要时解除巡航控制,并使自动变速器中的液力变扭器锁止离合器脱开。释放制动踏板时,制动踏板开关打开,电压信号消除。

有些车辆上有制动踏板位置传感器也称为制动行程传感器。这个传感器监控制动踏板的行程。正常制动时,通常踏板只踩下 10%～20%。当防抱死制动系统工作时,油压会下降,踏板就会进一步下移。当踏板的行程达到 40%,开关就打开了,液压泵开始运转。油压就会推动踏板返回。当踏板的行程小于 40%时,开关闭合,液压泵被关闭。

3)制动液液面高度传感器

制动液液面高度传感器也称为浮子传感器。这个传感器检测储油箱中制动液的液面高度,以判断制动液量是否下降到某一规定数值以下。液面下降到一定高度,防抱死制动系统就不再工作,红色制动警告灯就会点亮。

(2)ABS 系统的控制单元

ABS 系统的主要控制部件包括 ABS 电控单元和液压控制单元。

1)ABS 电控单元

ABS 电控单元的功用是接受轮速传感器以及其他传感器输入的信号,进行测量、比较、分析、放大和判别处理,通过精确计算,得出制动时车轮的滑移率、车轮的加速度和减速度,以判断车轮是否有制动抱死趋势,再由其输出级发出控制指令,控制制动压力调节器去执行压力调节的任务,其控制作用如图 5.66 所示。

为确保系统工作的安全可靠性,许多 ABS 控制单元采用了两套完全相同的微处理器,一套用于系统控制,另一套则起监测作用,它们以相同的程序执行运算。一旦监测用控制单元发现其计算结果与控制用控制单元所算结果不相符,则 ABS 控制单元立即让制动系统退出 ABS 控制,只维持常规制动,以保证系统更加安全。

2)液压控制单元

液压控制单元(HCU)通过操纵电磁阀来控制通道内制动液的流动,安装在总泵与分泵之

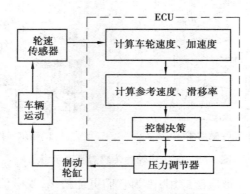

图 5.66　ABS 控制作用示意图

间,接收来自控制单元的控制指令,通过驱动电磁阀、液压泵、电机,直接或间接地控制制动力的大小,也称为液压执行机构或制动压力调节器。它能够以 15 次/s 的速度调整液压回路的压力,避免车轮抱死。

制动压力调节器有机械柱塞式和电磁阀控制式两类。目前常用的为电磁阀控制式,其结构组成包括:每条液压回路都有进油阀和出油阀;每条制动总泵回路中都有低压蓄压器;在必要时能够增压或减压的液压泵等。此外,还包括由电控装置控制的液压泵电机继电器和电磁阀继电器。液控单元分解后的结构如图 5.67 所示。

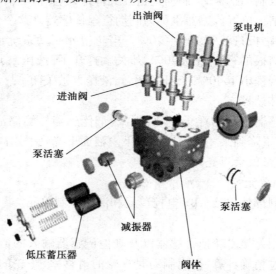

图 5.67　电磁阀式液压控制单元

(3)ABS 系统的输出执行机构

ABS 电控单元接收从各种传感器和其他系统发来的信息数据,对信息进行处理,并向相应的执行器发送各种动作指令,这些执行器便是 ABS 系统的输出执行机构。

1)电磁阀

电磁阀控制制动液在液压管道中的流动,分为常开进油阀和常闭出油阀,安装于液压控制单元中,在液压系统中位于制动主缸和制动轮缸之间。每个液压回路中都有这两种类型的电磁阀。

2）泵电机及泵电机继电器

当 ABS 电控单元收到轮速传感器送来的车轮信号时，当需要进行制动力调节时，就会让泵电机运转，实现必要的工作状态。在防抱死系统中，泵电机比大部分其他回路需要更多电流，系统就用继电器来控制大电流。如果继电器位于泵电子模块内部，它就不能单独维修。

3）ABS 警告灯

ABS 系统带有两个故障指示灯，一个是红色制动故障指示灯，另一个是黄色 ABS 故障指示灯。

①红色制动警告灯。红色制动警告灯符号如图 5.68 所示。当制动液液面高度传感器检测到制动液的液面已经下降到规定值以下时，红色制动警告灯就会点亮，常规制动系统和 ABS 系统均无法正常工作。以下情况灯也会被点亮：驻车制动器结合时；常规制动系统中的油压不平衡时。

无论何时，当红色制动警告灯点亮后，首先应该检查常规制动系统。在排除常规制动系统故障可能性后，才开始检测 ABS 系统的故障。

②黄色警告灯。黄色警告灯为 ABS 警告灯，用来指出系统内部故障或用于诊断系统故障，其符号如图 5.69 所示。驾驶员将点火开关置于"ON"位时，黄色警告灯会亮大约 2 s，然后熄灭，表明防抱死系统在自检，且系统工作正常。当这个警告灯在车辆行驶时点亮，就表明 ABS 系统不能工作或电控制动力分配系统（EBD）失效。此外，有些车上，这个警告灯上会闪烁出诊断故障代码，需要参看维修手册来解释这些代码。

图 5.68　制动警告灯

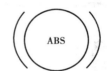

图 5.69　ABS 警告灯

5.3.4　ABS 系统的工作过程和特点

ABS 的控制过程就是调节各个车轮制动油压的过程，在汽车开始制动后，系统根据车轮的滑移率大小判断是否已抱死或有抱死的趋势，如有，则系统会对相应的车轮制动分泵进行保压、减压和增压的控制。总体而言，ABS 的工作包含开始制动、油压保持、油压降低及增压这四个阶段。

1）开始制动阶段（系统油压建立）

开始制动时，驾驶人踩制动踏板，制动压力由制动主缸产生，经过常开进油阀作用到车轮制动轮缸上。此时，常闭的出油阀依然关闭，ABS 系统没有参与控制，整个过程和常规液压制动系统相同，制动压力不断上升，如图 5.70 所示。

2）油压保持阶段

当驾驶人继续踩制动踏板，油压继续升高到车轮出现抱死或抱死的趋势时，ABS 电子控制单元发出指令给进油阀通电，进油阀关闭，制动液不再继续进入轮缸，出油阀仍保持关闭，系统油压保持不变，即制动力不再继续增大，如图 5.71 所示。

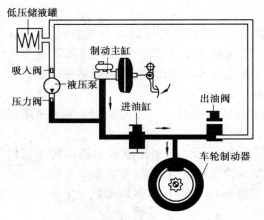

图 5.70　系统油压建立阶段

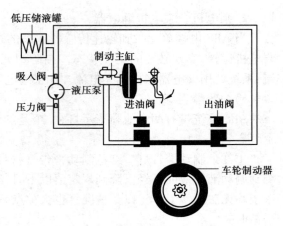

图 5.71　系统油压保持阶段

3）油压降低阶段

若制动压力保持不变,车轮仍有抱死趋势时,ABS 控制单元则给出油阀通电,出油阀打开,系统油压通过低压储液罐降低油压,同时电动液压泵开始启动,将制动液由低压储液罐送至制动主缸。此时,进油阀继续通电保持关闭状态,系统油压降低,制动力下降,车轮转速又开始上升,如图 5.72 所示。

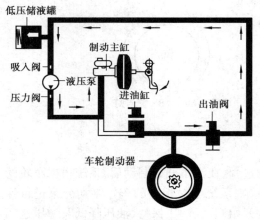

图 5.72　减压阶段

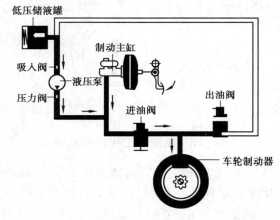

图 5.73　增压阶段

4）油压增加阶段

为了使制动最优化,当系统降压且车轮转速增加到一定值后,电子控制单元给出油阀断电使其关闭,进油阀断电而打开,电动液压泵继续工作,从低压储液罐中吸取制动液,泵入液压系统,使系统油压再次增大,如图 5.73 所示。

ABS 通过这几个过程反复循环地控制(工作频率为 5～6 次/s),将车轮的滑移率始终控制在 20% 左右。如果 ABS 系统出现故障,进油阀始终常开,出油阀始终常闭,那么常规液压制动系统继续工作而 ABS 系统不工作,直到 ABS 系统故障排除为止。

ABS 在工作过程中,会呈现出以下特点:

①某些装有 ABS 的汽车,在发动机发动时,踩下的制动踏板会弹起,而在发动机熄火时,

制动踏板则会下沉。这属于 ABS 的正常反应。

②制动时,有时会感到制动踏板有轻微下沉。这是路面附着系数的变化引起的,并非 ABS 故障现象。

③制动时,制动踏板有明显的振动,这是 ABS 起作用的正常现象。

④高速行驶急转弯时,或在冰雪路面上行驶时,有时会出现制动警告灯亮起的现象。这是由于出现了车轮打滑、ABS 产生保护动作引起的,并非故障。

⑤在制动后期,有些车会出现车轮被抱死、地面有拖滑印痕的现象。这是因为车速过低,ABS 将不起作用,属正常现象。但是,ABS 紧急制动时留下的短而淡的地面印痕与普通制动器紧急制动留下的长而明显的印痕是截然不同的。

【拓展阅读】

驱动防滑控制系统

一、驱动防滑控制系统简介

ASR 是汽车驱动防滑控制系统的英文缩写,其作用是防止车轮在驱动过程中做纯粹的滑转。汽车防滑控制系统最初只是在制动过程中防止车轮被制动抱死,避免车轮在道路上做纯粹的滑移,提高汽车在制动过程中的方向稳定性和转向操纵能力,缩短制动距离。随着汽车安全性能的不断提高,防滑控制系统也得到了进一步发展,不仅仅能在刹车过程中防止车轮抱死而且能够在驱动过程中(特别是起步、加速、转弯等过程中)防止驱动车轮发生滑转,从而进一步提高汽车驱动过程中的方向稳定性、转向操纵能力和加速性能。

ASR 的功能是防止汽车在起步或加速时驱动轮打滑,特别防止汽车在非对称路面或转弯时驱动轮空转及在冰、雪、积水、泥等路况下的行车安全,当汽车加速时将滑动控制在一定的范围内,从而防止驱动轮快速滑动。它的功能:一是提高牵引力;二是保持汽车的行驶稳定性。当汽车快速起步、急加速,或行驶在冰雪,雨天的路面上,没有 ASR 的汽车加速时驱动轮容易打滑,如果是后驱动的车辆容易甩尾,如果是前驱动的车辆容易方向失控。有 ASR 时,汽车在坏的路面快速起步,急加速时就不会有或能够减轻这种现象。转弯时,如果发生驱动轮打滑,会导致整个车辆向一侧偏移,有 ASR 时就会使车辆沿着正确的路线转向。在装有 ASR 的车上,从油门踏板到汽油机节气门(柴油机喷油泵操作杆)之间的机械连接被电控油门装置所代替。当传感器将油门踏板的位置及轮速信号送到单元(CPU)时,控制单元就会产生控制电压信号,伺服电机依此信号重新调整节气门的位置(或者柴油机操纵杆的位置),然后将该位置信号反馈至控制单元,以便及时调整制动器。

二、驱动防滑控制系统的基本组成和工作原理

(1)驱动防滑控制系统的基本组成

驱动防滑控制系统由传感器(车轮轮速传感器、节气门开度传感器)、ASR 电控单元和执行器(制动压力调节器、节气门驱动装置)组成。

1)传感器

ASR 系统的传感器主要是轮速传感器和节气门位置传感器。一般轮速传感器与 ABS 系统共用,主要完成对车轮速度的检测,并将轮速信号传送给 ABS 和 ASR 电子控制单元。主、副节气门位置传感器用于检测节气门的开启角度,并将这些信号传送给发动机和自动变速器电子控制单元。

2) ASR 的电控单元(ECU)

一般 ABS 和 ASR 共用一个电子控制单元。对于驱动防滑系统,它根据驱动车轮转速传感器输送的速度信号计算判断出车轮与路面间的滑转状态,并适时地向其执行机构发出指令,以降低发动机的输出转矩和车轮的转速,从而实现防止驱动轮滑转的目的。

此外,电子控制单元(ECU)还具有以下四种功能:车轮防滑控制、初始检测功能、故障自诊断功能、失效保护功能。

3) 执行机构

ASR 系统的执行机构主要是 ASR 制动压力调节器和节气门驱动装置。前者根据从 ABS 和 ASR 电子控制单元传来的信号,为 ABS 执行器提供液压;后者则根据 ASR 电子控制单元传来的信号控制副节气门的开启角度。

(2)驱动防滑控制系统的工作原理

ASR 系统的基本工作原理如图 5.74 所示。车速传感器将行驶汽车驱动车轮转速及非驱动车轮转速转变为电信号,输送给电控单元 ECU。ECU 根据车速传感器的信号计算驱动车轮的滑移率,若滑移率超限,控制器再综合考虑节气门开度信号、发动机转速信号、转向信号等因素确定控制方式,输出控制信号,使相应的执行器动作,使驱动车轮的滑移率控制在目标范围之内。

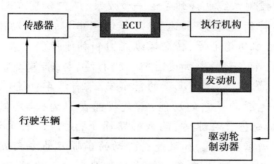

图 5.74　ASR 基本控制原理图

三、驱动防滑控制系统的控制方式

控制车轮的滑转率是通过控制作用于车轮上的力矩实现的。汽车驱动轮的滑转是由于驱动扭矩超过了轮胎与路面的附着极限,所以合理地减小汽车发动机扭矩或动力传动中任一部件的扭矩都可以实现驱动防滑控制的目的。目前主要有以下几种控制方式:

(1)控制发动机输出功率

发动机是汽车的动力源,通过调节发动机输出扭矩,就可以控制传递到驱动轮上的扭矩,从而调节驱动轮的滑转率。如图 5.75 所示,发动机输出扭矩调节主要有三种方式:点火参数调节、燃油供给调节和节气门开度调节。点火参数调节多是指减小点火提前角。燃油供给调节是指减少供油或暂停供油。节气门开度调节是指在原节气门体的基础上,串联一个副节气门,由传动机构控制其开度,从而使其有效节气门开度获得调节,它工作比较平稳,易于与其他控制方式配合使用,但它响应较慢,需要和其他控制方式配合使用。

(2)驱动轮制动控制

驱动轮制动力矩调节就是在发生打滑的驱动轮上施加制动力矩,使车轮转速降至最佳的

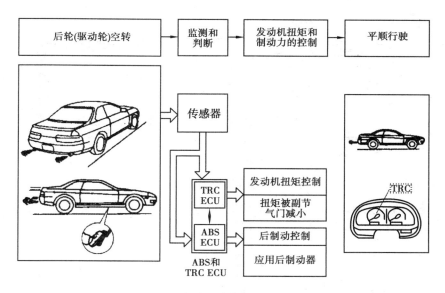

图 5.75　ASR 发动机功率控制方式的原理图

滑转率范围内。制动力矩调节一般与发动机输出扭矩调节结合起来应用,即干预制动后要紧接着调节发动机输出扭矩,否则可能会出现制动力矩和发动机输出扭矩之间无意义平衡引起的功率消耗。制动力矩调节的实质是控制差速作用,所以该控制方式对路面两侧附着系数差别较大,只有一个车轮打滑时,效果较好,但在高速(大于 48 km/h)下,不宜使用,以避免制动摩擦片过热。图 5.76 中所示为带有发动机输出扭矩调节的驱动轮制动力控制的 ASR 系统图。

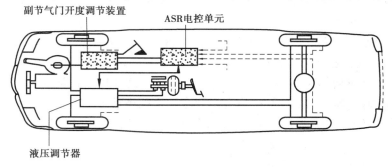

图 5.76　驱动轮制动力调节 ASR 系统图

(3)防滑差速器锁止控制

普通的开式差速器在任何时刻都向左右轮输出相同的扭矩,对差速器进行锁止控制就是使左右驱动轮的输入扭矩根据控制指令(锁止比)和路面情况而有所变化。当路面两侧附着系数差别较大时,低附着系数一侧驱动轮发生滑转时,电子控制装置驱动锁止阀,一定程度地锁止差速器,使高附着系数一侧驱动轮的驱动力得以充分发挥,车速和行驶稳定性获得提高,但该方法成本较高。图 5.77 中所示是通过防滑差速器进行驱动防滑控制的 ASR 系统图。

ASR 系统的本质是:控制作用在驱动轮上的转矩;在非对称路面,对传到驱动轮上的转矩实现最佳分配,从而改善汽车的加速性、方向稳定性和操纵性。实际应用中,由于各种控制方式都有一定的局限,所以一般不单独使用某一种控制手段,而应组合使用。目前应用最为广泛

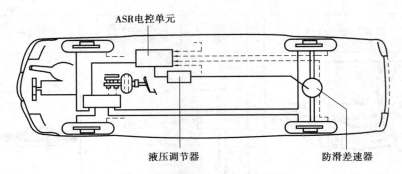

图 5.77　差速器控制 ASR 系统图

的控制方式是综合发动机输出扭矩调节(节气门开度调节)和驱动轮制动力矩调节。

复习与思考

一、选择题(有一项或多项正确)

1.防抱死制动系统可以为驾驶员提供的功能包括(　　)。

A.增强方向稳定性控制　　　　　　　　　　B.增强方向控制

C.增强制动作用　　　　　　　　　　　　　D.避免汽车交通事故的发生

2.汽车后轮上的车速传感器一般固定在后车轴支架上,转子安装于(　　)。

A.车架　　　　　　　　B.轮毂　　　　　　　　C.驱动轴　　　　　　　D.车轮转向架

3.下列叙述不正确的是(　　)。

A.制动时,转动方向盘,会感到转向盘有轻微的振动

B.制动时,制动踏板会有轻微下沉

C.制动时,ABS 继电器不断地动作,这也是 ABS 正常起作用的正常现象

D.装有 ABS 的汽车,在制动后期,不会出现车轮抱死现象

4.ABS 系统在(　　)工作过程中,液压泵开始运转,将油液送回制动主缸。

A. 减压阶段　　　　　　B.建压阶段　　　　　　C.保压阶段　　　　　　D.增压阶段

5.制动警告灯在(　　)会点亮。

A.驻车制动器结合时　　　　　　　　　　　B.驻车制动器分离时

C.ABS 系统故障时　　　　　　　　　　　　D.制动液的液面已经下降到规定值以下时

二、判断题

1.汽车前轮上的传感器一般固定在车轮转向架上,转子安装在车轮轮毂上,与车轮同步转动。　　　　　　　　　　　　　　　　　　　　　　　　　　　　　　　　　(　　)

2.制动压力调节器的功用是接受 ECU 的指令,通过电磁阀的动作来实现车轮制动器制动压力的自动调节。　　　　　　　　　　　　　　　　　　　　　　　　　　　　(　　)

3.装有制动真空助力器的制动系统,在进行排气操作前,首先要把制动助力控制装置接通,使制动系统处于助力状态。　　　　　　　　　　　　　　　　　　　　　　　(　　)

4.ABS 排气时间要比普通系统短,消耗的制动液也少。　　　　　　　　　　(　　)

　　5.在制动后期,有些车会出现车轮被抱死,地面有拖滑印痕的现象。这是因为车速过低时,ABS 将不起作用,属正常现象。　　　　　　　　　　　　　　　　　　　　（　　）

　　6.电控 ABS 主要由传感器、电子控制单元和执行机构组成。　　　　　　（　　）

三、简答题

　　1.ABS 的功用有哪些? 没有 ABS,制动效果有哪些缺陷?

　　2.ABS 的基本组成结构有哪些? 各自有什么作用?

　　3.ABS 的工作过程是怎么样的? 泵电机在哪个阶段开始工作?

参考文献

［1］陈家瑞.汽车构造［M］.北京:机械工业出版社,2000.

［2］胡宁,等.现代汽车底盘构造［M］.上海:上海交通大学出版社,2003.

［3］幺居标.汽车底盘构造与维修［M］.北京:机械工业出版社,2002.

［4］赵振宁.汽车传动系统［M］.北京:北京理工大学出版社,2015.

［5］赵振宁.汽车行驶与操纵系统［M］.北京:北京理工大学出版社,2015.

［6］王霄锋.汽车底盘设计［M］.北京:清华大学出版社,2010.

［7］刘春晖.图解汽车底盘构造与原理［M］.北京:电子工业出版社,2017.

［8］陈建军.汽车底盘构造与维修学习指导与练习［M］.北京:高等教育出版社,2007.

［9］王健.汽车底盘结构与拆装［M］.北京:人民交通出版社,2013.

［10］韩东.汽车传动系统检修［M］.北京:北京理工大学出版社,2016.

［11］张宏坤.汽车底盘检修［M］.北京:北京理工大学出版社,2015.